犯罪を起こした知的障がい者の就労と自立支援

瀧川賢司 著
Takigawa Kenji

クリエイツかもがわ
CREATES KAMOGAWA

はじめに

　太古の昔から日本人には、障がい者が身近にいた。例えば花田 (1987) によれば、日本神話には、スクナヒコノミコトやクエビコとか、小人や歩行不能者であることを思わせる神がおり、身体に障がいがあっても、優れた頭脳の持ち主として描かれている。鎌倉時代には琵琶を演奏しながら平家物語を語る琵琶法師が現れ、江戸時代に庶民の子どもに学問を教える寺子屋には、障がい児が割合として多くいたという記録が残っている。しかしながら、明治期の富国強兵の政策以降、すべてに優先して軍備が進められて、その中では障がい者は、低い生産性ゆえに国のためには、役に立たないのだという考えが次第に広まっていった。そして第二次世界大戦後、障がい者の歴史は世間の偏見と差別との闘いの連続であった。

　1950 年代には、青い芝の会や全国精神薄弱者育成会（現：全日本手をつなぐ育成会）が結成され、また 60 年代には、アメリカで身体障がいのある学生が大学に入学したことに端を発した自立生活運動が起こった。その後、多くの障がい者福祉の研究者や実践者が、障がい者の自立についての論文や著書を世の中に出してきた。しかしその結果、障がい者が自立して安心して暮らせる世の中になったであろうか。多様性が求められる時代においても、まだまだ障がい者への偏見が残り、働く能力がある障がい者がいるにもかかわらず、就労の機会が十分に確保できているとは言えない。

　そのような背景の中、本書は犯罪を起こした知的障がい者が、就労を通じた生活自立の実現をめざした研究にもとづいて執筆されたものである。それは単に彼らが就労できればよいと考えているわけではない。障がいがあり人生において一度失敗を経験した人が、自分の意志で働きたいと思った時に、彼らの能力に応じて就労の場が得られる世の中にしたいという筆者の思いが根底にある。

　前政権において、一億総活躍社会の実現が目標に掲げられたが、一億総活躍社会とは「女性も男性も、お年寄りも若者も、一度失敗を

経験した方も、障がいや難病のある方も、家庭で、職場で、地域で、あらゆる場で、誰もが活躍できる、いわば全員参加型の社会」と定義されている（厚生労働省 2016）。奇しくも、本書が対象とする犯罪を起こした知的障がい者は、上記の一億総活躍社会の中で「一度失敗を経験した方」と「障がいの方」として含まれている。このように本書が対象とする人は、国としても重点的に活躍することを期待されている人材であるが、「一度失敗を経験した方」と「障がいの方」の両者のある人は、さらに自立への道が険しい。

　これ以降の文章を書く前に、筆者の経歴を少しだけ話しておく。筆者は1989年に東京工業大学の大学院理工学研究科（無機材料工学専攻）を終了した後、日本電装株式会社（現：株式会社デンソー）にてエンジニアとして、自動車部品に使用する機能性材料の研究開発に従事した。業務としては、自動車部品のスペック（目標）をもとに他社を凌駕する新規材料のスペックを決め、国内外の特許情報や材料関係の学術誌、材料関係の専門誌や全国の大学の研究者などのあらゆる最新情報ソースを調査し、製品として可能性のある材料があれば開発企業との共同研究やまたは自社で開発するためのシナリオを組み立てていく。

　デンソーでは研究成果を出すために、他部署や共同研究先の方々と熱い議論をやり合って、苦労は絶えなかったが、自分に適した業務と環境が整っていたことで、生き生きと充実し、人間的にも成長した会社生活を送ることができたと思っている。また同僚や部下の中には知的障がい者はいなかったが（身体障がいの方はいた）、発達障がいと思われる人が数名いたため、本人が得意な業務や研究テーマを与え、あえて不得意業務を避けるように業務計画を作成していた（今考えると「合理的配慮」をしてきたかもしれない）。その後、身内に障がい者がいた関係もあり、障がい者が生き生きと働ける手助けをするため、今は就労移行支援事業所にて働いている。

　筆者の前職のことを書いた理由は、当時を振り返ってみても、自分の能力や性格に合った仕事を得て「働く」ことの素晴らしさを示したかったからである。これは障がい者施設で支援員として、福祉的就労

をしている利用者が作業する様子や施設から企業へ就職した元利用者の話を聞いていても感じられることである。

　つまり、今さらであるが障がいの有無にかかわらず、「働く」ことの尊さ・楽しさ・達成感（もちろん苦しさもあるが）に勝るものはないと思っている。それは犯罪経験の有無についても同じと言えよう。犯罪を起こしてしまったとしても、罪を反省し償う（または償い続ける）ことにより、その後は真っ当な人生を歩んでいかなければならない。しかしながら、彼らに真っ当な人生を歩めるほどの働くチャンスが、与えられているとは言えない。これは経済的にも国として大きな損失であるとともに、人権的にも不当な扱いであり、彼らの生きにくさを感じている原因を解明し、改革していく必要があると強く感じている。

　上記のように、筆者は元々エンジニアであり、福祉業界で長く働いていたわけではない。しかし、筆者は働きたい障がい者を支援する仕事のみならず、障がい者を受け入れる産業界にて仕事をしていた経験を有しており、障がい者への対応について、両方の業界の人間の考えを理解していると思っている。そこで最後に、筆者のキャリアをもとに、本書の研究を行う上での取り組みスタンスを3つ述べてみたい。

　一つ目として、他の研究との「差別化」を重視することである。ここでいう「差別化」とは新規性と同意ではない。あえてこの言葉を使ったのは、筆者が競争原理を基本とする産業界にいたからである。すなわち差別化とは、新規性に加えて進歩性を有することである。本研究では、従来には行われてこなかった犯罪を起こした知的障がい者の就労を進めるための要因に関する研究、および彼らへの直接インタビュー調査を行うことで、新たな知見が得られると判断した。

　二つ目として、研究結果は第三者にもわかりやすく「見える化」することである。できれば数値化して示す。数字は誰にでもわかりやすい反面、独り歩きする危険をはらんでいる。しかしながら、それ以上に今の福祉業界の言葉や表現（例えば、「寄り添う」）には、曖昧さが感じられる。それは読み手の感覚に依存し、書き手の意図が伝わらない原因にもなると思われる。そこで本研究では、インタビュー調査や自由

記述等の質的調査で得られた結果を可能な限り、数値化やグラフ化して示す努力をすることで、読み手の理解を向上させることを試みた。

　三つ目として、固定観念（と筆者が普段思っている）から脱却することである。特に犯罪を起こした者や障がい者を特別視せずに本人の働く能力を重視すること、国の福祉制度に頼るだけでなく、福祉と営利組織との連携（民助）を進めることである。幸いにも障がい者に関しては、差別の解消に向けた法整備もなされてきたが、依然として犯罪を起こしてきた者への偏見はなかなか解消されていない。福祉と司法を分けて考えるとどうしても偏見が生まれてくると思う。まずは、彼ら自身と真正面に向き合い、彼らの能力を信じることを筆者は心がけてきたつもりである。そして「就労」をテーマにする以上、営利組織である民間企業との連携が必須である。それは企業には、福祉制度にとらわれないスピード感やフレキシブルな対応が可能だからだ。国の福祉制度はありがたく利用させていただくが、プラスアルファとしての有効策として上記の「民助」を掲げた。

　以上、長く福祉業界に従事してこられた方には、少し違和感のある内容もあったかもしれない。しかし福祉は、そもそも対象が種々の学問分野にまたがり、今後は多角的な視点で課題解決ができる点が必須であると思う。本書を読んでいただいた方が一つでも新しい視点を得ていただけることが筆者としての喜びである。

瀧川　賢司

【文献】
花田春兆（1987）「日本の障害者の歴史――現代の視点から」『リハビリテーション研究　STUDY OF CURRENT REHABILITATION』54
厚生労働省（2016）「平成28年度　厚生労働白書」(https://www.mhlw.go.jp/wp/hakusyo/kousei/16)

目次

はじめに ……………………………………………………………………………… 3

| 序章 | 犯罪を起こした知的障がい者の
　　　　生活自立に与える就労の位置づけ ……………………………… 9

第1節 犯罪を起こした障がい者に立ちはだかる「社会的障壁」…………………… 11
第2節 本書における研究の枠組み …………………………………………………… 20
第3節 研究の目的を達成するための検討項目と調査設計 ………………………… 25
第4節 本書の構成 ……………………………………………………………………… 28
第5節 本研究における調査方法の特徴……………………………………………… 30
第6節 本研究における用語の表記と定義 ………………………………………… 33

| 第1章 | 先行文献等のレビューを通して考える
　　　　　本研究の立ち位置 ……………………………………………… 39

第1節 犯罪を起こした知的障がい者に関するデータ …………………………… 41
第2節 犯罪を起こした知的障がい者の就労を軸とした生活自立 ……………… 45
第3節 犯罪を起こした知的障がい者の就労に関わる現状の政策・制度 ……… 56

| 第2章 | 犯罪を起こした知的障がい者の
　　　　　「いきいき」就労生活と
　　　　　犯罪からの離脱傾向に関わる要因 ………………………… 69

第1節 本章の研究課題 ……………………………………………………………… 71
第2節 本章の調査に関する方法 …………………………………………………… 72
第3節 ライフ・ライン・メソッドのライン形状が示す当事者の特徴 ………… 80
第4節 要因分析と支援方策への示唆 ……………………………………………… 92

| 第3章 | 就労を通して犯罪志向から離脱した当事者の
　　　　　変容過程と彼らの就労継続を支える職場の要因 103

第1節 本章の研究課題 ……………………………………………………………… 105
第2節 本章の調査に関する方法 …………………………………………………… 106
第3節 当事者が就労生活を通して変容する過程 ………………………………… 109
第4節 要因分析と支援方策への示唆 ……………………………………………… 116

| 第4章 | 就労系福祉事業所の職員が
当事者へ就労機会を提供する際の意向 …………… 129 |

第1節 本章の研究課題 …………………………………………………… 131
第2節 本章の調査に関する方法 ……………………………………… 132
第3節 就労系福祉事業所の種別および職員の職位による意向の違い………… 140
第4節 要因分析と支援方策への示唆 ………………………………… 154

| 第5章 | 就労系福祉事業所における
当事者の就労の促進に必要な施策および
連携に関する意向 ……………………………… 163 |

第1節 本章の研究課題 …………………………………………………… 165
第2節 本章の調査に関する方法 ……………………………………… 166
第3節 当事者の就労を促進するために早期に改善が必要な施策とは………… 169
第4節 調査結果の考察と要因分析および支援方策への示唆 ………… 181

| 第6章 | 当事者を受け入れる職場における
管理者の意識 ……………………………………… 189 |

第1節 本章の検討課題 …………………………………………………… 191
第2節 本章の調査に関する方法 ……………………………………… 192
第3節 先駆的な一般企業と福祉事業所の取り組みとは ……………… 195
第4節 先駆的な一般企業と福祉事業所の取り組みから得られる支援方策 ……… 213
第5節 先駆的な一般企業および福祉事業所の対応に関する評価 ……… 218

| 終章 | 犯罪を起こした障がい者の就労を軸にした
支援方策の総括と今後の研究課題 ………………… 225 |

第1節 犯罪を起こした障がい者の就労を軸にした支援方策の総括 ……… 226
第2節 本研究で得られた促進要因と阻害要因および支援方策への示唆 ……… 235
第3節 本研究の意義 …………………………………………………… 239
第4節 研究の限界と今後の課題 ……………………………………… 243

瀧川賢司氏の出版に寄せて　山崎 喜比古（日本福祉大学 大学院特任教授）……… 257

あとがき ……………………………………………………………………… 259

序 章

犯罪を起こした知的障がい者の
生活自立に与える就労の位置づけ

序章では本書の概要を示すために、研究の背景と目的、方法として研究の進め方や特徴ある調査方法および論文の構成を述べる。

　まず研究の背景として、犯罪を起こした障がい者に立ちはだかる「社会的障壁」に着目する。ここでは、障害者差別解消法により、障がいの有無にもとづく就労機会の不平等という差別は解消されつつある中において、「犯罪を起こした者」に対する社会の慣行や観念といった「社会的障壁」は解消されず、未だに就労の機会が十分でない点を取り上げる。特に就労は当事者をエンパワメントし、自己効力感を増すことができる「潜在能力」として生活自立を実現するために不可欠であると考え、いち早く彼らを働き手として受け入れる場と受け入れる人を確保することの必要性を指摘する。

　また本書における研究方法として、質的調査（インタビュー調査）と量的調査（質問紙調査）の2つを組み合わせるいわゆる混合研究法を採用した。質的調査では犯罪を起こした障がい者へのインタビュー調査にて「ライフ・ライン・メソッド」を用いて本人の気持ちをグラフで表すことで見える化した。そして量的調査では「ビニエット法」を用い、犯罪を起こした障がい者に関する架空事例をもとに、支援機関である福祉事業所の職員が現実的なイメージを思いながら彼らを受け入れる意向を調べる。これらの調査方法は、社会福祉学分野ではまだ多く用いられておらず、新たな有効な混合研究法であると考えている。

第1節

犯罪を起こした障がい者に立ちはだかる「社会的障壁」

1.犯罪を起こした障がい者の研究を開始した背景

(1)研究の動機

　人は多様な存在であり、国籍、人種、性別、宗教など皆一人ひとりが異なる属性を有している。そのような「人」がひとつの社会の中で生きていくためには一定の秩序や機会均等などの公正さが必要である。しかし現実の社会において、例えば、マジョリティである非障がい者（健常者）とマイノリティである障がい者では、享受できる利益に大きな落差が存在する。この大きな落差の一つが「就労機会の不平等」である（星加・西倉・飯野ら 2016）。

　近年、障がいの有無による大きな落差を解消する法整備等が進められてきた。具体的にわが国は、2007（平成19）年に国連の障害者の権利に関する条約（以後、障害者権利条約）に署名した後、障がい者に関わる種々の法律の整備を進め、2014（平成26）年に同条約を批准した。そして、それを受けて、障害を理由とする差別の解消の推進に関する法律（以後、障害者差別解消法）が2016（平成28）年4月から施行された。

　この障害者差別解消法により、対象となる「障がい者」の要件として障害者手帳をもつ者に限定されないことや、何人も「社会的障壁」により継続的に相当な制限を受ける状態をもつ者に対して「合理的配慮」を提供する義務が生じることとなった。ここでの「社会的障壁」とは、障がいのある者にとって日常生活または社会生活を営む上で障壁となるような社会における事物、制度、慣行、観念その他一切のものをいう。こ

の法整備により、障がい者の「就労機会の不平等」に関する問題は解消に向けて新しい段階に入ったと言えよう。しかし当然のことながら法整備をしただけでは、障がい者を劣位におく社会の価値観が簡単に変化するわけではない。「障がい者の完全参加と平等」の理念を体現するためには、社会の成員一人ひとりが障がいのある人々を理解し、受け入れる姿勢へと転換される必要がある（川間 1996, 八巻・寺島・山崎 2008）。

　このように国として障がい者の権利を法的に改善していく変化の中、本書では従来から見落とされてきた問題の一つとして、犯罪を起こした（軽度）知的障がい者（以後、当事者）の「就労を軸とした生活自立」に関する問題を取り上げる。

　障害者差別解消法により、障がいの有無にもとづく「就労機会の不平等」という差別は解消されつつあるが、差別解消の要件に入っていない「犯罪を起こした者」に対する社会の「慣行」、「観念」といった「社会的障壁」は解消されるわけではない。そこには法制度だけでは救われず、排除され続けている者が依然として存在している。

　このような「犯罪を起こした知的障がい者」が直面する社会的障壁に関する問題は、元衆議院議員の山本譲司が、自身の服役していた経験をもとに書いた『獄窓記』（山本 2008）、『累犯障害者』（山本 2009）を通して、矯正施設に収容されている受刑者の中に多数の知的障がい者等がいることを世間に知らしめたことをきっかけにしてクローズアップされてきた（法務省 2013）。

　また、法務省の矯正統計によれば、2019（令和元年）年の新受刑者17,464名の内、CAPAS能力検査[1]によりIQが69以下の知的障がいを有する者は3,509名（20.6%）おり（法務省 2020）、矯正施設から退所する際の対応や支援がますます社会的課題として注目されている。それは当事者の多くには知的障がいがあるのにもかかわらず、障がいの程度が「軽度」であるため福祉の支援を十分に受けられず、結果的に犯罪を繰り返し、また福祉の支援を受けている場合でも再犯に至ってしまう傾向があるからである（長崎新聞社 2012）。

　彼らは障がいの程度が「軽度」であるがゆえに働く能力をもってい

ると考えられる。それゆえ矯正施設を出所した知的障がい者の就労を実現することは、知的障がい者が犯罪を起こさずに安定した生活や経済的自立を送るために必須ではないだろうか。このように「就労を軸とする」生活自立をめざす根拠として、就労は当事者をエンパワメントし、自己効力感を増すことができる「潜在能力」として生活自立を実現するために不可欠であると考えた。現状では省庁の縦割り行政の都合で制度が決められる中、そこには犯罪を起こした知的障がい者の就労に関する主体性が、どこまで反映されているのかという疑問を抱かざるを得ない。そこで本書は、犯罪を起こした知的障がい者の「就労を軸とする生活自立」の前に立ちはだかる『社会的障壁』に対して、「風穴」を開ける意義をもつと考え研究を開始した。

　この犯罪を起こした知的障がい者が、矯正施設から地域社会に復帰するための支援を図0-1に「現行の矯正施設退所者の支援の流れ」として示した（志賀 2013）。この地域生活支援は、いわゆる「出口支援」といわれ、3段階に分けられている。それは第1段階として、「当面の住居・医療」「福祉サービス利用申請」、第2段階は「各種福祉サービスの利用」、第3段階は「就労」となっている。すなわち犯罪を起こした知的障がい者は、住居として受け入れてもらえる施設等に入り、養育手帳を取得した後、年金の受給および就労先として就労移行支援事業所や就労継続支援A型事業所・同B型事業所へ福祉的就労の制度に乗って受け入れてもらうことや一般企業へ就職（障がい者雇用を含む）することを想定している。

　この出口支援の主体は、国から各都道府県に1か所以上ある地域生活定着センターに委託され、各センターのソーシャルワーカーが当事者の出所後の住居を確保するために支援している。その現状について、長崎県地域生活定着センターのソーシャルワーカーである伊豆丸剛史の活動がNHKにおいて特集が組まれて放映された[2]。また全国地域生活定着支援センター協議会（2016）が、国（厚生労働省、法務省）への提言として提出した要望書を見ても制度的にも十分でないことがうかがえる。これらの支援は、障がいのある者が現状の行政が行う公的な障

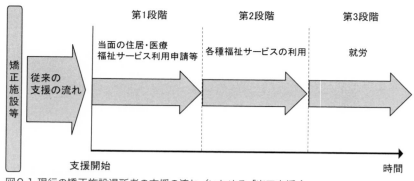

第1段階　　　　　　　　第2段階　　　　　　第3段階

矯正施設等

従来の支援の流れ

当面の住居・医療
福祉サービス利用申請等

各種福祉サービスの利用

就労

支援開始

時間

図0-1.現行の矯正施設退所者の支援の流れ（いわゆる「出口支援」）

がい福祉サービスを利用するため、原則は障害者手帳を取得し、サービス利用の申請後に利用計画案を作成する必要があることから考えると、行政側としては図0-1の流れにならざるを得ないだろう。

⑵犯罪を起こした知的障がい者の「就労」の位置づけと関連する支援

　図0-1に関して、筆者はもう少し知的障がい者にとって「就労」の意義や優先順位を重要視している。そこではじめに司法的視点と福祉的視点の両面から「就労」の意義を考えてみたい。

　まず司法の視点からみると、「就労」の目的を「再犯防止」とする文献が多い（内閣府 2008、2014）。例えば、保護観察対象者の再犯の状況を就労状況別にみると、無職者の再犯率は有職者の再犯率と比較して約3倍と著しく高い。このように無職者による再犯が顕著な現状からすると、再犯防止のためには就労の確保が極めて重要である（法務省 2018）。また障がい者福祉の視点から森久（2015）が述べているように、当事者が「刑事司法制度に関与した」という点のみによって、障がい者一般と異なるものとして論じるべきではなく、あくまで障がい者になされるべき支援が、刑事司法制度に関与した場合においても、その状況に応じた形式で保障されるべきであり、その水準や範囲は異なるものではない。そして、吉開（2013）は犯罪を起こした者が社会復帰するために「就労」することにより、経済的・個人的・社会的側面を充

足させ、犯罪とは無縁な安定した生活を確立できる最も有効な手段と述べ、赤平（2015）は当事者は安心して暮らしたいと人一倍願っており、そのためにも就労の機会の必要性を指摘している。

　次に法務省のデータによれば、矯正施設を出所した者は出所直後に最も再犯を起こす傾向にあり、具体的には、矯正施設出所者の52.2%が1年未満に再犯を起こしていること、特に出所直後（3か月以内）に再犯を起こす者が突出して多いことが明らかになっている（法務省2013）。また再犯防止推進計画（法務省2017）によれば、刑務所に再び入所した者のうち約7割が再犯時に無職である現実を踏まえ、この不安定な就労が再犯リスクとなっている。つまり矯正施設を出所した知的障がい者は、図0-1において、第1段階や第2段階が整う前に再犯に至る可能性が高いと考えられる。したがって、筆者は就労の優先順位として第1段階において住居の整備だけでは不十分であり、住居と同時に就労の場を提供することが必要であると考えた。

　知的障がい者と就労に関し、川島（2012）は犯罪を起こした知的障がい者の理想は、「生活保護を受けるだけで何もしない生活」ではなく、「労働で収入と生きがいを得る生活」であると指摘し、当事者はかつて働いた経験をもつ者が多く、本人に合う仕事があれば生き生きと活動できるとも述べている。また木村（2012）は、犯罪を起こした者には、人生のつまずき、孤立の深刻化など、長く世間から排除されてきた人生の歴史があるため、家があり当座のお金があれば済むものではないと述べている。したがって図0-1のような犯罪を起こした知的障がい者の地域生活支援を3段階に設定することに比べ、当事者を早い段階で就労につなげることにより、就労を通した当事者の自尊心の回復や生活の質（QOL：Quality of Life）の向上を達成し、当事者の幸せと結果的に当事者の再犯防止につながることで社会の安心の両方を実現できると考えられる。

　そこで上記の考えのもとに、図0-2に犯罪を起こした知的障がい者支援として本書の基本となる流れを示した。これは現行の支援の流れにおいて第1段階から第3段階として位置づけられた「当面の住居・

医療の提供」「福祉サービスの利用申請等」「各種福祉サービスの利用等」「就労」の3つについて、最初の段階から同時に提供する方策である。しかしながら、現行の支援でさえ当事者の就労に関する実績が不十分である上、さらに第1段階において就労の受け入れをめざすことは、その実現が難しいことが予想され、現行の福祉の仕組みを補完する福祉多元化の新たな仕組み等が必要となるであろう。

　このように、犯罪を起こした知的障がい者の「就労を軸とした生活自立」の実現のためには、先に述べたように無職であるという不安定な就労が再犯リスクとなっている調査結果をもとに、あえて積極的に就労を住まいの確保と同時期、つまり第1段階から始めることが当事者の就労に結びつくと思われる。そのためには当事者が抱いている「就労」についての意欲や思いを理解すること、それに加えて就労を通した彼らの自尊心の回復やQOLの向上、犯罪志向からの離脱を実証することが求められる。それなくして就労の受け入れ側がもつ「社会的障壁」となっている意識の改革や当事者の思いを汲み入れた支援制度の充実は望めないであろう。

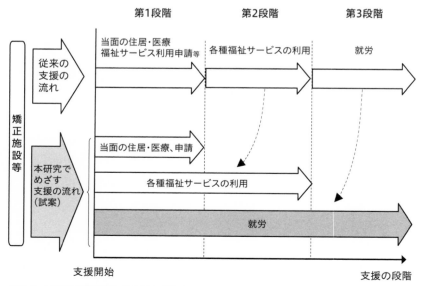

図0-2. 本研究の基本となる支援の考え方

⑶犯罪を起こした知的障がい者の就労に関する法制度等の概要

　犯罪を起こした知的障がい者に対する主な制度について、まずは司法の視点から現状をみてみる。ここ数年では法務省の「宣言：犯罪に戻らない・戻さない〜立ち直りをみんなで支える明るい社会へ〜」（法務省2014）、2016（平成28）年12月に公布・施行された「再犯の防止等の推進に関する法律」（以後、再犯防止推進法という）がある。そして同法に規定された「再犯防止計画」（法務省 2017）にみられるように、国民が安全・安心に暮らすことができる社会の実現の観点から矯正施設を出所した犯罪を起こした知的障がい者の「再犯防止」は最も重要な課題の一つとされている。

　その中で、これらの法制度の中にも福祉側の視点が盛り込まれるようになった。特に再犯防止推進法は、その第17条において対象者として障がい者を明記し、また同法第11条では犯罪をした者等に対しては、その特性に応じた指導の必要性、第12条では就労の支援、第14条では就労の機会の確保を謳っている。

　そして再犯防止計画では同法の対象者として「障害の程度が福祉的支援を受けられる程度ではないものの、一般就労をすることが難しい者や就労に向けた訓練等が必要な者など、一般就労と福祉的支援の狭間にある者」を取り上げ、彼らの実情に合う支援の必要性に言及している。例えば刑務所出所者等を雇用し、更生に協力する民間の事業主である協力雇用主への受注の機会の増大などである（法務省 2017）。しかしながら、基本的には雇用する側に配慮した制度であり、犯罪を起こした知的障がい者の就労の適正や思いが十分に反映されているとは言えない。

　次に犯罪を起こした知的障がい者の就労に関する主な制度について、福祉側の視点から現状をみてみる。法整備に関して障害者差別解消法は、障害者基本法第4条に規定された差別禁止の基本原則を具体化する法である。しかし障がい者の採用に伴う負担が過重と考えられる場合は、この合理的配慮はなされないこともある。また、いわゆる障害者雇用促進法は、対象者を保護の客体ではなく権利の主体としてとらえ、差別を禁止することによって雇用促進を図ろうとする法であ

るが、同法においても障がい者を採用する際、事業主に対して過重な負担を及ぼすこととなる場合には採用されない可能性もある。

　このように現状では就労の受け入れ側に広く裁量を認めていると考えられる。実際に犯罪を起こした知的障がい者の就労の現状をみると、協力雇用主への雇用実績は、登録した18,000の企業の約4%程度（法務省2015）にとどまっていることから、知的障がい者の雇用はさらに厳しいと予想される。一方、生活困窮者自立支援法に盛り込まれた「生活困窮者就労訓練事業（いわゆる中間的就労）」がある。これには訓練機会を提供する「就労支援準備事業」と支援付きの就労機会を提供する「就労訓練事業」があるが（厚生労働省2015）、就労後の継続支援が含まれていない。

　以上のことから、犯罪を起こした知的障がい者にとって「就労」は生活自立の実現および犯罪を繰り返さないためにも重要な支援であるが、たとえ就労能力があったとしても犯罪を起こした知的障がい者の雇用状況は厳しいことがうかがえる。しかし、この現実を打ち破るための支援に関する研究はほとんどみられず、主に司法の視点から水藤（2011）、浜井（2013）の研究があり、また福祉の視点からは田島ら（2009）の研究を通して、2009（平成21）年の地域生活定着支援センターの設置や協力雇用主への補助金支給等の施策につながっている。しかしながら、全国の地域生活定着支援センターが実施したコーディネート業務により、矯正施設を退所し受け入れ先に帰住した者は全体の50%にとどまっている（厚生労働省2017）。

　以上、研究の背景において、犯罪を起こした知的障がい者の就労の受け入れが困難であり、必要な支援に関する研究が不足している問題点を述べた。また筆者は大学院の修士課程において、コミュニケーションを取ることが困難な知的障がい者のQWL（Quality of Working Life：労働生活の質）について本人の支援員と家族にインタビューし、知的障がい者の働く様子を「いきいき」レベルという指標で解析し、「頑張ればできる感覚」、「自分に合う仕事がある」ことが「いきいき」レベルを向上させる要因であることを明らかにした（瀧川2016）。そこでは働くことで家族・友人・職場の同僚などの周囲の人とのつながりができ、日常生活に必要な情報を得ることや困った時にも助言を得られること、

また仕事を通して社会の中における自分自身の存在意義を自覚できることなど、就労環境の重要性を指摘した。

　以上、犯罪を起こした知的障がい者（当事者）の就労を軸とした生活自立に向けた就労の受け入れ側の課題として、下記の2点が挙げられる。

①当事者の就労の可能性や主体性を引き出す支援者側の対応が十分になされていない。

②当事者の就労を受け入れた後の就労継続の支援が十分になされていない。

‖ 2.本書の目的

　本研究で焦点を当てた「就労を軸とした」生活自立をめざすことを可能にするためには、今まで述べてきたように犯罪を起こした知的障がい者が「軽度」であることが大きいと言える。そして前項で述べたように、最近では生活自立に向けて一般就労への意思を強くもった主体性のある犯罪を起こした知的障がい者の「語り」（中日新聞　2017a、2017b）がみられる。そこで本書の目的は、

　「犯罪を起こした（軽度）知的障がい者の就労を軸とした生活自立の実現に向け、障がい者本人側と、その家族・友人・職場の支援員などの支援者側との関係における促進要因および阻害要因の解明、並びに当事者の就労の受け入れと継続に関わる全国各地の福祉事業所、一般企業の意向や地域連携における促進要因および阻害要因の解明を通して当事者へ向けた支援方策への示唆を得ること」とした。

　なお本書における「支援方策」とは以下の3つの支援を含むものとする。

・ミクロレベルの支援：福祉事業所等が当事者をエンパワメントする支援方法や支援技術

・メゾレベルの支援：行政等が福祉事業所を支援するプログラム等

・マクロレベルの支援：ミクロやメゾの調査から得られた知見をもとに事業所等を支える政策・制度

第2節

本書における研究の枠組み

1.研究における対象者の特徴

　本書では研究における対象者として、①当事者と②当事者の就労の受け皿となる一般企業や就労系福祉事業所の大きく2つある。繰り返しになるが①当事者は、前節にて引用した法務省の『研究部報52　知的障害を有する犯罪者の実態と処遇』（法務省 2013）の基本データをもとに『犯罪を起こした（軽度）知的障がい者』とした。

2.研究における調査・分析の枠組み

⑴犯罪を起こした知的障がい者（当事者）の生活自立の構成要素

　本書のタイトルに含まれる「就労を軸とした生活自立支援」に関し、「生活自立」の定義を述べる必要がある。障害者権利条約の前文において、「個人の自律及び自立」は自ら選択する自由を含むとされており、「自立した生活」は「他の者と平等の選択の機会をもって地域社会で生活する平等の権利」とある。日本でも障がい者の「自立」に関する概念は、従来から多くの研究者により提起されてきた（河野 1984,定藤ら 1986、1999,大泉 1989,加藤 1997など）。例えば、定藤・小林・坂田（1999）は「障害者が、たとえ日常生活で介助者のケア、援助を必要とするとしても、日常生活や社会参加の行動を自らの意志で決定・選択し、主体的に地域社会の中で他者との連帯を媒介とした有意義な生活をして

いく行為も自立である」と捉えている。

　以上、これらの障がい者の「自立」を論じた先行研究を概観し、本書において当事者が社会の中で自立した生活を送る上での「生活自立」の構成要素は、①身辺的自立、②経済的自立、③社会的自立を主とし、これらを基本として、愼（2005）などが述べる④自己決定と、本書の対象者は「犯罪を起こした」ことが特徴であることから、⑤犯罪志向から離脱したことを加えた合計5つとした。これらの5つの要素は、ソーシャルワーク分野では当事者の生活自立のニーズを満たすものと言えるであろう。

⑵犯罪を起こした知的障がい者が「生活自立」を実現するための要因の全体像

　当事者が「生活自立」を実現するため、当事者に関わる要因の全体像をみてみる。

　まず、ICF（International Classification of Functioning, Disability and Health）によれば、人間の生活機能と障害について「個人因子」と「環境因子」の2つの要因で構成されている。また岡村（1983）はすべての個人のもつ生活上の欲求として、①経済的安定、②職業的安定、③家族的安定、④保健・医療の保障、⑤教育の保障、⑥社会参加ないし社会的協同の機会、⑦文化・娯楽の機会という7個を提示した。そして小林（2017）は、当事者の犯罪に関する要因を理解するために収集した情報をもとに、具体的なアセスメントとして、①学校生活における友人・いじめの有無、②家族の状況（両親の有無、愛着の形成、経済的背景など）、③家族の地域での位置づけ、④雇用などの日中の活動（収入源、本人の得意・不得意なことなど）、⑤住居歴、⑥医療関係（受診歴など）、⑦薬物等の使用歴、⑧債務の状況、⑨暴力行為歴、⑩司法手続きの対象になっていない他の反社会的行動の10個を挙げている。

　以上をまとめて当事者の「生活自立」を実現する要因の全体像を仮説として図0-3に示した。この要因の特徴はICFの分類に従い、当事者（個人因子）と社会生活（環境因子）の2つの要因で構成されており、

当事者を中心として社会生活が周りを囲い、お互いに影響を受け合う関係を基本構造とした。ここで岡村の7個の欲求を「就労生活（経済的安定、職業的安定）」と「その他の社会生活」に分け、小林の言う⑩司法手続きの対象になっていない他の反社会的行動は、当事者の社会生活において犯罪志向がある場合、当事者と社会生活が犯罪志向の領域に交わり、「犯罪志向を感じている生活」が増えることを示した。

　下記の図0-3では就労生活の場の例として、一般企業、就労に関わる福祉事業所（就労移行支援事業所、就労継続支援A型事業所、同B型事業所）、その他の社会生活の場などには、家族、余暇活動、学校、医療機関、地域活動などが挙げられる。

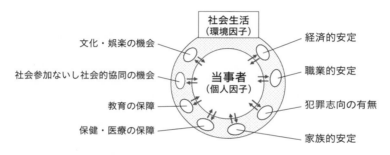

当事者の社会生活に関わる因子（ICFと岡本（1983）を参考に作成）

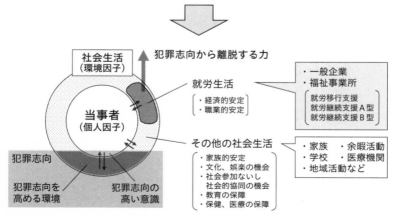

図0-3. 当事者の「生活自立」に関わる因子と犯罪志向から離脱する力（仮説）

3.本書における調査・分析方法の特徴

(1)犯罪を起こした知的障がい者の「語り」に主眼を置いた調査・分析

　障がい者個人の語りは「語る」という行為自体が政治的な行為であり、語られた時点ですでにその経験は社会化され、「集合表象」として社会モデルの次元として捉えるべきであり、一定の意義があるとされている（杉野 2007）。しかし日本における障がい者の語りを用いた先行研究のほとんどは、身体障がい、もしくは精神障がいのある人を対象とすることが多く（田垣 2002,熊倉ら 2005,関谷 2007,太田 2007,八巻ら 2008）、知的障がいのある人を対象とした研究の数は少ない（陳 2007）。障がいの種類が異なれば、社会の側の態度や対応や障がいのある人の自己評価が同じである保証はなく、これらの先行研究の結果をそのまま適応できるとは限らない（杉田 2011）。よって、ここに知的障がい者の語りを通した研究を行う意義があると考えた。

　加えて上野ら（2008）は、障がい者などの「社会的弱者」は自己判断能力や自己決定能力を疑われていることによるパターナリズム[3]による家族や専門家・行政官などの利益代行者としての判断が優先されることを批判し、「当事者主権」として当事者こそがニーズの出発点であり終着点であると強調し、積極的な意義を述べている。このような当事者の主観的ニーズと専門家による客観的ニーズの評価には差があることは多くの先行研究で指摘されている（岡本ら 2002,永野 2009,柊崎ら 2011）。そこで本書においても、支援者のような利益代行者の視点だけでなく、当事者の視点から「語り」に主眼を置いた調査・分析を行った。

(2)就労生活という「過程」に関する調査・分析方法

　小林（2017）は当事者の犯罪に関する要因を理解するために収集した情報を成育歴に沿って時系列に捉えることができると述べている。

また杉田（2011）は、知的障がいのある人の人生の語りによるライフストーリーを通じて、ディスアビリティ経験（社会の側の態度や対応）が彼らの自己評価に与える影響をもとに社会福祉実践への示唆を得ている。このような知的障がいのある人の語りを用いたライフストーリーの研究は、海外では多く行われているが日本においてはまだほとんどみられない。特に犯罪を起こした知的障がい者への聞き取り調査は、福永（2011）の研究の他にはほぼ皆無であり、しかも就労生活に着目した研究はみられなかった。

　そこで本書では、従来調査されてこなかった犯罪を起こした知的障がい者の就労生活という「過程」における語りを聞き取り、犯罪志向の要因や就労を通して、犯罪志向から離脱する要因等を時系列的に示すことで、「就労を軸とした生活自立」に向けた要因（促進・阻害）および支援方策への示唆を得るための調査を行うこととした。

　次に、この図0-3の当事者と社会生活が上方に浮上することで犯罪志向の領域から離れ、犯罪志向からの離脱が進む過程（仮説）を説明

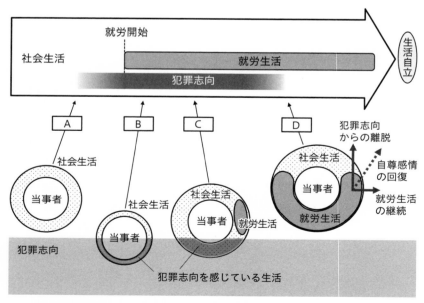

図0-4.当事者が就労生活を通して生活自立に向かう過程（仮説）

する。図0-4は当事者が生まれてから「就労生活」を通して生活自立を確立するまでの過程において、当事者と社会生活の中の「就労生活」の割合が増えるにつれて、犯罪志向から離脱し「生活自立」に向けて当事者の生活が進んでいくことを示している。

　図0-4のAは、まだ就労する前で犯罪にも関わらない時期の当事者と社会生活の関係を示している。次にBでは、ある程度の年齢を経ると、当事者個人や社会生活のどちらか、もしくはその両方が原因となって犯罪志向が生まれることを示している。この時には当事者に関わる社会生活に広がりは少なくなり、犯罪志向の占める割合が増大し、実際に犯罪を起こして逮捕されることや矯正施設に収容されることを経験する場合もあると考えられる。そしてCでは、例えば矯正施設から出所して自立に向けた生活を始めた時期を示している。ここでは当事者の社会生活の幅が広がりつつあり、就労生活が当事者の犯罪志向は減少していくと考えられる。最後にDでは、当事者の社会生活の幅がさらに広がり、かつ社会生活に占める就労生活の割合が増えていくことで、当事者の犯罪志向からの離脱傾向が強くなり、生活自立に向けて進んでいくことを示している。

第3節

研究の目的を達成するための検討項目と調査設計

　第1節で述べた目的を達成するために、本研究では以下に示すミクロレベルおよびメゾレベルの2つの検討項目と5つの調査から構成されている。その調査設計図を図0-5に示した。

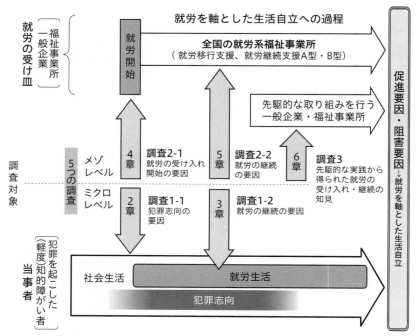

図0-5.「就労を軸とした生活自立」に向けた過程と調査対象にもとづく調査設計図

検討項目1：ミクロレベル（調査対象：犯罪を起こした知的障がい者）

　就労を軸とした生活自立の実現に向けた、障がい者本人側と、その家族・友人・職場の支援員などの支援者側との関係における促進要因および阻害要因の解明を通して、当事者へ向けた支援方策への示唆を得ること。

◆調査1-1：犯罪を起こした知的障がい者の「いきいき」就労生活と犯罪からの離脱傾向に関わる要因

　現状で就労を継続し生活自立している男性の当事者に対して、ライフ・ライン・メソッドを用いたインタビュー調査を実施する。対象者の犯罪を起こす傾向もしくは実際に犯罪を起こした経験を示す「犯罪志向性」の変化に応じて、当事者が感じている「楽しく生活を送れていること」や「暮らし向き」について聞き出す。（第2章に記載）

◆調査1-2：就労を通して犯罪志向から離脱した当事者の変容過程と彼らの
　　　　　就労継続を支える職場の要因

　調査1-1の調査期間のストーリーラインを「就労準備期」「就労開始
に伴う変容期」「就労維持期」の3段階に分け、ラインの立ち上がり時、
ピーク時、落ち込み時などの時期に対象者がどのような経験をし、ど
のような支援等を受け、何を感じたかなどについて聞き出すことで当
事者が就労を継続する要因を明らかにする。（第3章に記載）

検討項目2：メゾレベル（調査対象：一般企業、就労系福祉事業所）

　当事者の就労の受け入れと継続に関わる全国各地の一般企業や就労
系福祉事業所の意向や地域連携の推進における促進要因および阻害要
因の解明を通して当事者へ向けた支援方策への示唆を得ること。

◆調査2-1：就労系福祉事業所の職員が当事者へ就労機会を提供する際の意向

　全国の就労系福祉事業所（就労移行支援事業所、就労継続支援A型事業所、
就労継続支援B型事業所）おける管理者と現場の支援員に向けた質問紙を
用いて、3つの犯罪の架空事例（窃盗、傷害、売春）について当事者の受
け入れの意向とそれに関連する指標（事業所種別、過去の受け入れ経験人数、
当事者の働く能力、事業所の体制等10個）を調べる。質問紙は管理者に767
通、支援員に820通を郵送にて配布する。（第4章に記載）

◆調査2-2：就労系福祉事業所における当事者の就労の促進に必要な施策
　　　　　および連携に関する意向

　調査2-1と同じく全国の就労系福祉事業所おける管理者と現場の支
援員に向けた質問紙を用い、当事者の就労の継続を促進するために必
要と考える施策と地域の連携に関する意向（福祉事業所種別・職員の職位
別・就労の受け入れ経験の有無別など）について、選択肢法と自由記述の2
つの方法により調査する。質問紙の配布数は調査2-1と同じである。（第
5章に記載）

◆調査3：当事者を受け入れる職場における管理者の意識

　当事者を複数以上（概ね5人以上）支援した経験を有する一般企業が2か所と福祉事業所が5か所の合計7か所の管理者に対してインタビュー調査を行う。その結果、当事者の就労の受け入れ開始から就労の継続・促進に関する考えとして、当事者の就労を受け入れることの意義、就労受け入れを行うきっかけ、就労を継続ための対応、就労の受け入れを促進するための対応や制度についての知見を聞き出し、調査1-1から調査2-2までに明らかにした要因についての対応状況について調べる。（第6章に記載）

第4節

本書の構成

　本書は以下に記す全8章から構成される。本節では、各章のタイトルと概要もしくは研究課題（リサーチクエスチョン：RQ）を記す。

　序章「犯罪を起こした知的障がい者の生活自立に与える就労の位置づけ」では、本書の概要を示すために、研究の背景と目的、方法として研究の進め方や特徴ある調査方法および論文の構成を述べる。特に犯罪を起こした知的障がい者に対する社会の慣行や観念といった「社会的障壁」は解消されず、未だに就労の機会が十分でない点を取り上げる。

　第1章「先行文献等のレビューを通して考える本研究の立ち位置」では、序章で概要として述べた研究の背景および研究のアプローチや枠組みに関する先行研究等についてさらに詳細に述べることで、本書を進める上での基本的な考え方を説明する。すなわち、犯罪を起こした知的障がい者の生活自立に向けて就労することの意義として、自分

の能力を発揮し、社会に認められて社会復帰できることは当事者の自尊感情を確立し、QOL（Quality of Life：生活の質）の向上につなげ、彼らに立ちはだかるさまざまな社会的障壁を打破する必要性を述べる。

第2章「犯罪を起こした知的障がい者の「いきいき」就労生活と犯罪からの離脱傾向に関わる要因」では、ライフ・ライン・メソッドを用い、当事者の「犯罪志向性」と関連する指標として「楽しく生活を送れていること」「暮らし向き」の関連性を明らかにする。特に健常者と異なる対応の必要性や「犯罪志向性」が上昇する時、ストレスの感覚が欠如し衝動的に犯罪を起こすことや、当事者が楽しく生活を送れている時でも常にコミュニケーションを継続する必要性などを示す。

第3章「就労を通して犯罪志向から離脱した当事者の変容過程と彼らの就労継続を支える職場の要因」では、当事者が就労することにより犯罪志向から離脱し生活自立に向けた変容過程を調査する。その結果、促進要因として当事者を受容する職場が彼らを犯罪から離脱に導く大きな変容のターニングポイントとなったのか、自分の能力を活用でき成長を促す仕事や安心できる居場所としての職場は成長が実感できたのか等について調べる。そして早期に就労の受け入れや当事者がもつ就労能力を重視した支援を行うことにより、就労の継続が実現するとともに生活自立に向けた再犯防止に効果があることを示す。

第4章「就労系福祉事業所の職員が当事者へ就労機会を提供する際の意向」では、ビニエット法を用いて、全国の就労系福祉事業所（就労移行支援事業所、就労継続支援A型事業所、同B型事業所）の職員（管理者・現場の支援員）へ就労能力を有する当事者について受け入れの意向を調査する。この結果をもとに、就労系福祉事業所の種別における当事者の受け入れの差異、当事者の受け入れ経験が増えることと受け入れ可能性との関連、犯罪種別による当事者の受け入れ可能性などを明らかにし、当事者が就労を継続するための促進要因および阻害要因と支援方策への示唆を得る。

第5章「就労系福祉事業所における当事者の就労の促進に必要な施策および連携に関する意向」では、第4章と同じ対象者について当事者の就労の促進に必要な施策および連携に関する意向やその促進要因

および阻害要因と支援方策への示唆を得ることを目的とし、選択肢法とともに自由記述により具体的な調査を行う。その結果をもとに、就労の継続に向けて事業所種別や職位別、受け入れ経験の有無別に必要とする連携のあり方の特徴を明らかにし、今後の支援方策として各種の施策や連携構築に関する知見を得る。

第6章「当事者を受け入れる職場における管理者の意識—先駆的な一般企業と福祉事業所の取り組みを比較して—」では、当事者の就労の受け入れ・継続を実践する一般企業および福祉事業所の先駆的な取り組みを通して、当事者の不安定な就労が再犯リスクとなっている事実をもとに、矯正施設から退所した際の支援として、住まいの確保のみならず積極的に就労も同時期から始めることが、当事者の生活自立と再犯防止の両立につながる視点を明確にする。

終章「犯罪を起こした障がい者の就労を軸にした支援方策の総括と今後の研究課題」では、本書全体の流れを振り返り、本研究で得られた促進要因および阻害要因とそれをもとに得られた支援方策へ示唆することや本書の意義を整理する。加えて、本研究の限界と犯罪を起こした障がい者の就労支援の研究に関する今後の課題を挙げ、引き続き研究を継続していく指針を示す。

第5節

本研究における調査方法の特徴

本節では本研究で実施する特徴ある調査として、犯罪を起こした知的障がい者本人へのインタビュー調査において実施する「ライフ・ライン・メソッド」と全国の就労系福祉事業所に向けて実施する質問紙調査における「ビニエット法」について説明する。

1. ライフ・ライン・メソッド

　ライフ・ライン・メソッドは犯罪を起こした就労能力のある知的障がい者本人の生活・就労ニーズをインタビューにて聞き取るために用いた方法である。それは図0-6に示すように、横軸に時間経過、縦軸に人生の質レベルを表す主観指標を配した図中に主観指標の時間変化を描き、その浮き沈みの理由を尋ねることにより主観指標のレベルと変化の要因を可視化し把握するものであり、視覚的評価スケール（Visual Analogue Scale：VAS）の時系列データによる調査・分析法である（Schroots & Ten Kate 1989,熊倉・矢野 2005,平野 2015,瀧川 2016）。

　その利点をまとめると、①対象者が自己の感情を容易に表現できる、②対象者や家族、研究者間にて結果の共有を簡便に促す、③対象者の調査への参加意向を刺激しやすい、④人生の転換期における満足感や不満足感の主要因を明らかにすることで、人生の全体像を把握できる、⑤内面を含む個人の生活史の情報を聞き出すことで、人生行路のダイナミクスを捉えることができる、⑥人生経験の量的および質的データを集約できるが挙げられる（Clausen 1998,Takkinen & Ruoppila 2001,Schroots 2003,平野 2009）。

　本研究では知的障がい者から複数回にわたり、対象者の人生の浮き沈みの転換期を聞き取るため、本方法を用いることにより知的障がい者にも簡便に表現しやすく、対象者・現場の実践者・研究者との間で情報を共有化できると考え採用した。

　本章で用いたライフ・ライン・メソッドの特徴として、通常は縦軸

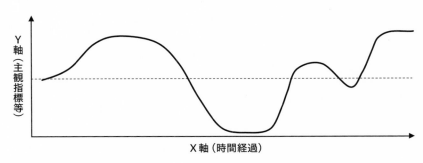

Y軸（主観指標等）

X軸（時間経過）

図0-6.ライフ・ラインの概略図

となる主観的指標は一つであるが、試みとして主観的指標に「犯罪志向性」「楽しく生活を送れていること」「暮らし向き」の3つを設定し、「犯罪志向性」が上昇・下降する時に他の2つのライフ・ラインが上昇・下降する関連を明らかにした。またインタビューで得られた逐語録をもとに、佐藤（2008）の方法を用いて、犯罪を起こす際の原因や当時の生活環境や支援内容等をコード化した。

2. ビニエット法

　ビニエット法は質問紙調査における回答者に具体的な事例を読ませて、その上で質問に回答してもらう方法である（北野 2002）。

　ビニエット法の利点は、プライバシーが侵害されないため倫理的なジレンマが少ないこと、フォーカスされたリサーチクエスチョンに対して、多数の集団に実施でき多量のデータを得られること、直接的に見解を尋ねる質問に比べて回答者の抵抗感が少なく、答えにくい内容についても回答が得られやすいこと、回答者によって想起される場面を、ある程度一定にコントロールすることも可能である方法であることが挙げられる（北野 2002）。

　ビニエット法を用いた先行研究では、犯罪を起こした者に関する質問をする場合に、罪名には触れずに単に「触法障がい者」や「罪を犯した者」などといった一括りの表現で使われることが多かった。ここで一概に「犯罪」といっても、回答者にとって「犯罪」のイメージとして、窃盗なのか詐欺なのか傷害なのかが統一されているとは限らないと考えられる。そこで今回の質問紙調査では、架空事例を用いて、発生件数の多い「窃盗」「傷害」と再犯までの期間が短い「売春」の3つの犯罪について、犯罪を起こした知的障がい者の生い立ちや友人関係、学歴や職歴、支援の状況などを具体的に設定し、回答者の「犯罪」に対するイメージを具体的に表した。なおビニエットの内容は、事前に複数の就労系事業所の管理者に読んでもらいアドバイスを受けた。

第6節

本研究における用語の表記と定義

　本論文における用語の表記および言葉の定義を以下に記した。

〈用語の表記〉

「障がい者」

　障害者は「障がい者」のように平仮名表記とした。この表記の方法については「障害」、「障碍」、「障がい」など種々の考えがある。本書では内閣府の第26回「障がい者制度改革推進会議」（内閣府 2010）において検討された障害学における英米の社会モデルの「障害」という言葉がもつ負のイメージに対する関係者の問題意識や漢字の使用頻度に鑑み「害」「碍」を使用せずに「障がい」とした。ただし公文書等や従来からの用語で漢字を使用している場合についてはこの限りではない。

〈用語の定義〉

「知的障がい者」

　現在、日本の法律に知的障がいの定義を明確に定めた条文はなく、法令によってまちまちな説明がなされている。日本に限って言えば、1953（昭和28）年文部事務次官通達「教育上特別な取扱を要する児童生徒の判別基準（試案）」で、「種々の原因により精神発育が恒久的に遅滞し、このため知的能力が劣り、自己の身辺の事がらの処理および社会生活への適応が著しく困難なもの」と示された。そして学校教育法第8章「特別支援教育」の第72条を受け、学校教育法施行令22条の3では、知的障がいについて、(1)「知的発達の遅滞があり、他人と

の意思疎通が困難で日常生活を営むのに頻繁に援助を必要とする程度のもの」、(2)「知的発達の遅滞の程度が前号に掲げる程度に達しないもののうち、社会生活への適応が著しく困難なもの」と説明されている。また、福祉分野では知的障害者福祉法において、知的障がいに関する定義は記載されていない。そして、2013（平成25）年4月1日に施行された障害者総合支援法の第4条の定義には「知的障害者福祉法にいう知的障害者のうち十八歳以上である者」と記されているが、ここでも知的障がいに関する定義は記載されていない。

　そこで本書では、知的障がいの定義が統一されていないことを踏まえ、質問紙調査においては、送付先の事業所の判断に一任し、またインタビュー調査においては、調査対象者は療育手帳を有していることをもって「知的障がい者」と判断した。

「犯罪を起こした」

　相田ら（2015）を参考にし、「触法行為により警察に逮捕・起訴されて刑が確定した場合（実刑、執行猶予とも）、逮捕されたが起訴猶予となった場合、逮捕されたが犯罪が軽微であるために釈放された場合、逮捕されずに在宅で取り調べられ、書類送検、略式請求により起訴された場合、そして少年事件の場合では家庭裁判所に送致された場合（保護処分決定、不処分、審判不開始、検察に逆送とも）」と定義した。

「犯罪志向から離脱した」

　Veysey & Christian（2009）を参考にし、「ある一時のみ犯罪から抜け出したことではなく、人生の中で継続的に犯罪をしない状態が継続している状態」とした。ただし、ここで「犯罪行為の不存在」の継続期間が問題になる。この期間に定説はないが（Maruna 2001）、犯罪を起こした者が「成熟」することをもって「犯罪から離脱した」という仮説が挙げられている。そして、この「成熟」の一つには犯罪を起こした者が「就労」することが重要であると述べられている。

　筆者の私見であるが、今回の論文の対象者は全員が現段階で2〜3

年就労を継続中であるため、結果として犯罪から離脱した継続期間は2〜3年あたりが目安と思われる。加えて法務総合研究所のデータ（法務省 2013）によれば、再犯期間は1年までは急増し、その後の増加は緩やかに転じることからも、1年を過ぎた2〜3年あたりが一つの目安であると思われる。

「受け入れ」

　犯罪を起こした障がい者に対して、相談支援、定着支援、地域移行支援、雇用契約、就労訓練、就労定着支援等を行うこととした。

【注】

1) CAPAS能力検査とは、新田中B式知能検査（3B）に代わる知的能力測定検査として開発され、1988（昭和63）年以降、実用化されている検査である。CAPASが開発される以前は、受刑者の知的能力を測る手段として田中B式知能検査を利用していたが、同検査の測定対象者は心身ともに発達途中にある児童・生徒であり、成人は対象としていなかったこと、また、受刑者のかなりの者がIQ55以下の領域にひとまとめにされてしまうこと等の理由から、受刑者を母集団とした、受刑者のための能力検査としてCAPASが開発された。

2) 2018（平成30）年2月24日（土）放送のETV特集「居場所があれば立ち直れる〜累犯障害者　社会で生きるために〜」において、長崎県地域生活定着支援センターの所長を務める伊豆丸剛史氏の活動を伝えている。伊豆丸氏は、知的あるいは精神的な障がいがありながら必要な支援を受けられず、犯罪を繰り返す"累犯障害者"の支援を続けている。

3) 支援者のパターナリズムにもとづく障害観とは、例えば「知的障がい者にそんなことができるはずがない」という思い込みである。そして、本人たちがその存在をかけて示す事実よりも、その思い込みを優先させることにより、知的障がい者を傷つけ、その人権を根底から否定するものであった。

【文献】

相田孝正,八重田 淳（2015）「罪を犯した障害者の犯罪歴の伝達に関する研究──特例子会社を対象とした意識調査」『職業リハビリテーション』28(2),2-9

赤平 守（2015）『「生き場」をなくした人たち──罪を犯した障害者の生きにくさに向き合う』やどかり出版

陳 麗婷（2007）「知的障害者の一般就労に影響を及ぼす要因の解明」『社会福祉学』48(1)

68-80

中日新聞（2017a）「いのちの響き ある知的障害者の更生〈上〉」2017年4月20日朝刊

中日新聞（2017b）「いのちの響き ある知的障害者の更生〈下〉」2017年4月21日朝刊

Clausen, J.A. (1998) Life reviews and life stories.In Giele,J.Z.&Elder,G. H. (eds.) Methods of life course research Qualitative and quantitative approaches,189-212.Sage Publication, CA

福永佳也（2011）「生きる術としての支援の獲得体験――罪を犯した知的障害者の語り」『司法福祉学研究』11,39-60

浜井浩一（2013）『罪を犯した人を排除しないイタリアの挑戦』現代人文社

花崎三千子(1999)「動き出した本人活動」松友 了編著『知的障害者の人権』明石書店,149-150

柊崎京子・畠山千春（2011）「身体障害のある施設利用者の生活ニーズ――主観的ニーズからみた分析と実践への示唆」『社会福祉学』52⑵,121-135

平野優子（2009）「時間軸を含む病い経験把握のための参考理論と方法および概念――先行文献による検討から」『聖路加看護大学紀要』35,8-16

平野優子（2015）「ライフ・ライン・メソッド――方法論と研究例」『日本地域看護学会2014年度研究セミナー』

星加良司・西倉実季・飯野由里子（2016）ほか『合理的配慮――対話を開く、対話が拓く』有斐閣

法務省（2013）「研究部報52 知的障害を有する犯罪者の実態と処遇」法務省総合研究所

法務省（2014）『宣言：犯罪に戻らない・戻さない――立ち直りをみんなで支える明るい社会へ　平成26年12月16日 犯罪対策閣僚会議決定』

法務省（2015）「『協力雇用主』を募集しています」（パンフレット）」（http://www.moj.go.jp/content/001146723.pdf, 2016.10.01）

法務省（2017）『再犯防止推進計画　平成29年12月15日』

法務省（2018）「平成30年版再犯防止推進白書」138

法務省（2020）「新受刑者の罪別能力検査値」（http://www.moj.go.jp/housei/toukei/toukei_ichiran_kousei.html, 2021.01.10）

一番ヶ瀬康子(1994)『一番ヶ瀬康子 社会福祉著作集 第三巻　生涯福祉・ノーマライゼーション』労働旬報社

加藤直樹（1997）『障害者の自立と発達保障』全国障害者問題研究会出版部,13-17

川間健之介（1996）「障害をもつ人に対する態度――研究の現状と課題」『特殊教育学研究』34⑵,59-68

川島二三子（2012）「更生保護施設から見る対象者の現状と支援の課題」『東海非行問題研究』9,92-97

小林隆裕（2017）「入所型障害者支援施設における取り組み――対象者の理解とアセスメント、リスクマネジメントの視点から」生島 浩編『触法障害者の地域生活支援―その実践と課題』金剛出版,16-28

木村隆夫（2012）「地域生活定着支援事業の到達点・課題・将来展望」『東海非行問題研究』9,18-41

北野和代（2002）「ターミナル期の患者を持つ家族に対する看護職の「共感」に関する研究」
『平成14年度（2002年）研究報告』日本財団図書館

河野勝行（1984）「自立と発達」『障害児教育実践体系7　成人期』労働旬報社,12

厚生労働省（2015）『障害者の就労支援について』平成27年7月14日

厚生労働省（2017）「地域生活定着支援センターの支援状況（平成28年度中に支援した者）」
　　（http://www.mhlw.go.jp/file/06-Seisakujouhou-12000000-Shakaiengokyoku-
　　Shakai/0000171281.pdf:2018.06.22）

熊倉伸宏・矢野英雄（2005）『障害ある人の語り──インタビューによる「生きる」ことの研究』
誠信書房,2-7

愼 英弘（2005）『盲ろう者の自立と社会参加』新幹社,11

Maruna,S.（2001）Making Good:How Ex-convicts Reform and Rebuild Their Lives,
　　American Psychological Association（=2013、津富 宏・河野荘子監訳『犯罪からの
　　離脱と「人生のやり直し」──元犯罪者のナラティブから学ぶ』明石書店）

水藤昌彦（2010）「知的障害のある犯罪行為者への支援について」『さぽーと』58⑾,42-48

森久智江（2015）「障害のある犯罪行為者への支援とソーシャル・インクルージョン」『龍谷
　　大学　矯正・保護総合センター 研究年報』5,52-71

永野典詞（2009）「身体障害者療護施設利用者と施設職員の主観的ニーズ認識に関する研
　　究──主観的ニーズに関するアンケート調査の分析から」『社会福祉学』49⑷,92-103

長崎新聞社「累犯障害者問題取材班」（2012）『居場所を探して─累犯障害者たち』長崎新
　　聞社

内閣府（2008）『犯罪に強い社会の実現のための行動計画2008──「世界一安全な国、日
　　本」の復活をめざして』犯罪対策閣僚会議 平成20年12月

内閣府（2010）「第26回「障がい者制度改革推進会議」」

内閣府（2014）『宣言：犯罪に戻らない・戻さない──立ち直りをみんなで支える明るい社会』
　　犯罪対策閣僚会議 平成26年12月16日

岡本秀明・岡田進一（2002）「施設入所高齢者と施設職員との間の主観的ニーズに関する認
　　識の違い」『日本公衆衛生雑誌』49⑼,911-921

岡村重夫（1983）『社会福祉原論』全国社会福祉協議会

大泉 溥（1989）『障害者福祉実践論──生活・労働の援助と人間的自立の課題』ミネルヴァ
　　書房,79-80

太田啓子（2007）「『軽度』身体障害者のライフサイクルにおける障害感の変容──他者との
　　関係性に焦点をあてて』『障害学研究』3,89-115

定藤丈弘（1986）「障害者の自立と地域福祉の課題」岡田武世編著『人間発達と障害者福
　　祉─障害者福祉論の新しい展開』川島書店,147-148

定藤丈弘・小林良二・坂田周一（1999）『社会福祉計画（これからの社会福祉）』有斐閣

佐藤郁哉（2008）『質的データ分析法──原理・方法・実践』新曜社

志賀利一（2013）「矯正施設を退所した知的障害者の支援──のぞみの園における調査研究
　　の概要」『さぽーと』63⑿,44-49

杉田穏子（2011）「知的障害のある人のディスアビリティ体験と自己評価」『社会福祉学』52

(2)54-66

田垣正晋（2002）「生涯発達から見る『軽度』肢体障害者の障害の意味」『質的心理学研究』1(1)36-54

瀧川賢司（2016）「知的障がい者の「いきいき」とした就労生活に関わる要因分析——ライフ・ライン・メソッドの福祉研究への応用」『福祉社会開発研究』11,25-35

Takkinen,S.,& Ruoppila,I.（2001）Meaning in life as an important component of functioning in old age.International Journal of Aging & Human Development,53(3),211-231.

Schroots,J.J.F.& Ten Kate,C.A.（1989）Metaphors,aging and the life-line interview method, In Unruh,D.,Livings,G.（eds.）,Current Perspective on Aging and the Life Cycle（Vol.3）, 281-298,JAI,London

Schroots,J.J.F.（2003）Life-course dynamics. European Psychologist, 8(3)192-199.

関谷真澄（2007）「『障害との共存』の過程とその転換点」『社会福祉学』47(4),84-97

杉野昭博（2007）『障害学——理論形成と射程』東京大学出版会

上野千鶴子・中西正司（2008）『ニーズ中心の福祉社会へ——当事者主権の次世代福祉戦略』医学書院

Veysey,B.M.&Christian,J.（2009）Moments of Transformation:Narrative of Recovery and Identity Change『犯罪社会学研究』34, 7-31

八巻（木村）知香子・寺島 彰・山崎善比古（2008）「障害当事者が感じる社会の「まなざし」——国立身体障害者リハビリテーションセンターの入所生への聞き取りから」『国立身体障害者リハビリテーションセンター研究紀要』24

山本譲司（2008）『獄窓記』新潮社

山本譲司（2009）『累犯障害者』新潮社

吉開多一（2013）「犯罪・非行をした者に対する就労支援の現状と課題」『「子どもの非行・虐待防止のための地域社会ネットワークの実証的研究」報告』284

全国自立生活センター協議会（2015）「自立の理念」全国自立生活センター協議会ホームページ（http://www.j-il.jp/about-rinen:2015.0926）

全国地域生活定着支援センター協議会（2016）「平成29年度に向けた地域生活定着支援センターに関する要望書（厚生労働省・法務省）」

第1章

先行文献等のレビューを通して考える本研究の立ち位置

序章では本研究の概要を示した。その中で本研究の背景とともに研究の目的として、犯罪を起こした知的障がい者（当事者）の就労を軸とした生活自立の実現に向け、主たる２つの検討項目と具体的な５つの調査の内容、および本研究の枠組み、論文の構成、調査方法の特徴などについて説明した。

　そこで第１章では、序章で概要として述べた研究の背景および研究のアプローチや枠組みに関する先行研究等についてさらに詳細に述べることで、本書を進める上での基本的な考え方を説明することを目的とした。

　まず当事者の生活自立に向けて、「就労を軸とする」ことの意義を述べた。すなわち、障がい者福祉の視点からみれば、当事者が働くことで自分の能力を発揮し、社会に認められて社会復帰できることは、当事者の自尊感情を確立しQOL（Quality of Life：生活の質）の向上につながる。その結果、経済的自立とともに犯罪とは無縁な安定した生活を確立できると考えられることを述べた。そして最後に社会福祉施設におけるリスクマネジメントの考え方に疑問を呈した。

　以上のことから、当事者に立ちはだかるさまざまな「社会的障壁」を打破し、アマルティア・セン（1999）の言う「潜在能力」の豊富な社会を築くための方策を探さなければならないことを導いた。また当事者の就労の受け入れ先を拡大すると考えられる現状の施策・制度を整理した。

第1節

犯罪を起こした知的障がい者に関するデータ

　ここでは序章で述べた知的障がいに関する日本の基準や国際的な診断基準、定義に関連し、本論文の対象である知的障がい者の「就労を軸とした生活自立」の実現を考える上で参考となる調査結果として「知的障がい者のパーソナリティの特徴」と「犯罪を起こした知的障がい者に関するデータ」について説明する。

　なお本節で記す内容は知的障がいと犯罪との関連を示すものではないことを断っておく。

1.知的障がい者のパーソナリティの特徴

　知的障がい者の行動特性は、その記憶力や思考力に制限があっても本人の動機や意欲が行動の変容につながる可能性は障がいのない人と同様である。ただし実際には通常の社会生活体験を奪われてきた（社会的略奪）のために、自分の力を使って何かを成し遂げるという成功体験を重ねる機会が少なくなっていることがパーソナリティの形成に大きな影響を与えている。以下に知的障がい者に見られる代表的なパーソナリティを引用する（内田・谷村・原田 2011）。

〈外的指向性〉

　外的指向性とは解決しなければならない課題に直面した時に、自ら内的に保持している判断基準によって行動を決めるのではなく、他者を含めた外的要因を主な手がかりとし、他者を基準として解決方法を決定する傾向をいう。この傾向が強まることにより、周囲に迎合しやすいことや誘導にのりやすい、指示に従いやすいという行動特性を示す。

〈学習性無力感〉

　知的障がい者は成功体験に乏しく、また生活世界の狭さのため、他者

の成功体験を観察する機会も限られ自己効力感が乏しい傾向がある。そのため困難にぶつかった時、対処不可能として認知してしまい、本人の能力的にはできることであったとしても取り組まずに諦めてしまうことが多い。

〈正と負の反応傾向を示す〉

他者と親和的で良好な相互作用がある時には、課題に積極的に取り組むが、逆に相互作用に伴う失敗体験、否定的な関わりを経験した時には、用心深さと警戒感を強めてしまう。

〈自己評価が低い〉

失敗体験を重ねてきている知的障がい者は概して自己評価が低い。

〈障がいの隠蔽〉

軽度の知的障がい者は周囲から「できない」と見られることを恐れ、話の内容がわかってなくても、自分の無力さが暴露されるのを回避するためにわかったと答えることがある。また知的障がいというスティグマ（烙印）を押されるのを恐れ、差別的視線から身を守ろうとする防衛的反応、自分よりも弱い知的障がい者に対して、優越性を示す行為に及ぶことがある。

〈注意を引こうとする〉

知的障がい者は周囲から無視され、まともに相手をしてもらえない経験を重ねていることも多く、周囲の関心を引いて自分に注目を集めようとする行為に及ぶこともある。

2.矯正施設に入所している知的障がい者に関する調査報告の概要

(1)属性等

序章に記したように法務省の『矯正統計年報』によれば、2019（令和元年）年の新受刑者の総数17,464名の知能指数（CAPAS能力検査値）

別の人数の割合は、知的障がいの基準となるIQ69以下が3,509名（20.1%）であり、その内訳はIQ60〜69が2,041名（11.7%）、IQ50〜59が944名（5.4%）、IQ49以下が524名（3.0%）であった（法務省 2020）。この知能指数はCAPAS能力検査値[1]という作業適性や思考判断能力等を比較するものであり、WAIS等の個別知能検査（IQ）を測定するものではないが、CAPAS能力検査は一般の知能検査等のIQとの分布とが正しく合うように標準化されたテストである。

　一方、少し古いデータではあるが、法務省の『研究部報52 知的障害を有する犯罪者の実態と処遇』（法務省 2013）の基本データをもとに当事者の属性について述べる。この調査は2012（平成24）年1月1日から同年9月30日までに刑務所等の処遇施設に入所した者のうち、知的障がいを有する者296人、および知的障がいの疑いのある者252人の合計548人に対する調査結果である。なお、ここでは知的障がいを有する者および知的障がいの疑いのある者を合わせて「知的障がい者等」という。

　犯罪を起こした知的障がい者等の年齢は、入所時の年齢の平均値が44.6歳であり、刑務所の入所者総数（18,463人）の平均値44.3歳と比較して統計的な差はなかった。そして年齢構成では、知的障がい者等は29歳以下の年齢分布が19.2%であり、入所者総数に対する割合である15.0%と比べてやや多い傾向がみられた。また犯罪を起こした知的障がい者等の障がいの程度は、WAIS[2]等の知能検査を行った348名の結果について、個別知能検査IQについて、ほとんどの者がIQ50から70に該当し、平均値が57.6、標準偏差が7.9であった。つまり矯正統計年報や研究部報によれば、犯罪を起こした知的障がい者等の知能水準は「軽度知的障がい者」であると言える。

⑵犯罪に関する事項

　次に犯罪に関する事項として、犯罪を起こした知的障がい者等の罪名は、総数548人中、窃盗が289人（52.7%）で最も多く、次いで詐欺が39人（7.1%）、覚せい剤取締法違反が31人（5.7%）、強制わいせつ・

同致死傷と傷害が各々23人（4.2%）の順であった（法務省 2013）。また染田（2009）の研究によれば、罪名別件数の構成比の多い順に、傷害（23.7%）、窃盗（15.8%）であった。

⑶生活環境・生活歴に関する事項

　犯罪を起こした知的障がい者等は刑事施設に入所前に73%が居所を有していた。また親族がいる者は80%以上を超え、未婚や離死別により配偶者のいない者が90%を超えていた。教育歴に関しては、高校卒業以上の者は15%余りであり、入所者総数における高校卒業以上の者が34.4%であることに比べて半分以下であった。また就労状況に関しては、刑務所再入所者の75%以上が無職であった（法務省 2015b）。つまり犯罪を起こした知的障がい者等は「配偶者のいない者」や「無職」であることが特徴であると言える。

⑷刑事施設への再入所に関する事項

　刑事施設に再入所した者について、再犯期間の分布によれば、再犯者は再犯期間が短いほどその人数が多い（出所直後が最も多い）ことがわかった。再犯期間1年までは急増し、その後は緩やかに増加していた。再犯期間1年未満の者は全体の約52%、同90日未満の者は約20%であり（法務省 2013）、矯正機関から出所した直後の者への支援が喫緊であることが示唆された。

　次に犯罪名別では、「窃盗」「傷害」の再犯期間が短く、再犯に至る傾向が高いことがわかった（法務省 2013）。また染田（2009）の研究によれば、再犯率の点から1年以内に再犯を起こす罪名として風営適正化法違反が35.6%で最も多かった。そして前回に出所した時の帰住先別では、「福祉施設」や「帰住先なし」の者の再犯期間は約1年と短かったが、帰住先が「雇い主のもと」であった者の再犯期間は3年以上と有意に長かった。

　配偶者状況別では、「配偶者のいない者」の方が再犯期間は有意に

短かった。そして就労状況別では、「無職」の方が再犯期間は有意に短かった（法務省 2013）。

　以上の結果をまとめると、犯罪を起こした知的障がい者等の特徴として以下の7点が明らかになった。

①知的障がいの水準は「軽度」である。

②犯罪名に関して、構成比の多い犯罪名は、「窃盗」「傷害」「詐欺」である。また、再犯に至る傾向の高い犯罪名は、「窃盗」「傷害」「強制わいせつ」「風営適正化法違反」「詐欺」である。

③「無職」である者の割合が多い。

④「配偶者がいない」者の割合が多い。

⑤「教育歴の乏しい」者の割合が多い。

⑥再犯を起こす時期は「矯正施設を出所した直後」が最も多い。

⑦出所した時の帰住先が「雇い主のもと」の者の方が「福祉施設」や「帰住先なし」の者よりも再犯に至る期間が長い。

第2節

犯罪を起こした知的障がい者の就労を軸とした生活自立

1.犯罪を起こした知的障がい者の「生活自立」とは

(1)障がい者の権利

　ここでは障がい者の権利に関連する法令（憲法、法律）、条約等の趣旨、

および関連する文献をレビューした後、従来から多くの研究者により論じられてきた「自立」の概念をもとに、犯罪を起こした知的障がい者の「就労を軸とした生活自立」のあり方について述べる。

①日本国憲法

日本国憲法における人権に関連する条項について示し、その内容を整理する（遠藤 1977,法学館憲法研究所 2016）。

第13条では「すべて国民は、個人として尊重される」とあり、自分が決めた幸福を追い求める過程を幸福追求権および自己決定権として保障している。

第14条では「すべて国民は、法の下に平等である」ことから、人々は権利として平等を主張することができると同時に国は社会的・経済的不平等を是正して実質的平等を実現することも求められている。

第22条では「何人も、公共の福祉に反しない限り、居住、移転及び職業選択の自由を有する」により、職業を決定する自由を有している。

第25条では「すべて国民は、健康で文化的な最低限度の生活を営む権利を有する。2国は、すべての生活部面について、社会福祉、社会保障及び公衆衛生の向上及び増進に努めなければならない」とあり、安易な自己責任論のもとに国家の果たすべき役割を市民に押しつけることは許されず、経済の自由な競争は充実した生存権の保障があって初めて成り立つことを述べている。

第27条では「すべて国民は、勤労の権利を有し、義務を負ふ」とあり、労働に関する契約はもともと労使間の自由に委ねられているが、経済的弱者である労働者には、国に対して労働の機会を要求する権利があるとしている。

以上、日本国憲法に従えば、犯罪を起こした知的障がい者であっても、例えば「働きたい」という幸福追求の権利や雇用条件という社会から排除されない権利を有し、それらに反する扱いを受けた場合、国に対して労働の機会を要求する権利を有しているとされる（遠藤 1977）。

②条約等

ア）知的障害者の権利宣言（1971〔昭和46〕年の国際連合の総会決議にて採択）

知的障害者の権利宣言は「知的障害者が多くの活動分野においてその能力を発揮し得るよう援助し、かつ可能な限り通常の生活に彼らを受け入れることを推進する必要性」に基づき、知的障がい者の権利保護の共通指針を確保するため、国内外における各種行動を要請することを目的とした。

イ）障害者の権利宣言（1975〔昭和50〕年の国際連合の総会決議にて採択）

障害者の権利宣言には、先の知的障害者の権利宣言に対応する内容として、「障害者は、経済的・社会的保障を受け、生活水準の向上を保つ権利を有する。障害者は、その能力に従い保障を受け、雇用されまたは、有益で生産的かつ十分な報酬を受ける職業に従事し、労働組合に参加する権利を有する」とある。本宣言では知的障害者の権利宣言にて設けられていた「可能な限り」という制約は撤廃された（柴田 2012）。

ウ）障害者の権利に関する条約（2006〔平成18〕年の国際連合の総会決議にて採択）

「障害者の権利に関する条約」（以後、「障害者権利条約」という）は「全ての障害者によるあらゆる人権及び基本的自由の完全かつ平等な享有を促進・保護・確保すること及び障害者固有の尊厳を尊重すること」を目的としている。

例えば第3条では、一般原則として「(c)社会への完全かつ効果的な参加及び包容」を定め、第19条柱書きでは、自立した生活と地域社会への統合に関し、すべての障がい者に対して、地域社会で生活する平等な権利があることを認めている。また第27条において、公共・民間部門での雇用促進等のほか、あらゆる形態の雇用に係るすべての事項（募集、採用及び雇用の条件、雇用の継続、昇進並びに安全かつ健康的な作業条件を含む）に関する障害を理由とする差別の禁止、職場において合理的配慮が提供されることの確保等のために適当な措置をとるべきこととされている（厚生労働省 2010）。

③国内法

わが国は2007（平成19）年に障害者権利条約に署名したが、その後、障害者権利条約の締結に必要な国内法整備をはじめとする障がい者制度の集中的な改革を行う必要があった。そして2013（平成25）年12月4日、障害者基本法の改正や障害者差別解消法の成立に伴い、国内の法律が条約の求める水準に達したとして、条約の批准を承認した。

ここでは障がい者の権利に関する法令を概観し、日本国憲法と条約の文言から読み取れる障がい者の権利について、特に「雇用分野」に関する法の運用についてみていく。

ア）障害者基本法の改正（2011〔平成23〕年8月5日施行）

国連・障害者の十年終了後の1993（平成5）年に心身障害者対策基本法が改正され、「障害者基本法」が成立した。これは障害者権利条約の趣旨に沿った障がい者施策の推進を図るため、同条約に定められる障がい者のとらえ方やめざすべき社会の姿を新たに明記するとともに、施策の目的を明確化するものとなった。

定義規定では「障害者」の新しい定義として発達障がいが含まれたこととともに、「社会的障壁」については障がい者が生活を営む上で障壁となる「社会における事物、制度、慣行、観念その他一切のもの」と広く規定した（第2条）。また基本原則として、改正前からあったあらゆる分野の活動に参加する機会の確保に加え、地域社会における共生、コミュニケーション手段の確保を旨とした（第3条）。そして差別の禁止として、社会的障壁の除去につき必要かつ合理的な配慮がなされなければならない旨を規定した（第4条）（岡村 2015）。

イ）障害者総合支援法の成立（2013〔平成25〕年4月1日施行）

障害者総合支援法（障害者の日常生活及び社会生活を総合的に支援するための法律）は、2005（平成17）年に「障害者自立支援法」として成立し、2012（平成24）年の改正により、現在の法律名及び内容となった。ここで基本理念として障がいのある人を権利の主体と位置づけ、これまで支援が行き届かなかった難病等の疾患のある人についても新たに支援対象者とするなどの改正を行った。

ウ）障害者差別解消法の成立（2016〔平成28〕年4月1日施行）

　この法律は障害者基本法第4条に規定された差別禁止の基本原則を具体化するものであり、同法では裁判規範性が弱く、救済手続きもないことから、障害者差別解消法が必要であるとされた（内閣府 2015,岡村 2015）。本法では差別の禁止に関する具体的な規定をガイドライン方式で示し、それが遵守されるよう具体的措置等を定める「行政法的アプローチ」を基本としている。

　例えば当事者の採用については、第7条2項で「行政機関等は、その事務又は事業を行うに当たり、障害者から現に社会的障壁の除去を必要としている旨の意思の表明があった場合において、その実施に伴う負担が過重でないときは、障害者の権利利益を侵害することとならないよう、当該障害者の性別、年齢及び障害の状態に応じて、社会的障壁の除去の実施について必要かつ合理的な配慮をしなければならない」とある。

エ）障害者雇用促進法の改正（2016〔平成28〕年4月1日施行）

　この改正は障害者基本法の改正に合わせて、差別禁止、合理的配慮の提供義務、苦情処理・紛争解決援助に関する規定を新設して障害者権利条約への対応を行った。特に差別禁止による雇用施策は、対象者を保護の客体ではなく権利の主体としてとらえ、差別を禁止することによって雇用促進を図ろうとするものであり、雇用率制度が量的拡大のみに着目するのに対し、質にも着目するもので、使用者に「合理的配慮」の提供を義務づけることに大きな特徴がある。（長谷川 2014,岡村 2015）。

　採用に関する条文として、第36条の2には「事業主は、労働者の募集及び採用について、障害者と障害者でない者との均等な機会の確保の支障となっている事情を改善するため、労働者の募集及び採用に当たり障害者からの申出により当該障害者の障害の特性に配慮した必要な措置を講じなければならない」とある。例えば障がい者であることを理由として、障がい者を募集または採用の対象から排除することや、募集または採用にあたって、障がい者に対してのみ不利な条件を付すこと、または採用の基準を満たす者の中から障がい者でない者を優先して採用するこ

とは「差別の禁止」に違反することになる（厚生労働省 2015a）。

　以上、犯罪を起こした知的障がい者の有する「働く」権利について、憲法・条約等・国内の法令の内容を確認した。内閣府の調査においても、日本における人権課題について、最も関心があるものとして、「障害者」が51.1％と最も高く、具体的な人権問題として、「就職・職場で不利な扱いを受けること」を挙げた者の割合が約50％で最も多く（内閣府 2017）、障がい者の就労における不利な取り扱いは、最も関心のある人権問題であることがわかった。

　当事者には「働きたい」という幸福追求の権利や雇用条件という社会から排除されない権利を有しているが、現状では法令による保護は受けられないと考えられる。しかし、それらの権利に反する扱いを受けた場合、国や事業者に対して労働の機会を要求する権利も有しているとされ、当事者が働く場を得られるための活動を継続していくことが重要である。

▍2. なぜ「就労を軸とした」生活自立に着目したのか

⑴労働の二面性からみた心理的・経済的な「労働」の可能性

　経済的自立を実現するためには、労働を通して賃金を得ることが最も一般的な方法であろう。そして現代社会において、労働は社会の構成原理のうち、最も重要なものの一つである。ここで人にとって「労働（就労、働くこと）」が、どのように位置づけられてきたかを簡単に概観したい。

　社会が労働に基盤を置くようになったのは、近代における比較的新しい現象であり、ここ二世紀足らずのことであるとする意見がある。中世以前では、労働は修行としての意味はあるとしても、それ自体としての積極的な意味をもつものではなかった。近代以降、ヘーゲル

により労働は人間の自己実現にとって不可欠な営みとされた。労働によって生み出されるのは、物質に限らず、科学や芸術などの精神的営みも含まれる。そしてマルクスは、人間にとっての自己実現の場であるはずの労働が、そうなっていない現実を厳しく批判した。ここには労働こそが人間活動において、最も重要な意味をもつという理解が前提とされている（宇野 2011）。

　それに対して、労働に基盤を置く現代社会のあり方を根本的に批判する考えもある。その代表的な人物としてアーレントは『人間の条件』の中で「労働」「仕事」「活動」という人間の行為の類型論を提示している。この3つの類型の中で「活動」は、人間と人間の言語を介した相互行為として、人間性の最大の発露であることを見出した。一方、「労働」は生物としての再生産という人間にとっての必然に迫られての行為であり、その本質は繰り返しにあり、自由とは正反対のものとしマルクスを批判した。労働を含めた経済活動はアーレントにとって仮想敵であった。同じくメーダは社会的絆をいかに確保するか、排除や不平等の問題にいかに取り組むかについて言及した。彼女は労働は重要であるが、労働だけが社会的絆を生み出すのではない、社会的絆は経済的交換や生産、労働にのみ起因するのではない、必要なのは善き社会のあり方を自ら選択できる政治社会の能力の回復であり、そのような政治社会における社会的凝集性を保持する視点から、むしろ労働や収入の配分のあり方が再検討されなければならないと述べている（宇野 2011）。

　このように労働には、ヘーゲルやマルクスの言う「人間にとっての自己実現の場」であるように労働を人の自己形成において積極的な意味を見出している面とアーレントの言う「労働は必要性による奴隷化」であるように、労働は人間から自由を奪うことに着目したように積極的とは言えない面の二つの考えがあるが、本研究の「就労を軸とした」における就労は「人間にとっての自己実現の場」であるように積極的な意味をもつものと考えている。これは当事者をエンパワメントすることに他ならない（宇野 2011）。

　つまり就労を通して、先に述べた自己効力感や自己肯定感といった

心理的要素と、資源へのアクセス、ニーズ充足、個人の行動、参加といった社会的要素が融合しており（津田 2005）、かつ給料や工賃を得ることにより、同時に経済的自立を達成する可能性があるからである。

⑵「潜在能力（ケイパビリティ：capability）」にもとづいた労働機会の拡大の必要性

　経済学者のアマルティア・センは、人は自己利益の追求のみによって動機づけられているという「ホモ・エコノミクス」であることや、人は効用最大化をめざしているという「合理的行動モデル」を批判し、人は「共感」や「コミットメント」という二つの道徳感情にも動機づけられていると主張した（セン 1999）。

　「共感」とは他人への関心が直接自分の効用（幸福感）に影響することであり、「コミットメント」とは自分より低い効用しかもたらさないとわかっていてもあえて選択するという振る舞いを指している。そしてセンは功利主義的な平等概念に代わり、人々には健康状態や年齢、地域差、障がいの有無などによりニーズが多様であることを考慮した「潜在能力」を対象とした平等をめざすべきであると主張した（福間 2014）。

　「潜在能力」とは、ある人が選択することのできる機能の集合であり、機能とは人間の福祉を表すさまざまな状態を指す。例えば「適切な栄養をとっている」「健康である」「教育を受けている」という基本的なものから、「コミュニティの生活に参加する」「自尊心を持つ」というものまで多岐にわたる。そして個人の福祉を「達成するための自由」で評価しようというのが「潜在能力アプローチ」である（セン 1999）。

　ここでは我々が行う価値があると認めることを達成するために、実際にどれだけ機会が与えられているかという「選択肢の幅」が重要だという（森口・久保 2007）。また「潜在能力」は社会などから差別を受けていて、できることが限られる場合には「潜在能力」はそれだけ小さくなる（セン 1999）。

　すなわちセンが問題にしているのは「選択の自由の範囲」つまり、

どれだけの選択肢の中から選び得たかということである。そして「選択すること自体、生きる上で重要な一部分である」とし、「選択の機会が増す」ことは「福祉の増進に直接貢献する」としている（セン 1999）。

　朝日（2006）は障がい者本人が一般就労をめざし、そのための必要な情報と支援の確保が可能であるにもかかわらず、本人の意に反して、具体的に活動できない状況を余儀なくされていたとしたら、それは社会的不正義であり、加えて、本人を一般就労に向けさせない合理的な理由がなく、福祉や保健医療サービスの提供者側の論理で、そのための道が閉ざされていたとしたら論外であると述べている。

　そこで「潜在能力アプローチ」を本研究に当てはめ、犯罪を起こした知的障がい者の生活自立の達成度を評価するために、実際にどれだけの「就労」の機会が与えられているかという「選択肢の幅」を考える必要があるだろう。犯罪を起こした知的障がい者が働く能力を有しているにもかかわらず、犯罪を起こした結果として受ける社会の偏見や先入観により、当事者が「非生産的」であると評価されることは、彼らの価値が不当に引き下げられていることになるからである。

⑶犯罪を起こした知的障がい者に対する就労の意義

　次になぜ「就労を軸とした」生活自立支援に着目したのかについて説明する。そのためには、障がい者が「働くこと（就労）」の意義を概観し、犯罪を起こした人が働くことや「就労」が犯罪を起こした障がい者の自立にとってなくてはならない役割を果たすことを述べてみたい。

①障がい者が働く意義
　まず障がい者の「働く」ことに限定してその意義を考えてみたい。杉原（2008、2009）は労働を私事にしてはならず、障がい者の就労ニーズを現実のものとする公共的な視点を高める必要があること、また今後、障がい者の雇用は個人の労働能力を高めつつ、働ける環境整備を図る社会モデルを中心にして考察することが重要だと述べている。

また陳（2007）は知的障がい者の「コンピテンス（環境に働きかけ、効果的に操作する能力）」をキー概念に、「本能的もしくは生得的かつ学習的に、環境を自らの選択によって効果を有する方向へと操作する能力に働きかけてそれを効果的に操作する能力」に着目し、知的障がい者を主体とした就労支援方法論を展開している。すなわち支援者の「知的障害者は働けるという信念」「就労は成長発達をもたらすという信念」、「就労を通して自立できるという信念」などの思いが重要であると指摘している。

　そして大泉（1989）は主として重度の障がいのある者を対象に、「『労働生活』こそが社会参加の第一の行為であると同時に、『すべての人間生活の第一の基本条件』である」と述べ、上田（1983）は「働くことは、世界と歴史を作っていく事業に参加することであり、自己実現の最高の形である」と指摘している。またSchalock（1990）は「労働は自己表現の一つであり、労働者に自己同一性を確立させ、社会的発達や経済的自立の手段を与え、自尊感情を確立させる」と述べている。さらに「知的障がい者のQOL（生活の質）の研究では貼られたレッテルをはぎ取ることが必要である」と述べ、知的障がい者の主観的経験において邪魔になるものを除去しなければならないと指摘している。この一つが自尊感情の喪失であることは容易に理解できる。したがって「就労」を通して、家族・友人・職場の同僚をはじめ日頃お世話になっている人たちとの関係に影響を受け、当事者の自尊感情の回復が可能になると考えられる。

　加えて、瀧川（2013、2016）は「いきいき就労」という概念を提示し、コミュニケーションが困難な軽度よりも重い知的障がいのある者の「いきいき」と働くレベルについて、家族や第三者が間主観的に知覚できることを実証することで、就労を通した本人の成長および「いきいき」レベルが向上することを確認し、就労の重要性を示した。したがって知的障がいのある人が「働く」ことは、収入を得るためという「経済的自立」にとどまらず、自分自身の人間性の成長や社会参加を経ることにより「生活自立」の構成要素である「社会的自立」を促し、自己実現を可能とする最高の形の一つと言えるであろう。

②犯罪を起こした軽度知的障がい者が働く意義

　では、さらに犯罪を起こした知的障がい者にとっての「働く」意義に限定して、その意義を考える。司法的視点からは、国民が安全で安心して暮らせる日本を実現するために「再犯防止」を目的とする文献が多い（内閣府 2008、2014）。例えば保護観察対象者の再犯の状況を就労状況別にみると、無職者の再犯率は、有職者の再犯率と比較して約3倍と著しく高い。このように無職者による再犯が顕著な現状からすると、再犯防止のためには就労の確保が極めて重要である（総務省 2014）。

　しかしながら本研究では主として福祉的視点から「就労」の意義について考えたい。序章で述べたように、森久（2015）は犯罪を起こした障がい者支援の理論的根拠として、原則、刑事司法制度に関与した障がい者を「刑事司法制度に関与した」という点のみによって、障がい者一般と異なるものとして論じるべきではなく、障がい者に対する権利保障自体が、ノーマライゼーションの観点ではなく、ソーシャル・インクルージョンの観点において理解されるべきであること、その理由として、障がい者に対する権利保障はそもそも憲法（第13条、25条）を根拠とし、すべての人に保障されるべき権利であると述べている。また吉開（2013）は知的障がい者に限定していないが、犯罪を起こした者が社会復帰するために働くことは、経済的・個人的・社会的側面を充足させ、犯罪と無縁な安定した生活を確立できる最も有効な手段と述べている。そして赤平（2015）は犯罪を起こした障がい者が常に次の犯罪を考えていることは断じてなく、安心して暮らしたいと人一倍願っていると述べ、そのためにも働く機会の必要性を示唆している。さらに浜井（2013）は犯罪を起こした障がい者が働くホテルにおいて、本人たちがホテルの客に対し「自分たちが普通の人間である」ことを伝えたいという声を取り上げ、当事者が社会に認められるためには、就労面での支援の受け皿をつくることが重要であると述べている。

　以上をまとめると、犯罪を起こした知的障がい者にとって、生活自立のための環境として大きな支援の場の一つが「就労」であると考えられる。

第3節

犯罪を起こした知的障がい者の就労に関わる現状の政策・制度

前節において、本研究では犯罪を起こした知的障がい者の生活自立に「就労を軸とした」支援を行うことの意義について述べた。そこで本節では、当事者の生活自立の現状の課題を抽出するため当事者の就労に関する現状を調査した。

調査はCiNiiを用いたキーワード検索と関連する省庁（厚生労働省、法務省、総務省など）のホームページ、そして「犯罪を起こした知的障がい者」の支援について調査研究を行っている代表機関である独立行政法人国立重度知的障害者総合施設のぞみの園（以後、のぞみの園という）、長崎県の社会福祉法人南高愛隣会の文献等を参考にした。

1.犯罪を起こした知的障がい者の就労の現状

(1)国内の現状

まず知的障がい者に限定せずに犯罪を起こした者の就労に関する現状をみてみる。CiNiiを用い、キーワードを「障害者」「犯罪」「支援」にして検索すると25件が抽出されたが、その中で「就労」に関する文献は筆者の執筆した1件であった。このように「犯罪を起こした知的障がい者の就労支援」をテーマとする文献はほとんどなかった。そこで関係省庁のホームページ等を検索した。ここでも「犯罪を起こした知的障がい者の就労支援」に言及する資料は見つからず、関連すると

思われる資料について以下に示した。

　刑務所出所者の雇用先として法務省に登録している協力雇用主への雇用実績は、序章でも述べたが、全体の登録数約18,000か所の約4%にとどまっている（法務省 2015a）。また刑務所再入所者の75%以上が無職であったことから、国は刑務所出所者の事情を理解した上で雇用している企業の数を現在の3倍にすることを目標としている（内閣府 2014）。

　次に障がい者の採用については、障害者権利条約を批准するための国内法の整備を進める過程において、障がい者制度改革推進会議でも、事業主に広範な裁量があること、立証が難しい差別があった場合の対応が困難であるという問題が出された。さらに採用の差別については、裁判所は採用の自由を重視しており、また企業も採用の制限に関しては抵抗があると考えられるとの意見があった。その対策として、刑務所出所者の就労支援等を行うハローワークの職員の増加、雇用ニーズに応じた就労訓練の実施を行っている（内閣府 2011,法務省 2015b）。また刑務所・保護観察所と地域生活定着支援センターとの情報共有が不十分のため、支援候補者の地域定着への調整期間が確保できなかった等の連携不足が指摘されている（総務省 2016）。

　加えて、当事者への就労を進めるために考えられる他の支援制度としては、2015（平成27）年4月から施行された生活困窮者自立支援法に盛り込まれた「生活困窮者就労訓練事業（いわゆる「中間的就労」）」がある。これは疾病や障がい、長期にわたる引きこもりの経験等、さまざまな理由で一般的な仕事に就くことが難しい生活困窮者を対象に、訓練機会を提供する「就労支援準備事業」と支援付きの就労機会を提供する「就労訓練事業」の二つがある（厚生労働省 2015b,福田 2015）。2017（平成29）年度末にて、就労に向けた訓練を行う認定就労訓練事業所は全国に933か所ある（厚生労働省 2017a）。

　また2002（平成14）年に施行されたホームレスの自立の支援等に関する特別措置法（以後、ホームレス自立支援法）にもとづき設立された「自立支援センター」がある。その目的は働く意欲のある人に宿泊場所と食事を提供し、生活・健康相談のほか、ハローワークなどと協力して

職業相談に応じ、就労による自立を後押しすることである。これらの支援制度は、就労意欲や能力をもつ犯罪を起こした障がい者にとって就労場所としての受け皿となると考えられる。

　しかしながら「中間的就労」について、大阪府の調査では、調査に回答した社会福祉法人やNPO法人の約60%弱は中間的就労の実施は困難と答えている（大阪府 2014）。中間的就労は「就労訓練事業」であり、民間の団体の自主事業であることが理由の一つであった。また中間的就労の事例をみても、就労受け入れの対象者として「犯罪を起こした障がい者」を謳っている事例は少なく、さらに触法状態の人については受け入れを拒否する事業所もあった（三菱UFJリサーチ＆コンサルティング 2015）。自立支援センターについては全国組織もあり、特に大阪府では定期的に地域の福祉事務所や事業所、一般企業に対し、刑務所・鑑別所の見学会などの勉強会を重ね、犯罪を起こした障がい者の就労受け入れに理解を得る活動を続けている。

　また吉開（2014）は犯罪・非行をした者に対する就労支援の現状と課題について、就労支援が困難である理由として、「民間の協力が必要であること」「稼働能力が必要であること」「就労先の確保が困難であること」「就労の継続性が困難であること」「就労支援事業が持続可能であること」を挙げている。

　この中で就労支援事業については刑務所等・保護観察所とハローワークとの連携として、ハローワークの職員が刑務所等に駐在し相談を受けられるようになっている。また刑務所等で行う職業訓練科目について世の中のニーズに合わせた見直しを行っている（総務省 2014）。しかしながら訓練科目を設定する際に世の中のニーズだけでなく、当事者が志向する仕事に合わせた訓練科目も設ける必要があると思われる。あくまでも就労するのは当事者であり、当事者に合った仕事でないと就労の継続につながらないと考えられるからである。

⑵海外の現状

　次に海外における障がい者雇用の現状に目を向けてみる。米国では機会平等の観点から障がい者の差別の禁止について、「障害をもつアメリカ人法（Americans with Disabilities Act of 1990：ADA）」を主軸とした法制が整備されている。その第12112条［差別］において、障がい者の採用時に「障害のある個人若しくはある一定の障害のある個々人の集団を排除する、若しくは排除する傾向を有するような適格性基準、雇用試験又はその他の選考指標を用いること」を禁止している。これにより障がい者の直接的・間接的・経験的人的資本の形成・蓄積・活用する機会の平等を保障している（北野・石田・大熊 1999）。

　ここで海外における「中間的就労」に相当する代表的な制度について、イタリアとイギリスのソーシャルファームを例にとって説明する。

　イタリアでは「社会的協同組合法」に規定される「B型社会的協同組合」が、障がい者や犯罪を起こした者など労働市場で不利な立場にある人々に対する雇用機会の提供を目的として設立された。同組合が雇用する労働者の30％以上が「労働市場で不利な立場にある人々」でなければならない。この「不利な立場にある人々」に該当するかどうかは法律上で詳細に定められている。B型社会的協同組合には政府からの支援として、社会保険料の事業種負担分が免除となること、消費税や所得税の税率が低く抑えられることや政府からの委託事業において優先的に発注を受けられる等がある。B型社会的協同組合に発注される仕事には「公園の植物の手入れ」や「清掃」といった高度なスキルや経験を必要としない仕事が多いが、財政難の中で優先的な発注は減少傾向にあり、レストランを経営するような一般の市場で競争するB型社会的協同組合も出てきている。そして「コンソーシアム」や「アソシエーション」と呼ばれるネットワーク組織により、会員への財政的援助や経営コンサルティング、政府へのロビー活動等を行っていることが特徴である（福田 2015）。

　次にイギリスのソーシャルファームについて述べる。イギリスのソー

シャルファームの定義は「労働市場で極めて不利な立場にある人々、あるいは障がい者を雇用する社会的企業」であり、イタリアの社会的協同組合とは異なり、法律を根拠とする法人形態ではなく「一つのコンセプト」であるという。そのためソーシャルファームには株式会社や産業・共済組合などさまざまな法人形態が含まれ、「不利な立場にある人々」の基準は明確には決められていない。その結果、税制の優遇以外は政府による支援は受けられないことがある。しかしながら個々のソーシャルファームは、地域のニーズを掘り起し、ニッチなマーケットでビジネスを展開する等の工夫を凝らしつつ「不利な立場にある人々」の雇用機会を創出している。またイギリスにおいてもソーシャルファームの会員の支援組織として、「Social Firms UK」という組織が、会員同士の紹介によるビジネスネットワークの形成、事業コンサルタント、政府へのロビー活動等を行っている（福田 2015）。

　またフランスでは福祉的就労と通常の労働市場の働き方の中に、障がいのある労働者が80％以上の企業である「適応企業」での就労という選択があり、福祉的就労・適応企業・通常の労働市場の3層構造を構成し、障がい者はニーズに合わせて就労の場を設定できる（永野 2013）。

　以上、欧州の制度をもとに日本の「中間的就労」との違いをみてみると、まず日本の中間的就労があくまで「一般就労に就く前の訓練」と位置づけられているのに対し、イタリアやイギリスでは、「不利な立場の人々への雇用機会の提供」を第一目的としている、すなわち、そこで長く働き続けることが想定されているためである。そしてイタリアやイギリスに共通する特徴として、個々の会員であるソーシャルファームを支援するネットワーク組織の存在がある（福田 2015）。

　そこで日本における当事者の就労を軸とした生活自立のために示唆することについて考えてみると、当事者の多くは知的障がいのレベルは軽度であり、かつて一般就労を経験した者も少なくないため、一般就労に近いイギリスの制度を参考にすることが有効と考えられる。しかしながらイタリアのような財政的負担の軽減や優先発注の制度も緊急時には効果的である。また、日本の制度にはないネットワーク組織

による支援は不可欠であろう。特に、地域の中でソーシャルファーム同士のネットワークづくりのスキルおよび、触法や障がい者への対応に関するスキルが求められると考えられる。

2.犯罪を起こした知的障がい者の就労に有効と考えられる現状の政策・制度

ここでは当事者の雇用を促進するために有効と考えられる現状の政策・制度について、厚生労働省、法務省などの関係省庁のホームページ等を調べた。しかしながら犯罪を起こした知的障がい者を対象とする政策・制度はなかったため、「有効と考えられる」政策・制度について、以下の3つのカテゴリーに分けて表1-1にまとめた。

⑴就労が容易になると考えられる政策・制度

これは当事者が就労するきっかけとなると考えられる施策・制度であり、「助成金等」「訓練・研修等」「受け入れのための連携強化」の3つに分けられ合計8つの政策・制度がみられた。

助成金等において、法務省の「刑務所出所者等就業奨励金支給制度」は保護観察の対象となった人などを雇用し、就労継続に必要な生活指導や助言などを行う事業主に対して支払う奨励金である。また訓練・研修等において、法務省および厚生労働省の「職業訓練」は、協力雇用主等へのアンケート調査をもとに雇用ニーズの高い職業訓練を行い、より良い雇用のマッチングを図る施策などがなされている（法務省 2016a）。

さらに受け入れのための連携強化として、「矯正就労支援情報センターの設置（コレワーク）」は、受刑者・在院者の雇用を希望される事業主の方に対し、雇用情報提供サービスとして全国の受刑者・在院者の資格、職歴、帰住予定地などの情報を一括管理している（法務省 2016b, 福祉新聞 2016）。そして田島（2015）が法務省および厚生労働省に対して

出した要望書には、「重層的な地域ネットワークの構築」として、「生活困窮者自立支援ネットワーク会議」を通じて、地域生活定着支援センターとの連携促進を自治体に通知する制度を提案している等の施策があることがわかった。

⑵就労の継続が容易になると考えられる政策・制度

　これは当事者が就労継続できると考えられる政策・制度であり、「助成金等」「訓練・研修等」の2つに分けられ合計2つの政策・制度がみられた。
　助成金等について法務省の「職場定着協力者謝金」は、就職後の継続雇用・職場定着のための指導等に対し、最長26週間、謝金を支払う奨励金である（法務省 2016a）。また訓練・研修等において、厚生労働省の生活困窮者自立支援法にもとづく就労準備支援事業（中間的就労）は、就労に困難を抱える生活困窮者を受け入れ、就労の機会を提供するとともに生活面や健康面での支援を行う事業である。これは雇用契約を締結しないで訓練として就労を体験する形態（非雇用型）と雇用契約を締結した上で支援付きの就労を行う形態（雇用型）のいずれかで就労を行い、最終的には一般就労につなげることを目標としている（福田 2015）。
　この事業は年々、拡大を続けており（2015〔平成27〕年度：244自治体、2016〔平成28〕年度：355自治体）、事業の利用者の中には仕事の適性が明らかになり、本人に自信がつき、事業所内での信頼関係も構築されてきたという報告もある（厚生労働省 2017b）。

⑶就労先を拡大すると考えられる政策・制度

　これは犯罪を起こした知的障がい者が、就労受け入れ先を拡大すると考えられる施策・制度であり、「就労先の拡大」として合計2つの政策・制度がみられた。
　表1-1の法務省および厚生労働省の「雇用ノウハウの情報提供」は

表1-1. 犯罪を起こした知的障がい者の就労を促進する可能性のある現状の制度等

カテゴリー		施策	担当省庁	内容	出典
就労が容易となる施策	助成金等	刑務所出所者等就業奨励金支給制度	法務省	・保護観察の対象となった人などを雇用し、就労継続に必要な生活指導や助言などを行う事業主に対して支払う奨励金。	法務省 (2016a)
		地域生活移行個別支援特別加算	法務省	・医療観察法にもとづく通院医療の利用者、刑務所出所者等に対して、地域で生活するために必要な相談援助や個別支援等を行った場合に加算。	法務省 (2016a)
	訓練・研修等	民間ボランティアとの連携	警察庁 法務省	・就労支援機関と連携した大学生ボランティア等の協力により、就労・就学支援を実施する。	法務省 (2016a)
		社会貢献活動の体験	総務省 法務省 厚生労働省	・社会貢献活動等を行わせることにより、自己有用感を得させて社会のルールの大切さ等を理解させる。	法務省 (2016a)
		職業訓練	法務省 厚生労働省	・協力雇用主等へのアンケート調査をもとに、雇用ニーズの高い職業訓練を行う。	法務省 (2016a)
	就労のための連携強化	矯正就労支援情報センターの設置(コレワーク)	法務省	・受刑者・在院者の雇用を希望される事業主の方に対し、雇用情報提供サービスとして、全国の受刑者、在院者の資格、職歴、帰住予定地などの情報を一括管理している。	法務省 (2016b) 福祉新聞 (2016)
		刑務所・保護観察所と公共職業安定所との連携	法務省 厚生労働省	・支援候補者の選定の早期化による関係機関の情報共有。 ・連携の強化を図り、支援者数を増加する。	総務省 (2016)
		重層的な地域ネットワークの構築	法務省 厚生労働省	・刑余者支援の多くが生活困窮者支援であるため、より重層的な「地域ネットワークの構築」に向け、「生活困窮者自立支援ネットワーク会議」等において、地域生活定着支援センターとの連携促進を自治体に通知する。	田島 (2015)
就労継続できる施策	助成金等	職場定着協力者謝金	法務省	・就職後の継続雇用・職場定着のための指導等に対して、最長26週間、謝金を支払う。	法務省 (2016a)
	訓練・研修等	中間的就労支援事業	厚生労働省	・就労に困難を抱える生活困窮者を受け入れ、就労の機会を提供するとともに、生活面や健康面での支援を行う事業。 ・雇用契約を締結せず、訓練として就労を体験する形態(非雇用型)、雇用契約を締結した上で支援付きの就労を行う形態(雇用型)のいずれかで就労を行う。最終的には一般就労につなげることを目標とする。	福田 (2015)
就労先を拡大する施策	就労先の拡大	雇用ノウハウの情報提供	法務省 厚生労働省	・協力雇用主の新規開拓や雇用ノウハウの情報提供に関する研修を行う。	法務省 (2016a)
		ソーシャルファームの開拓	法務省 厚生労働省	・刑務所出所者等を受け入れるソーシャルファームの開拓および確保を行う。	法務省 (2016a)

協力雇用主の新規開拓や雇用ノウハウの情報提供に関する研修を行い、「ソーシャルファームの開拓」は刑務所出所者等が就労できるソーシャルファームの開拓および確保を行う政策・制度である（法務省2016a）。

　以上、国の施策には「就労が容易となる政策・制度」が最も多く、当事者が就労するために、まずは受け入れてもらえるための施策・制度を充実させたと考えられる。これらの施策には助成金等、訓練・研修等、受け入れのための連携強化がバランス良く設定されているが、当事者の就労の意向に合わせた訓練・研修や、就労の受け皿となる一般企業や福祉事業所の集まりがネットワークを組織して当事者の対応にあたる等の「就労の継続」に関わる支援に関する政策・制度が足らないことが課題であると考えられる。

【注】

1）序章の1）を参照のこと
2）現状では採用側に広く自由を認めているが、その実質的な根拠として、長期雇用慣行を取っている日本の企業では人間的な信頼関係が重視され、かつ、一旦採用すると解雇権濫用法理のもとで容易に解雇することができないため、採用時に候補者の人物や性格などに関わる事情を吟味して人選を行うことを認めるべきであるという考え方があるためである（水町 2011）。

【文献】

赤平 守（2015）『「生き場」をなくした人たち――罪を犯した障害者の生きにくさに向き合う』やどかり出版

アマルティア・セン（1999）池本・野上・佐藤訳『不平等の再検討――潜在能力と自由』岩波書店

朝日雅也（2006）「『もっと働ける社会を』の本質を問う」『職業リハビリテーション』20(1),2-8

芦部信喜（2002）『憲法　第三版』岩波書店

陳 麗婷（2007）「知的障害者の一般就労に影響を及ぼす要因の解明」『社会福祉学』48(1),68-80

遠藤政夫（1977）『身体障害者雇用促進法の理論と解説』日刊労働通信社

法学館憲法研究所（2016）『日本国憲法の逐条解説』(http://www.jicl.jp/:2017.05.21)

福間 聡（2014）『「格差の時代」の労働論』現代書館,103-108

福祉新聞（2016）「受刑者の採用支えます──法務省──コレワークを東西に開設」2016年
　　11月14日発行、福祉新聞社

福田志織（2015）「「中間的就労」のあり方を考える──イタリア・イギリスの事例を参考に」『み
　　ずほ情報総研レポート』vo1.9

長谷川珠子（2014）「日本における「合理的配慮」の位置づけ」『日本労働研究雑誌』
　　646,15-26

浜井浩一（2013）『罪を犯した人を排除しないイタリアの挑戦』現代人文社,156

法務省（2013）「研究部報52 知的障害を有する犯罪者の実態と処遇」法務省総合研究所

法務省（2015a）『「協力雇用主」を募集しています」（パンフレット）（http://www.moj.
　　go.jp/content/001146723.pdf, 2016.10.01）

法務省（2015b）「再入受刑者の前刑作業別──再犯時職業（表番号:15-00-61）」『矯正統計統計表』
　　（http://www.e-stat.go.jp/SG1/estat/List.do?lid=000001155287 :2017.05.22）

法務省（2016a）「再犯防止に向けた総合対策」の実施状況について（平成27年度版）【全体版】
　　（H28.7）（http://www.moj.go.jp/content/001199019.pdf:2017.07.13）

法務省（2016b）「コレワーク──雇用から始める社会貢献──法務省が応援します」矯正就
　　労支援情報センター（http://www.moj.go.jp/content/001207104.pdf:2017.07.13）
　　現在、このURLは無効となっている

法務省（2020）「新受刑者の罪別能力検査値」（http://www.moj.go.jp/housei/toukei/
　　toukei_ichiran_kousei.html, 2021.01.10）

厚生労働省（2010）『労働・雇用分野における障害者権利条約への対応の在り方に関する
　　中間的な取りまとめ（平成22年4月27日）』（http://www.mhlw.go.jp/bunya/shoug
　　aihoken/service/naiyou.html#14:2017.08.13）

厚生労働省（2015a）「障害者に対する差別の禁止に関する規定に定める事項に関し、事業
　　主が適切に対処するための指針（平成27年厚生労働省告示第116号）」『障害者差別禁
　　止指針（http://www.mhlw.go.jp/file/06-Seisakujouhou-11600000-Shokugyou
　　anteikyoku/0000082149.pdf,2017.05.16）

厚生労働省（2015b）『障害者の就労支援について』平成27年7月14日

厚生労働省（2017a）「認定就労訓練事業所の認定状況（平成29年3月31日時点）」認定
　　就労訓練事業（http://www.mhlw.go.jp/file/06-Seisakujouhou-12000000-Shakai
　　engokyoku-Shakai/290331.pdf:2017.08.02）

厚生労働省（2017b）「生活困窮者に対する就労支援について」『社会保障審議会障害者部
　　会 第87回（H29.11.22） 参考資料1-2』

北野誠一・石田易司・大熊由紀子ほか（1999）『障害者の機会平等と自立生活』明石書店

三菱UFJリサーチ＆コンサルティング（2015）『就労訓練事業（いわゆる中間的就労）事例集』

水町勇一郎（2011）『労働法入門』岩波書店

森久智江（2015）「障害のある犯罪行為者への支援とソーシャル・インクルージョン」『龍谷
　　大学　矯正・保護総合センター 研究年報』5,52-73

森口弘美・久保真人（2007）「障害のある人の就労の現状と障害者自立支援法の問題点──
　　──社会参加の機会平等の観点から」『同志社政策研究 創刊号』42-52

永野仁美（2013）『障害者の雇用と所得保障』信山社

内閣府（2008）『犯罪に強い社会の実現のための行動計画2008──「世界一安全な国、日本」の復活を目指して』犯罪対策閣僚会議 平成20年12月

内閣府（2011）「労働・雇用分野における障害者権利条約への対応について（中間整理）」『第9回障がい者制度改革推進会議 差別禁止部会 議事次第』

内閣府（2014）『宣言：犯罪に戻らない・戻さない──立ち直りをみんなで支える明るい社会へ』犯罪対策閣僚会議 平成26年12月16日

内閣府（2015）「障害を理由とする差別の解消の推進に関する基本方針」（https://www8.cao.go.jp/shougai/suishin/sabekai/kihonhoushin/honbun.html.2021.01.31）

内閣府（2017）「人権擁護に関する世論調査（平成29年10月調査）」『平成29年度 世論調査』

内閣府ホームページ（https://survey.gov-online.go.jp/h29/h29-jinken/index.html:2018.01.18）

岡村美保子（2015）「わが国の障害者施策──障害者権利条約批准のための国内法整備を中心に」『レファレンス』No.777, 27-55

大阪府（2014）『中間的就労推進（生活困窮者自立促進支援モデル事業）に係る意向調査概要版』

大泉 溥（1989）『障害者福祉実践論──生活・労働の援助と人間的自立の課題』ミネルヴァ書房,79-80

柴田洋弥（2012）「知的障害者等の意思決定支援について」『発達障害研究』34⑶,261-272

Schalock, L, R.（1990）『Quality of Life - Perspectives and Issues（知的障害・発達障害を持つ人のQOL（三谷嘉明、岩崎正子訳）』医歯薬出版株式会社、143-159

杉原 努（2008）「戦後我が国における障害者雇用対策の変遷と特徴その1」『佛教大学社会福祉学部論集』4,91-108

杉原 努（2009）「戦後我が国における障害者雇用対策の変遷と特徴その2」『佛教大学社会福祉学部論集』5,91-103

染田 恵（2009）「犯罪予防・再犯防止に関する研究・実務の動向」『犯罪社会学研究』34,171-178

総務省（2014）『「刑務所出所者等の社会復帰支援対策に関する行政評価・監視」結果報告書』総務省行政評価局

総務省（2016）『「刑務所出所者等の社会復帰支援対策に関する行政評価・監視」の勧告に対する改善措置状況（2回目のフォローアップ）の概要（ポイント）』総務省行政評価局，平成28年3月31日

（http://www.soumu.go.jp/main_content/000406797.pdf:2017.05.27）

瀧川賢司（2013）「福祉的就労に従事する知的障害者の『いきいき』就労につながる要因に関する実践的研究──ライフ・ライン・メソッドによる家族と支援員の調査から」日本福祉大学大学院修士論文

瀧川賢司（2016）「知的障がい者の『いきいき』とした就労生活に関わる要因分析──ライフ・ライン・メソッドの福祉研究への応用」『福祉社会開発研究』11,25-35

田島良昭（2015）「平成28年度に向けた地域生活定着支援センターに関する要望書（厚生労働省・法務省）」一般社団法人全国地域生活定着支援センター協議会

津田英二（2005）「知的障害者のエンパワーメント実践における当事者性」『神戸大学発達科学部研究紀要』13⑴,59

内田扶喜子・谷村慎介・原田和明ほか（2011）『罪を犯した知的障がいのある人の弁護と支援──司法と福祉の協働実践』現代人文社

上田　敏（1983）『リハビリテーションを考える──障害者の全人間的復権』青木書店,35-36

宇野重規（2011）「労働と格差の政治哲学」『社會科學研究』62(3・4),153-172

吉開多一（2013）「犯罪・非行をした者に対する就労支援の現状と課題」『「子どもの非行・虐待防止のための地域社会ネットワークの実証的研究」報告』284

吉開多一（2014）「犯罪・非行をした者に対する就労支援の現状と課題（独立行政法人日本学術振興会科学研究費助成事業基盤研究（C）『子どもの非行・虐待防止のための地域社会ネットワークの実証的研究』報告）」『早稲田大学社会安全政策研究所紀要』7,281-300

第2章

犯罪を起こした知的障がい者の
「いきいき」就労生活と
犯罪からの離脱傾向に関わる要因

第1章では、序章で述べた本書の研究の背景や研究の枠組みについて、先行文献等のレビューにもとづいて根拠や考え方を述べた。そして犯罪を起こした知的障がい者の生活自立に向けて、「就労を軸とする」ことの意義として、自分の能力を発揮し、社会に認められて社会復帰できることは当事者の自尊感情を確立しQOL（Quality of Life：生活の質）の向上につながること、そのためには「潜在能力」の豊富な社会を築くための方策を探さなければならないことを示した。

　そこで第2章では、序章と第1章で述べた研究の背景や研究の枠組み、当事者が就労する意義を検証するため、当事者へのインタビュー調査を行い犯罪志向からの離脱について調査・分析する。その際、本研究のオリジナルな手法としてライフ・ライン・メソッドを用いて結果を可視化する。その目的は就労生活における当事者の語りをもとに、「いきいき」就労生活と犯罪からの離脱傾向に関連する促進要因および阻害要因を明らかにし、それらの支援方策への示唆を得ることである。

第1節

本章の研究課題

　まずは本章における研究課題（リサーチクエスチョン：RQ）について述べる。当事者の支援を行う上で、彼らの犯罪志向の要因を理解することは重要である。例えば関連する先行研究において、知的障がい者を一括りとした犯罪志向の要因として、貧困（困窮・生活苦）が挙げられている（法務省 2006）。一方、軽度知的障がい者に限定していないが、津島（2010）は貧困と犯罪には直接的な因果関係はなく、「ストレス」と「不公平感」が直接的な犯罪の要因とも述べている。

　このように犯罪志向の要因は諸説あり、対象者が異なれば要因も一つに限定できるとは考えにくい。したがって本書の対象である「犯罪を起こした知的障がい者（当事者）」に特化した犯罪志向の要因を調査することは意義があると思われる。

　その調査方法として本章では、当事者へのインタビュー調査結果にもとづいた要因解析をすることとした。従来、知的障がい者を対象とする研究において、彼らは「社会的弱者」として扱われ、自己判断能力や自己決定能力を疑われていることによるパターナリズムにより、家族や専門家・行政官などの利益代行者の判断が優先されてきた。しかしながら当事者の主観的ニーズと専門家による客観的ニーズの評価には差があることは多くの先行研究で指摘されている（岡本 2002, 上野・中西 2003, 永野 2009, 柊崎・畠山 2011）。

　さらに序章でも述べたように、最近では当事者の中には「楽をして生きようとする自分の弱さが、周りの人に迷惑をかけた」ことや「自立こそ一番の恩返し」という思いをもち、一般就労へ向けた訓練を行っている人の「語り」に関する記載が増えつつある（中日新聞 2017a、2017b）。

このように当事者の「語り」をもとに要因を明らかにすることは、従来の研究方法に比べてより当事者の思いを直接に反映することで、的確な要因解析につながると考えた。さらに、人生のある一時点に関する「語り」ではなく、当事者の生活全体（ライフ・ストーリー）について、個々の事象との関連性についての「語り」が必要と考え（桜井 2002, 金子 2007）、以下のリサーチクエスチョン（RQ）を設定した。

RQ1：当事者が「いきいき」とした就労生活を送るための要因は何か。

RQ2：当事者が犯罪から離脱するための要因は何か。

これらのRQの結果は、当事者が犯罪をせずに「いきいき」とした就労生活を送るための要因を明らかにし、さらに当事者の就労を受け入れる一般企業や就労系福祉事業所が実施する支援方策への重要な知見となり得ると考えられる。

第2節

本章の調査に関する方法

1.調査対象者

調査対象者については、3か所の就労系福祉事業所（以後、事業所）に依頼し、合計8名の「犯罪を起こし」かつ「就労」し、「生活自立」している成人の知的障がい者の紹介を受けた。その属性を表2-1に示した。これらの事業所を選んだ根拠は、各々の事業所が当事者を支援しつつ、彼らを受け入れる活動やその啓発活動を積極的に行う事業所であり、本章の目的に合致する調査対象者が得られると考えたからである。そして依頼者である筆者は、インタビュー調査を円滑に進めるため、事

表2-1.調査対象者の属性

対象者	性別	年齢	主な罪名	帰住先	利用している福祉サービス	現在の主な就労状況等
A	男性	50代	傷害	実の両親のもと	障害者就業・生活支援センター 相談支援事業所	公共施設の清掃（福祉的就労）
B	男性	50代	窃盗	実の両親のもと		公共施設の清掃（福祉的就労）
C	男性	50代	傷害	実の父親のもと		公共施設の清掃（福祉的就労）
D	男性	30代	窃盗	グループホーム	相談支援事業所	食品製造業（一般就労）
E	男性	20代	窃盗	グループホーム	就労移行支援事業所	サービス業（一般就労）
F	男性	30代	詐欺	グループホーム	相談支援事業所	軽作業（福祉的就労）
G	男性	20代	恐喝	グループホーム	障害者就業・生活支援センター 相談支援事業所	軽作業（福祉的就労）
H	男性	50代	軽犯罪法違反	グループホーム		部品製造（福祉的就労）

前に8名の調査対象者と個別に数日の作業等をともに行うことにより
信頼関係を構築することに努めた。

2.ライフ・ライン・メソッドによる調査・解析方法

⑴ライフ・ライン・メソッドを用いた理由

　今回、調査対象者へのインタビュー調査においてライフ・ライン・
メソッドを用いた。その方法は序章に記したように横軸に時間経過、
縦軸に人生の質レベルを表す主観指標を配し、主観指標の時間変化で
あるラインの変化とその要因を可視化するものである。
　本研究では、調査対象者から複数回にわたり人生の浮き沈みの転換
期であるライフステージを可視化しながら聞き取ることにより、知的
障がい者にも簡便に表現しやすく、調査対象者・現場の実践者・研究
者との間で情報を共有化できると考え本方法を採用した。

⑵ライフ・ライン・メソッドを用いたインタビュー調査

①ラインの作成における軸の説明

　ライフ・ライン・メソッドにおける軸を図2-1にもとづいて説明する。これは調査対象者の一人であるＧ氏の事例である。図2-1において横軸が年齢、縦軸は左側の軸として、調査対象者が感じている「楽しく生活を送れていること」および調査対象者の家庭の経済状況を示す「暮らし向き」の２つの指標を表し、右側の軸として、調査対象者の犯罪を起こす傾向もしくは実際に犯罪を起こした実績を示す「犯罪志向性」を表した。これにより「犯罪志向性」と「楽しく生活を送れていること」「暮らし向き」との関連がわかるようにした。

　ここで「楽しく生活を送れていること」を一つの軸に選んだ理由は、津島（2010）の言う「ストレス」と「不公平感」が犯罪の要因の一つとなることを受け、これらの反対の意味となる「楽しく生活を送れていること」という言葉の方が、知的障がい者が理解しやすいと考えたからである。また小長井（2017）によれば、当事者は生活の満足度を高めることで再犯は防ぐことができると述べられている。そして「楽しく生活を送れていること」を聞き取ることにより「生活満足感」を測定できると考えられている（Andrews & Robinson 1991,熊倉・矢野 2005）。つまり、言い換えれば「いきいき」した生活を送れていることを表現し、瀧川（2014）が示した当事者が描くライフ・ライン・メソッドの縦軸として適していると考えられるからである[1]。

　縦軸のレベルの決め方に関して、「楽しく生活を送れていること」のレベルは、調査対象者が最高に楽しいと感じた時を「最高」、いつもと変わらないと感じた時を「普通」、楽しさが最低と感じた時を「最低」と表現した。また「暮らし向き」は、調査対象者や家庭の収入状況等を鑑みて、生活する上で主に経済的に十分満足であった時を「最高」、苦労なく通常に暮らしていけた時期を「普通」、生活保護等を受けたりして、生活が非常に苦しい時などを「最低」とした。そして右側の軸の「犯罪志向性」は、「逮捕」された時を軸の最上位とし、調査対象

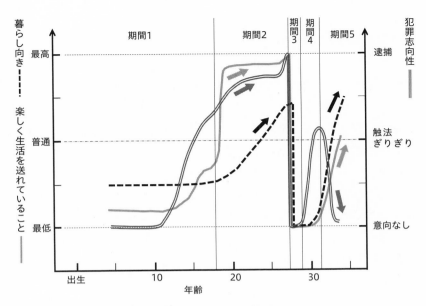

図2-1.ライフ・ライン・メソッドを用いたインタビュー事例（G氏）

者の行為が触法行為となった時を中間として「触法ぎりぎり」、犯罪を
起こす考えが全くない時を最下位として「意向なし」とした。

②ライフ・ライン・メソッドにおけるラインの描画とインタビュー調査の進め方

　まずインタビューを行う前に、調査対象者に「犯罪志向性」のライ
ンを描いてもらい、その犯罪の内容や年齢等について尋ねた。その際、
RQ1およびRQ2にもとづき、「どんな気持ちで犯罪を起こしてしまっ
たのか」「その時にどのような支援があったのか」といった定型の質問
をしながら半構造化インタビューの方法に従い聞き出した。

　具体的な例として「犯罪志向性」のラインの描き方を図2-1にもと
づいて説明する。G氏の「犯罪志向性」の全体像としては、10歳あた
りまでは犯罪の意向がなく最低であったが、10歳以降の学校期に入る
と徐々に上昇し、18歳で一般就労した後にも上昇し、26歳頃に犯罪を
起こして逮捕された。その後は勾留されて「犯罪志向性」は最低に落
ちたが、福祉事業所の支援のおかげで釈放された。しかし30歳前後に

再び万引きなどを起こし、その後は支援が充実し働く場所も得られた結果、現在は「犯罪志向性」がほとんど意向なしとなった。

　実際のインタビューにおいて、「犯罪志向性」のラインは、逮捕された罪名と年齢が明確であることや調査対象者の記憶も鮮明であることが多く、まず逮捕された時や警察に捕まった時の年齢を尋ね、図中に印を付けてもらった。軽度から中度の知的障がい者が描写することは可能であることが多いが、ラインが時間的に後戻りする場合や変化が不自然な個所などは、調査対象者に書き直してもらった。またラインが描けない人には、インタビューする者が誘導しないように本人から聞き出して描写した。聞き方の例として、幼少の頃を視点として、ラインの傾きについて「上がりましたか、下がりましたか、変わりませんか」と尋ねながらラインを徐々に丁寧に確認しながら描いていった。特に逮捕された時や就労した時のラインの傾きには注意して尋ねた。

　次に「楽しく生活を送れていること」および「暮らし向き」についてもラインを描くと同時にラインの傾きが変化する年齢の時のことについて、定型化された質問を尋ねた。その質問は「楽しく生活を送れていること」については、各時点での生活は楽しかったかどうかとその理由を尋ね、「暮らし向き」については、家庭は経済的に苦しかったかどうかと自由に使えるお金はあったか等を尋ねた。

③インタビュー調査の時間、頻度、時期など

　インタビュー調査は、一人あたり一回に約1.5〜2時間を目安とし、聞き取り内容は調査対象者の署名による同意を得た上でICレコーダーに録音した。インタビュー調査は最低一人二回もしくは三回行った。二回目以降のインタビュー調査は、一回目の聞き取り内容を確認するため、例えば「〇〇歳の頃に会社の物を盗んだ時の気持ちはいかがでしたか?」などの同じ質問を毎回聞き取り、一回目の答えと一致しているかどうか確かめ、本人の回答が信頼できるかどうかを判断した。また各回のインタビューは最低2か月以上の間隔を空け、前回のインタビュー調査の記憶が低下している状態にして、可能な限りバイアスの

ないインタビュー調査となるように配慮した。

⑶インタビュー調査の結果

　まずG氏の起こした犯罪に関わる出来事の特徴を「犯罪志向性」「楽しく生活を送れていること」「暮らし向き」のラインの傾きが急激に変化する点をもとに、図2-1に示すように5つの期間に分割した。そして各期間について3本のラインの傾きとその期間における特徴（犯罪の内容、生活環境、支援内容等）を整理した。

　期間1の幼少期〜学校期では、幼少の頃から人の物を盗むことがあり（犯罪志向性のラインの傾き：↗）、生活環境では家族から虐待を受け、周囲から怒られるだけの生活であったが、入所施設のある養護学校では優等生であった（楽しく生活を送れていることのラインの傾き：↗）。また親はギャンブル好きで、家庭はG氏が生まれた頃から困窮していた（暮らし向きのラインの傾き：→）。

　次に期間2の一般就労期では、一般就労した後、弱そうな同僚を見つけて半年にわたり恐喝を繰り返した（犯罪志向性：↗）。しかしながら、職場では仕事の能力が高く有能な社員として評価を受けていた（楽しく生活を送れていること：↗）。また「暮らし向き」については、給料と恐喝した金銭で不足ない生活を送っていた（暮らし向き：↗）。

　その後、第3期にてG氏は逮捕され、3本のラインのすべてが下降するが（↘）、釈放された第4期では事業所の支援のおかげで就労に至り、最終的に期間5の更生期になって悪い事をやるよりも、人に物事を教えてあげる方が自分が得をすると思えるようになった（犯罪志向性：↘）。そして支援員との振り返りを続けることで、就労に必要な基本的な生活態度を徐々に身につけ、就労先では仕事を任されたい・仕事を続けたい・誉められたいと思えるようになってきた（楽しく生活を送れていること：↗）。暮らし向きについては、給料が得られることに加え、グループホームにて落ち着いた生活が送れるようになり（暮らし向き：↗）、現在では犯罪を起こさない状態が継続されている。

⑷インタビュー調査のデータ解析方法

①3本のラインの傾きの組み合わせにもとづく犯罪要因の分類

　犯罪の要因の調査について、調査対象者の人生全体における3本の
ラインである主観指標の時間変化（ラインの傾き）の関係から導くこと
とし、インタビュー調査にて描かれた3本のラインの傾きが上昇・下
降する組み合わせをもとに、「犯罪志向性」の傾きと他の2つのライン
の傾きを整理し表2-2に示した。

　この表では、「犯罪志向性」の欄には調査対象者の犯罪歴や犯罪を

表2-2．ラインの期間におけるラインの形状と3つの主観指標の内容（G氏）

	期間1	期間2	期間3	期間4	期間5
期間 年齢	幼少期・学校期 8〜18歳	一般就労期・ 触法期 18〜27歳	更生期 27〜28歳	更生期 29〜31歳	更生期 32歳〜現在
犯罪志向性	人の物を盗む、人の顔色を覗う、嘘をつく性格	・弱そうな同僚から数百万円恐喝 ・悪い事をしてはいけない理由を理解できず	・恐喝容疑で逮捕 ・事業所の担当者が引き取った	友人のゲームやパチンコ屋にて店内の客の玉を盗むことがあった	悪い事をやるよりも、人に物事を教えてあげる方が、自分が得をすると思ってきた
楽しく生活を送れていること	・叔父、祖母からの虐待、母親のネグレクトでまともな食事を与えてもらえず ・怒られるだけの生活 ・入所の養護学校へ入学 ・入所施設では優等生	・卒業後は一般就労し、職場では有能な社員という評価 ・同僚から巻き上げた金で実家に家電品を買い、その度に家族から誉められていた。	・就労先の人は本人が恐喝したことを信じられなかった。 ・事業所の担当者とともに恐喝した金を回収した。 ・家族から「うちの子ではない」などの罵声を浴びたりした。	事業所の支援員と一緒にひたすら振り返りをしていた。	・就労に必要な基本的な生活態度が身についてきた。 ・仕事を任されたい、続けたい、誉められたいと思えるようになってきた。 ・事業所の人との付き合い方もわかってきた。
暮らし向き	親のギャンブルのせいで困窮	巻き上げた金で不足のない生活を送っていた	入所施設の独身寮が1室だけ空きがあり、ようやく住む場所を確保	昼間は事業所夜はグループホーム、週末だけ独身寮	昼間は事業所夜はグループホーム、週末だけ独身寮

起こす時の気持ち等を、「楽しく生活を送れていること」の欄には、調査対象者の感情に影響を与える日常の出来事や評価等を、「暮らし向き」の欄には、調査対象者が生活する上での経済的状況等を記載した。これらを視覚的に示すことにより、各期間における犯罪志向性と楽しく生活を送れていること・暮らし向きのラインの形状の関係が明確になり、要因分析がしやすくなった。

②インタビュー調査の内容のコーディング

調査対象者に描いてもらったラインの傾きの変化をもとに実施したインタビュー調査にて得られた音声データについて逐語録を作成した。さらにラインと照らし合わせながら、逐語録を繰り返し読み全体を把握した上で、佐藤（2008）の方法を参考に、インタビューで得られた具体的な文言を抽象度の高い概念的カテゴリーに対するコードとして選択的に割り振り、ラインの傾きが変化した理由に関する記述についてコーディングを行った。

このコーディングに際し、「犯罪志向性」が上昇または下降に関わる要因のコードと、それにもとづくサブカテゴリーは、分析した結果について客観性をもたせるため、質的研究に精通した教員からスーパーバイズを受けた。加えて調査対象者と所属する事業所の担当支援員に分析結果を示すことにより、修正等の有無を確認しつつ分析の精度を担保する配慮を行った。

③犯罪を起こさない生活を実現するための促進要因および阻害要因の抽出

生活自立を実現するための要件の一つが、「犯罪志向からの離脱」であることから、犯罪志向からの離脱する促進要因と阻害要因を抽出するために、各調査対象者のライフ・ラインにおける「犯罪志向性」「楽しく生活を送れていること」「暮らし向き」のラインの傾きの組み合わせについて、「犯罪志向性」が下降（＼）している期間のコーディングの中から促進要因として適切な内容を選定した。

同様に「犯罪志向性」が上昇（↗）している期間のコーディングの

中から阻害要因を選定した。特にサブカテゴリーとコードの記述が促進要因と阻害要因として対象者の特徴を表していると考えられるため、両者を中心に検討した。

④倫理的配慮

本研究は日本福祉大学倫理委員会の承認を受けて実施した（承認番号：14-21）。また質問紙を送付する際に案内文として、研究の目的の他に調査データの管理と活用について、1.研究協力者に対する尊厳の尊重、2.協力者への十分な説明や研究協力に対する自由を保障すること、3.得られた情報の厳重管理・目的外使用の禁止等、4. 研究結果の公開に際し研究のもたらす社会的・人道的配慮に十分注意する等を説明する書面を同封し、返送をもって同意を得たものとした。以上の倫理的配慮は、次章以降の調査を行う際にも適用した。

第3節

ライフ・ライン・メソッドのライン形状が示す当事者の特徴

1. 3つのラインの傾きとその組み合わせにもとづく犯罪志向の特徴

今回の調査対象者8名の中で、子どもの頃に虐待を受けた者は8名中2名、いじめを受けていたものは8名中2名であった。また複数回のインタビューにおいて、毎回の発言は一貫しており食い違いはほとんどなかった。そして対象者の担当支援員へ確認した結果、コーディン

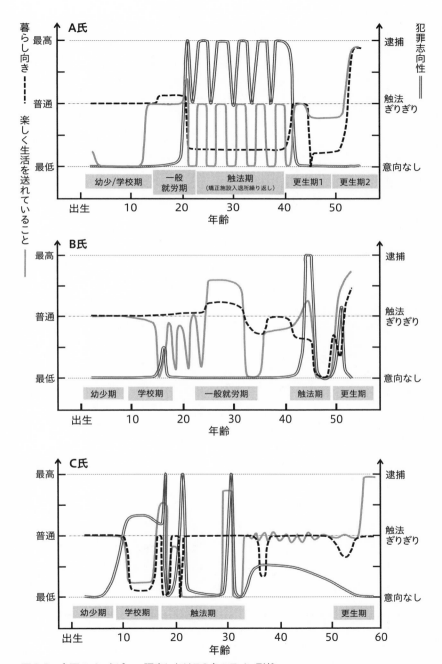

図2-2. 今回のインタビュー調査における8名のライン形状

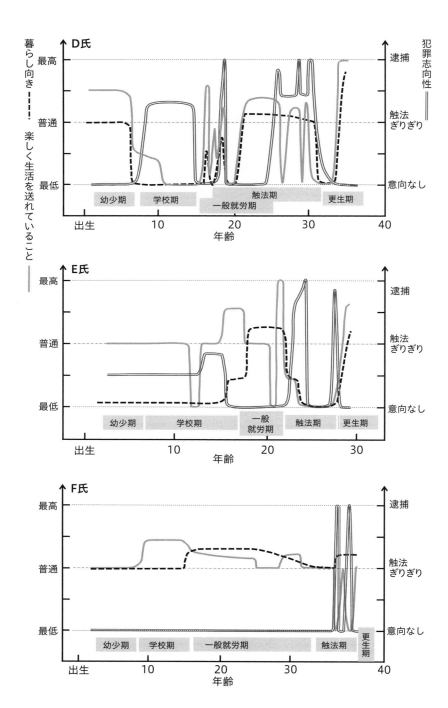

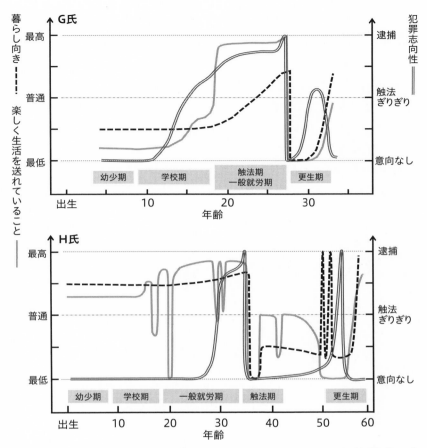

グの内容について誤りはほぼなかった。8名は現在、福祉的就労を含めて全員が就労中であり、今までの職歴に関し、G氏以外は複数回の転職経験があった。また出生時にひとり親であった者はいなかった。

　図2-2にインタビューを行った8名の調査対象者のラインを示した。ラインの形状に関しては、F氏のように犯罪を起こした年齢がここ数年前のみである者以外は「犯罪志向性」のラインが学校期から上昇し、それと同時に「楽しく生活を送れていること」と「暮らし向き」のラインが複雑に変化しており、8名のラインを特徴的な形状に分類はできなかった。また幼少期において、「楽しく生活を送れていること」が最低レベルにある者はA氏とG氏であった。そして「暮らし向き」が

最低レベルにある者はE氏のみで、G氏は最低レベルと普通レベルの間にあり、他の者は普通レベル以上であった。逮捕歴はB氏、E氏、G氏は1回であったが、他の者は複数回あった。

　次に3本のラインの変化の傾向の関連を調べるため、「犯罪志向性」「楽しく生活を送れていること」「暮らし向き」のラインの形状が変化する傾向の組み合わせの数を表2-3にまとめた。

　この表の見方は、3本のラインの形状について、それぞれ上昇する期間（↗）、下降する期間（↘）、変化しない一定期間（→）に当てはまる組み合わせ（全27通り）に分け、各組み合わせにおいて、8名の調査

表2-3．3つのラインの形状変化の組み合わせとその総数

行番号	ライフ・ラインの縦軸			対象者（8名）								縦軸の組合わせごとの総数
	犯罪志向性	生活の楽しさ	暮らし向き	A	B	C	D	E	F	G	H	
1			→			1						1
2	犯罪志向性	→	↗									0
3			↘			1						1
4	↗		→	2	1	2	2			1	1	9
5	上昇	↗	↗			1	1		2			4
6			↘					1	1			2
7			→					2				2
8		↘	↗									0
9			↘		2	2	2				2	8
10			→			1						1
11	犯罪志向性	→	↗									0
12			↘									0
13	↘		→						1	1		2
14	下降	↗	↗	1		1	2	2	1	1	1	9
15			↘									0
16			→									0
17		↘	↗									0
18			↘		1	1				1	1	4
19			→		1		1		2		1	5
20	犯罪志向性	→	↗									0
21			↘									0
22	→		→	1	1			1	1		1	5
23	変化なし	↗	↗	1	1		1					3
24			↘					1				1
25			→					2		1		3
26		↘	↗					1	1			2
27			↘	1	1				1		1	4
合計				6	8	10	9	10	10	5	8	66

対象者（A氏〜H氏）のラインでみられた数の合計を示している。例えば、行番号1は「犯罪志向性」が上昇（↗）、「楽しく生活を送れていること」が一定（→）、「暮らし向き」が一定（→）の組み合わせを示し、この組み合わせはC氏のラインに1回みられることを示している。

　表2-3をみると、27通りの組み合わせの総数は66回であり、「犯罪志向性」が上昇（↗）する組み合わせが27回、下降（↘）が16回、変化なし（→）が23回であった。また傾きの組み合わせで多いものは、（犯罪志向性、楽しく生活を送れていること、暮らし向き）の順で記すと、（↗、↗、→）が9回、（↗、↘、↘）が8回、（↘、↗、↗）が9回であった。この結果から、「犯罪志向性」が上昇する際、「楽しく生活を送れていること」が上昇する場合と下降する場合という、全く逆の組み合わせがあることが明らかになった。また「楽しく生活を送れていること」が変化なし（→）の場合、「犯罪志向性」が上昇（↗）する組み合わせは2回（行番号1、3）みられたが、「暮らし向き」が変化なし（→）の場合、「犯罪志向性」が上昇（↗）する組み合わせは12回（行番号1、4、7）みられた。よって「暮らし向き」の変化よりも「楽しく生活を送れていること」の変化の方が犯罪志向性の上昇に影響が大きいと考えられた。

2. 調査対象者の語りのカテゴリー化

　表2-4に今回の8名のインタビューをもとに、「犯罪志向性」が変化する期間を中心とした調査対象者の語りについてカテゴリー化した結果を示した。前節に記した通り、「暮らし向き」よりも「楽しく生活を送れていること」の方が「犯罪志向性」に大きく影響すると考えられることから、ラインの形状変化について「犯罪志向性」が上昇または下降する事例と「楽しく生活を送れていること」が上昇または下降する事例との組み合わせ（計4つ）に関してまとめた。以下、【　　】はカテゴリー、《　　》はサブカテゴリー、〈　　〉は犯罪志向性が上昇または下降する要因に関わるコード、『　　』はインタビュー調査の際に調

査対象者が語った言葉からの引用を示す。

⑴犯罪志向性：上昇（↗）、楽しく生活を送れていること：上昇（↗）の組み合わせ

　ここでは調査対象者（以後、本章では本人という）の語りの要約のカテゴリーとして個人因子（本人由来の因子）が環境因子（本人の生活する環境等に由来する因子）よりも多くうかがえた。

　個人因子におけるカテゴリーとして、【優越感の誇示】【衝動的行動】【自己中心的な考え】【破壊的暴力への尊敬】が抽出され、これらが楽しく生活を送れていることを感じさせていることがうかがえた。

　【優越感の誇示】ではサブカテゴリーとして《自分の強さの発見》がうかがえ、対象者が自分の能力が活かせる仕事に就いた時や自分が人よりも勝っていると感じた時に現れやすいことがわかった。例えばB氏はパソコンが好きで、普通に操作ができる能力をもっていたため、警備員の職にもかかわらず犯罪と意識しつつ職場のパソコンを盗んで自宅でデータ書き換えやソフトの更新を行った。またG氏も〈おとなしく弱そうな同僚をターゲットにして、同僚のせいで怪我をした振りをして半年間恐喝を繰り返した〉とあり、悪い事をしてはいけない理由を理解できず自分の優越感に浸ってしまった。

　また【自己中心的な考え】では〈盗みをする時にはバレたらどうしようとは全然思わない。証拠がないから大丈夫だと思っていた〉という根拠のない自信をもっていることが多かった。本人は悪いことをしているという認識はあるが、捕まった後にどう処分されるのかについての認識が抜け落ちている。さらに《自分の欲望を最優先させたい気持ち》では、C氏は〈雇用主の娘の部屋に忍び込み、騒がれたためナイフで刺した〉ことについて、『最初は頑張るぞって思ったんですけど、女の子に憧れてたんで…』と言い、犯罪という意識は薄れて自分の欲望を優先させた。

　さらに【衝動的行動】では、〈本人の中でストレスが溜まっていることがわからなかった〉という《ストレスの感覚の欠如》が特徴的であっ

た。これは本人に加えて本研究の結果の確認作業において、職場で本人を支援する者から多く聞かれた内容である。G氏を支援する者によれば、犯罪を起こす時のきっかけの一つとしてストレスがあるが、本人にはそれが何であるのか理解できず、もしくはストレスがあることもわからない状態であるとの意見であった。また〈出所後の解放感と陽気のせいで気持ちが軽くなり強盗を犯した〉についてC氏は『(刑務所が)長かった分、開放感があって直ぐアカンようになりましたね。お金に困ると、歩いている人に声をようかけんから、どうしてもブスッといってしまう…』と言い、刑務所内で受けたストレスから解放されたことが次の犯罪に結びついてしまったことを述べた。その他には暴力団に入る時の気持ちを述べた《反社会的組織への憧れ》もうかがえた。

　また環境因子では【ちょうどいい標的の存在】と【役に立つ監視者の不在】が挙げられた。【ちょうどいい標的の存在】では、B氏の〈夜間の警備の仕事ですべての部屋の鍵を持ち、部屋に侵入できた〉が示すように、本人の嗜好する行為とそれを試すことができる業務や職場環境が一致したことが犯罪のきっかけの一つになっていた。また【役に立つ監視者の不在】では、〈刑務所という常時監視された閉鎖空間と普通の暮らしとのギャップを感じた〉という語りがあり、そのギャップが〈出所後の解放感と陽気のせいで気持ちが軽くなり強盗を犯した〉ことに至ってしまったことが述べられた。

⑵犯罪志向性：上昇（↗）、楽しく生活を送れていること：下降（↘）の組み合わせ

　ここでのコードは個人因子よりも環境因子の方が多くうかがえた。
　個人因子では【金銭的不自由への不安】が挙げられ、遊ぶ金や金銭管理ができないことから現金等を盗んだ旨のコードに多くあり、ほとんどの人が経験していることが示された。また【自己コントロール不足】では、《不適切なストレス発散方法》が語られ、ここでは本人にはストレスの感覚があることがわかった。

また環境因子では【愛着の不足】と【スティグマからの衝動】が挙げられ、《家族との不仲から起こる反発》や《保身のための犯罪行為》、《信頼できる人や自分を信じてくれる人の不存在》、《組織から外された疎外感》がうかがえた。E氏の場合、〈犯罪を起こしてはいけないと知ってはいるけれど、寂しさ・不安などから逃れたい気持ちに気づいて欲しいと思って万引きをした〉とあり、本人から周囲に相談できず犯罪という形でSOSを発信するしか方法はなかった。またF氏は『他のグループホームの利用者さんに仲間外れの感覚みたいに言われたことがあって、それでいらいらして…帰って来てすぐに近くのスーパーに行って、また再び犯罪を起こしちゃったんですよ』と言い、ホームから疎外された感覚が即、犯罪に結びついてしまったことが語られた。

⑶犯罪志向性：下降（↘）、楽しく生活を送れていること：上昇（↗）の組み合わせ

　個人因子では【将来の目標の自覚】と【愛着の充足】【支援者への感謝】、環境因子では【支援者への感謝】が挙げられ、これらが「犯罪志向性」を下げることにつながったと思われる。

　E氏は『あんなことはやっちゃいけないし、ちゃんと目標もあるので…（中略）、生活相談員や支援員になるとか、ちゃんと今後の目標があれば、そういう歯止めも効くんだなって今、凄く実感しています』と《自分自身への期待》をもつことで犯罪から離脱できていた。さらに『世の中の人って、障がい者が本当にこういうことをするのって実際わかんないじゃないですか。そういう機会があったら、僕、しゃべりたいなって思って、こうやってしゃべれる人たちがどんどん発表してもいいのかなって思って…』と述べて、自分の経験をもとに世の中に犯罪を起こした障がい者の実態を公表する意思を表し、自分自身を見つめ直す姿勢が見られた。

　またD氏は『兄ちゃんとこに迷惑かかるし、結婚したばっかりやし、これ以上、迷惑かけたらアカンと思って…（中略）、これでもう一回、

やり直せる、兄ちゃんとこの甥っ子・姪っ子が生まれて、これ以上、悪いことをすると甥っ子たちに僕がやられたようないじめが起きると思って、アカンって思って…（中略）、これで立ち直れるように、もう悪さしないように甘い気持ちもなくして、親にも親孝行しないといかんなあ……』と述べて《家族への愛情》を示した。

⑷犯罪志向性：下降（＼）、楽しく生活を送れていること：下降（＼）の組み合わせ

　この組み合わせに当てはまるケースは、逮捕されたことにより「犯罪志向性」と「楽しく生活を送れていること」が下降した場合である。ここでカテゴリーとして個人因子の【自分の言動への後悔】が抽出された。

　A氏は所属していた反社会的組織の人間の身代わりになって収監されていたが、出所した途端に組織から破門された。自分が組織に必要のない人間であることを告げられ、A氏は《信じていた組織からの裏切りによる失望感と安堵感》から〈こんな道は止めとこう、真面目に堅気で働いた方がよっぽどいいと思った〉ことで、犯罪志向から離脱するきっかけとなった。

　なお今回のインタビュー調査の結果、C氏は自分の思いを適切にわかりやすく伝えることが難しい様子が見て取れたことから、ASD（Autism Spectrum Disorder：自閉症スペクトラム）と思われる症状がうかがえた。またG氏やF氏は、興味のあるものを見たり聞いたりすると興奮しやすく、思いついたことをすぐに声に出してしまったり突発的な行動をしてしまうなど、衝動を抑えるのが困難なことがある等のADHD（Attention Deficit Hyperactivity Disorder：注意欠陥多動性障害）と思われる症状がうかがえ、8名の中には、知的障がいとともに発達障がいも併せもっている可能性があると考えられた。

表2-4. 犯罪志向性の上昇・下降に関わる記述的要因

ラインの縦軸			犯罪志向性が上昇・下降する要因に関するコーディング		
犯罪志向性	生活の楽しさ	因子	カテゴリー	サブカテゴリー	コード
上昇↗	上昇↗	個人	優越感の誇示	自分の強さの発見	・パソコンが特技なので、自宅に持ち帰り勝手にデータ書き換えた。 ・おとなしく弱そうな同僚をターゲットにして、同僚のせいで我を起こした振りをして半年間恐喝を繰り返した。
			衝動的行動	犯罪を起こしても見つからないという甘い考え	・警察に捕まったらどうなるかの考えが抜けていたため、犯罪を起こした。 ・盗みをする時にはバレたらどうしようとは全然思わない。証拠がないから大丈夫だと思っていた。
			自己中心的な考え	自分の欲望を最優先させたい気持ち	・天気の良い日などには無断欠勤して遊びに行ってしまうことがあった。 ・雇用主の娘の部屋に忍び込み、騒がれたためナイフで刺した。
			破壊的暴力への尊敬	ストレスの感覚の欠如	・出所後の解放感と陽気のせいで気持ちが軽くなり強盗を犯した。 ・本人の中でストレスが溜まっていることがわからなかった。
				反社会的組織への憧れ	・カッコいいと思っている反社会的組織で兄貴分の身代わりに刑務所へ収監された。
		環境	ちょうどいい標的的存在	欲望を満たすに都合の良い職場	・自分の特技であるパソコン操作にてある程度の権限を与えられた。 ・夜間の警備の仕事ですべての部屋の鍵を持ち、部屋に侵入できた。
			役に立つ監視者の不在	監視されていた環境からの解放	・刑務所という常時監視された閉鎖空間と普通の暮らしとのギャップを感じた。 ・出所後の解放感と陽気のせいで気持ちが軽くなり強盗を犯した。
下降↘	下降↘	個人	金銭的不自由への不安	金銭や遊興物への欲求	・遊ぶ欲しさに父親の財布から現金を盗んでしまった。 ・家出するとお金に困るから、歩いてる人に強盗目的のナイフで脅して金を取ろうとして怪我をさせた。
			自己コントロール不足	金銭管理の不得手	
				不適切なストレス発散方法	・たまたま女性の下着が目に付き、誰も見ていないと思って出来心で盗んでしまった。

傾向		分類	概念	具体例
上昇↗	下降↘ 環境	愛着の不足	家族との不仲から起こる反発	・家族との仲が悪くなり、食事も作ってもらえず、万引きを起こしてしまったことがあった。 ・父親への反発として犯罪を起こしてしまったこともあった。
		スティグマからの衝動	保身のための犯罪行為	・身内からの虐待を避けるため、出所した物を差し出して喜ばせていた。万引きして入り込み、無銭飲食を繰り返した。
			信頼できる人や自分を信じてくれる人の不存在	・犯罪を起こしてはいけないと知ってはいるけれど、寂しさ・不安などから逃れたい気持ちに気づいて欲しいと思って万引きをした。
			組織から疎外された疎外感	・他の利用者からレッテルを貼られ仲間外れにされ、いらいらして万引きをした。
	上昇↗ 個人	将来の目標の自覚	自分自身への期待	・将来、就きたい仕事を見つけることができ、目標があれば歯止めを効かせることができるようにわかった。 ・犯罪を起こし障がい者の体験を世間の人たちに知ってもらうために話す機会が欲しい。
		愛着の充足	家族への愛情	・管理者の親切を受け、今から自分は生まれ変わるかもしれないと思った。 ・悪いことをする時、男や娘のことを思い出しては消すことができた。 ・結婚して幸せな家庭をもてば、親兄弟に恩返すことができると思った。
下降↘	下降↘ 環境	支援者への感謝	出所直後から受けた支援の経験	・出所後、今まで絶縁状態の身内が反社会的組織から自分を囲まってくれた。 ・自分のことを全く知らない人が親切にも泊まる部屋を提供してくれた。
	下降↘ 個人	自分の言動への後悔	信じていた組織からの裏切りによる失望感と安堵感	・出所した途端に親分から「お前みたいなのは関係ないから出て行け！破門したし」と言われた。 ・こんな道は止めとこう、真面目に堅気で働いたほうがよっぽどいいと思った。

第4節

要因分析と支援方策への示唆

　ここでは、本人の「いきいき」就労生活に関わる促進要因および阻害要因、犯罪からの離脱傾向に関わる促進要因および阻害要因を抽出し、当事者への支援方策への示唆について考える。そのために表2-4に示したサブカテゴリーとコードの記述から促進要因と阻害要因の特徴を表している項目を検討した。また促進要因は、表2-4のラインの縦軸において、「犯罪志向性」が下降（＼）している期間のコーディングをもとに促進要因と考えられる内容を検討した。また阻害要因については、同表において「犯罪志向性」が上昇（↗）している期間のコーディングをもとに検討した。

1.当事者の「いきいき」就労生活に関わる促進要因および阻害要因と支援方策への示唆

⑴促進要因

将来の目標が与えられること

　E氏は《自分自身への期待》として、自分の当事者としての経験をもとに世の中に犯罪を起こした障がい者の実態を啓発する意思を表し、自分自身も成長しようとする姿が見られた。またD氏のように自分の甘さを自覚し、再犯を起こして身内に迷惑をかけないようにしなければならないと固い決意を示す人もいた。このような《自分自身への期待》により犯罪志向から離脱できると考えられる。

これは久木田（1998）が述べたように、エンパワメントの共通基盤である「すべての人間の可能性を信じ、その能力の発揮を可能にするような人間尊重の平等で公正な社会を実現しようとする価値」にもとづき、「社会的に差別や搾取を受けたり、自らコントロールしていく力を奪われた人々が、そのコントロールを取り戻すプロセス」であると言えよう。支援方策として、陳（2007）が述べているように、本人のコンピテンスを上げる支援の必要性があろう。

　具体的な支援の例として、いわゆる「ナチュラルサポート」として、就労の受け入れ側の福祉事業所のみならず、一般企業の職員や同僚による当事者の受容がなされ（小川 2000）、その上で職員は当事者の強みや弱みを把握し、本人の将来に向けた志向や性格を考慮して、業務の目標に落とし込むことが求められるであろう（陳 2004）。これにより当事者をエンパワメントできると考えられる。

⑵阻害要因

①周囲の人とのコミュニケーションが不足していること

　当事者は犯罪を起こす時のきっかけの一つとなり得るストレスについて、それが何であるのか理解することやストレスがあることもわからない状態となる場合がある。常に周囲の者が当事者の様子の良し悪しにかかわらず、声かけなどのコミュニケーションを通じて、当事者のわずかな変化も見逃さないことが重要であると考えられる。

　当事者は「解放感」の中にいると衝動的に犯罪を起こしてしまうこともある。そうならないために、普段の生活において一般企業や福祉事業所の職員以外の地域の人（家族、住民、警察など）の見守りが必要である。これは杉山（2000）の言う「就労場面において周囲が気づかぬまま無理を重ねた後、限界に達した時に本人にも自覚されないままパニックが生じる現象」の対策にもなっている。就労の場だけでなく、当事者の生活の場の中に常にコミュニケーションを取れる体制を構築することが有効であると思われる。

支援方策への示唆として、支援主体である一般企業や福祉事業所が当事者について、支援のキーパーソンを決めることが重要と考えられる（陳2004）。当事者が困った時や不安を感じた時にいつでも相談できる担当者を決めておくことが心の安定につながり、不意の再犯を防止できると考えられる。そのためには一般企業や福祉事業所の職員に向けた支援者研修を実施することも必要であろう。その際、実際には当事者支援で成果を上げている団体のノウハウ等を学ぶことが必要になると思われる。

②不適切なストレス発散をしていること

　これは第3節において、津島（2010）の言う「ストレス」が犯罪の要因の一つとなるという指摘をもとにしている。支援する者はまず、当事者自身が犯罪を起こす時のきっかけの一つとなり得るストレスが、何であったのかを理解した後、当事者にストレス発散の方法を適切な時期に提供し、犯罪に至らないようにすることが必要であると考えられる。ここで犯罪を起こす時のきっかけの一つとなり得るストレスを理解するためには、当事者の成育歴を知る保護者や学校時代の生活の様子を知る人から情報を得ることや、当事者との継続的なコミュニケーションから察知することが必要と思われる。

　支援方策への示唆として、前項と同様に当事者について支援のキーパーソンを決めることに加え、当事者の普段の職場や生活について見守ることが重要と考えられる。特に見守る側が注意する点として、本章の調査結果で明らかになった「楽しく生活を送れていること」の状態においても安心せずに当事者とのコミュニケーションを絶やさずに気にかけていくことが大切であろう。そしてキーパーソンは当事者の性格や行動パターン、趣味などを熟知しておくこと、また職場や生活の言動等に普段と異なる変化が見られた場合には、面談等を通して当事者の気持ちを理解し、必要があれば適正にストレスを発散することが必須と考えられる。例えばH氏は卓球が趣味で、支援員が卓球の試合に連れて行くことにより、犯罪に気を惹かれることなく本人の好きなことに熱中できる環境を整えていた。

2.犯罪からの離脱傾向に関わる促進要因および阻害要因と支援方策への示唆

(1)促進要因

①当事者と家族・周囲の者との愛着関係があること

　D氏は実の兄から以下のように激励され、犯罪志向から離脱するきっかけの一つとなった。『兄ちゃんが、これでラストチャンスや！　これで立ち直れんかったらお前は終わりやって。これで悪さすると、もう縁を切るって…言われたもんで、これで、立ち直れるように、もう悪さしないように甘い気持ちもなくして、親にも親孝行しないといかんなあって…』『兄ちゃんとこも甥っ子・姪っ子が生まれて、これ以上、悪いことをすると甥っ子たちに僕がやられたいじめが起きると思って…でアカンって思って…』このように、本人は家族メンバー間の気持ちを認知・育成する過程を共有し変容していくことがある。

　支援方策への示唆として、一般企業や福祉事業所は、当事者の家族に働きかけることによる「家族内エンパワメント」が有効である。家族メンバー同士が互いにもっている有用なリソースを分かち合い、当事者に贖罪の念を想起させ、その結果、喜びや励ます経験を積んでいくと考えられる（佐々木 2017）。

②出所直後から住まいと仕事の支援を受けられること

　D氏は数回ほど刑務所に入所した経験をもっていたが、最後に出所した直後に福祉事業所の理事長に救われた。初めて会ったD氏に理事長は、住む場所と仕事を即日提供した。そしてD氏は『理事長が今日から泊まっていきって誘ってくれて、あっ、チャンスが降りてきた、これでもう一回やり直せる』と思い、道徳的な目的をもつようになった。これによりD氏は本気で立ち直るきっかけを掴んだ。

　支援方策への示唆として、行政による一般企業や福祉事業所への補

助金や当事者を安心して受け入れるための人的支援等が必要であると考えられる。例えば一般企業に対しては、当事者の住まいとなる住居の家賃補助が考えられる。また受け入れた後の当事者への定着支援のためのジョブコーチを派遣する制度や一般企業が当事者を受け入れる準備期間として、就労支援事業所が一定期間（半年程度を目途）の施設外就労訓練を実施するなどの施策が考えられる。

(2)阻害要因

①愛着が不足していること

これは(1)促進要因の「当事者と家族・周囲の者との愛着関係があること」の裏返しであるが、家族に限らず周囲からの愛着の不足が犯罪志向からの離脱を阻んでいると考えられる。例えばE氏は『犯罪を起こしてはいけないと知ってはいるけれど、寂しさ・不安などから逃れたい気持ちに気づいて欲しいと思って万引きをした』と述べたように、愛情不足が犯罪の要因の一つとなり得るため、常に愛情や関心をもってくれる人が必要である。

支援方策への示唆として、この場合には当事者にとって有用な相談先などの社会資源を家族メンバーは持ち合わせていない、もしくは社会資源の活用方法を知らない家族に対して、行政や相談支援事業所等が積極的かつ定期的に途切れることなく当事者の家族を訪問し、社会資源の提案および活用法を提案する等のアウトリーチ活動が必要と考えられる。

②金銭的不自由への不安があること

第2節に記したように、知的障がい者の犯罪の主な動機は「困窮・生活苦」（約37%）である（法務省 2006）。今回の調査対象者については、家庭が貧困のために小遣いがもらえなかった場合や家庭が裕福であったが、結果として本人が十分に使えるお金がなかったことが直接の要因と考えられるため、「金銭的不自由への不安」が犯罪の動機と考えた。

支援方策への示唆として、Ｃ氏のように子どもの時に小遣いがもらえず賽銭泥棒をしてしまった場合は、学校や相談機関が当事者の家族にあえて介入し、家族との話し合いの場を設けて、適切な小遣いを与える等を指導することも必要であると考えられる。また、本人に収入がある当事者に対しては、将来の自立に向けて、社協などによる適切な金銭管理を定期的に行い、無駄遣い等を防ぐことで「金銭的不自由への不安」を解消すること等の予防策も必要となるであろう。

③組織から疎外感を受けること

　Ｅ氏は『グループホームに入った時に、職員さんはいるんですけど信頼できる人がいなかったし、何か自分の居場所はここじゃないのかなと。そういうふうに自分の中で思い込んでしまって…』『職員さんが話を聞いてくれる人とか、「そうだよね」って言ってくれる人とか、評価してくれる人とか、否定をしないことが必要』と言い、自分を受け入れてもらえる場所を求めていた。そして中原（2003）が定義した"居場所感（自分がそこにいてもいい場であり、自分がありのままにそこにいてもいいと認知し得る感覚）"を喪失した結果、犯罪に至ったと考えられる。

　支援方策への示唆として、当事者の受け入れで成果を上げている団体等のノウハウをもとに、一般企業や福祉事業所が当事者を偏見なく受け入れられる感覚のもてる支援人の育成を行うことが必要であると考えられる。またコミュニティが当事者の受け入れを拒否する等、当事者の居場所の確保が困難な状況にある場合には、行政が受け入れ意思のある一般企業や福祉事業所をまとめ、「チーム」として当事者への対応を行うこと、ならびに仲介役として住民への説明会を実施することが求められるであろう（Maruna 2001）。

3. 先行研究との比較

⑴従来の犯罪社会学の理論に対する考察

　まず表2-4の「犯罪志向性」と「楽しく生活を送れていること」の両者が上昇する組み合わせのカテゴリーにおける【ちょうどいい標的の存在】および【役に立つ監視者の不在】は、コーエンらが提唱した「日常活動理論」とほぼ同じであることがわかった（矢島ら 2009）。さらに【優越感の誇示】は、同理論における「動機を持った犯罪者」に相当し、日常活動理論の3要素が確認できたと考えられる。

　この【優越感の誇示】により対象者は「楽しく生活を送れていること」を感じていると言える。また【自己中心的な考え】の《犯罪を起こしても見つからないという甘い考え》は、自分の行為を正当化する「中和」の技術、また《自分の欲望を最優先させたい気持ち》は、非合理性にて特徴づけられる緊張理論で説明できるものと考えられる（Hirschi 1969）。

　しかしながら【衝動的行動】のサブカテゴリーである《ストレスの感覚の欠如》については、〈本人の中でストレスが溜まっていることがわからなかった〉ことから、対象者本人にも犯罪を起こした理由が説明できない事例もあり、その場合は犯罪を起こすきっかけを把握することが難しいと思われる。

　例えば犯罪理論ではないが、杉山（2000）が述べた自閉症の就労の類型に関する理論において、就労場面にて周囲が気づかぬまま無理を重ねた後、限界に達した時に本人にも自覚されないままパニックが生じる現象と似ている。

　さらに「犯罪志向性」が上昇して、かつ「楽しく生活を送れていること」が下降する組み合わせのカテゴリーにおける【金銭的不自由への不安】は、研究の背景で述べたように、従来の知見として、貧困や失業による要因が犯罪に向かわせていることが確認できた。また【愛

着の不足】は、ハーシのボンド理論にて説明されるように、本人と所属する集団との愛情という絆が弱まり、自己の私利に則った行動基準を取ることがわかる（Hirschi 1969）。そして【自己コントロール不足】は先の【衝動的行動】に対して、対象者本人がストレスを感じているケースであり、犯罪のきっかけを事前に把握できる可能性があると考えられた。

⑵犯罪志向性が上昇する際のソーシャルワークに関する考察

　前項において「犯罪志向性」を上昇させるカテゴリーにもとづく分析結果は、ほぼ従来の犯罪社会学の理論に合致するものであった。ここで《ストレスの感覚の欠如》の状態における【衝動的行動】については、知的障がい者特有の要因の一つと考えられる。図2-2 に示したG氏は、職場の同僚に恐喝を繰り返していたが（犯罪志向性：↗）、同時に有能な社員として評価を受けていたため（楽しく生活を送れていること：↗）、周囲の者が犯罪を起こすとは考えもつかなかった。このように「楽しく生活を送れていること」が上昇する中で犯罪が起こっており、普段の生活の様子を見ただけでは犯罪のきっかけを把握する予防的支援は難しいと考えられる。

　その中で内田ら（2011）は、ソーシャルワーカーを中心とする専門家による対象者への問題意識と権利性を明確にし、問題解決力や支援活用力を高め、サービス提供者を含む関係者に対する啓発や支援を提供する「アシスティブ（支援型）アドボカシー」が重要と指摘している。なぜなら対象者は逮捕に至る事件を起こす前にもすでにトラブルを発生させており、それが表面化していないだけで、対象者の成育歴や最近の生活の有り様を継続的に把握しないと支援の方法もわからないからである。

　本研究で用いたライフ・ライン・メソッドは、対象者の「犯罪志向性」に関する要因を継続的に分析し、対象者のニーズの顕在化および問題解決のための支援計画を立案するためのツールとして活用できると考えられる。

⑶犯罪志向性が下降する際のソーシャルワークに関する考察

　ここでは犯罪志向性が下降することを犯罪から離脱するという視点から考えてみる。Maruna（2001）は犯罪から離脱している者の特徴の一つとして、本人の「真の自己」を形作る中核的な信念の形成を挙げ、またVeysey & Christian（2009）は、犯罪からの離脱を病気からの回復と見なし、充実感と意義のある生活を創出し、犯罪を起こさない生活への「移行」という社会的なアイデンティティの変化を「変容の瞬間」と捉えている。表2-4の【将来の目標の自覚】にもとづき、《自分自身への期待》を抱かせる仕事に就くことで「変容の瞬間」を経験し、結果的に犯罪から離脱している者もいる（瀧川 2016b）。

　またMaruna（2001）は、犯罪者が犯罪志向から離脱する時には、自己に対する陶酔から他者に対する配慮への転換が生じると述べているが、E氏が自分の経験を世の中に公表する活動をしてみたいと語った気持ちはこれに当たるであろう。

　しかしながら知的障がい者にこのような急激な変化は期待できないかもしれない。G氏が属している福祉事業所の支援員は、G氏のような知的障がい者は、普段から定期的に自分の生活を振り返ることが必要であることを強調している。それは犯罪を詰問する振り返りではなく、今後は犯罪をしなくてもよいことを言い聞かせて安心させる振り返りである。この時には、本人に関わっている相談支援事業所、入所施設、障害者就業・生活支援センター、そして職場がチームを組むことで多角的な視点をもち、本人の考えや様子をうかがいながら支えることが重要であろう。ここでも「アシスティブアドボカシー」の考えのもと、継続的なアセスメントに基づく支援計画が立案され、本人が抱えるストレスの有無が徐々に理解できると思われる。その結果、「犯罪志向性」を察知することで犯罪防止につながる支援の実現に近づいていけると考えられる。

【注】

1) 瀧川（2016a）は、ライフ・ライン・メソッドを用いて、「軽度」より重い知的障がい者、特に詳細な聞き取りが困難な者の「就労のある人生の質（QOL）」を評価する方法として応用した。その際、QOLに代わる指標として、「いきいき」という概念を提案し、個人がかけがえのない営みとして「いきいき」と働く生活を営む度合いを"「いきいき」就労生活"と表現し指標とすることとした。「いきいき」は、「明るい、のびのび、晴れ晴れ、明朗、陽気」などの種々の意味を包含する主観的な概念である。本章におけるライフ・ラインの縦軸である「楽しく生活していること」は、当事者が「いきいき」と生活していることを示し、QOLに代わる指標であると考えている。

【文献】

Andrews,F.M.& Robinson,J.P.（1991）Measure of Subjective Well-Being,Measures of Personality and Social Psychological Attitudes:Volume 1:Measures of Social Psychological Attitudes, Academic Press

陳 麗婷（2004）「知的障害者の一般就労継続に対する職場同僚の支援活動について」『社会福祉学』45⑵,56-66

陳 麗婷（2007）「知的障害者の一般就労に影響を及ぼす要因の解明」『社会福祉学』48⑴,68-80

中日新聞（2017a）『いのちの響き ある知的障害者の更生○上』2017年4月20日朝刊

中日新聞（2017b）『いのちの響き ある知的障害者の更生○下』2017年4月21日朝刊

Hirschi, T.(1969)Causes of Delinquency, University of California,(=1995,森田洋司・清水信二監訳『非行の原因──家庭・学校・社会のつながりを求めて』文化書房博文社)

法務省（2006）「刑事施設,少年院における知的障害者の実態調査について」『平成18年法務省特別調査』

金子絵里乃（2007）「小児がんで子どもを亡くした母親の悲嘆過程──「語り」からみるセルフヘルプ・グループ/サポート・グループへの参加の意味」『社会福祉学』47⑷,43-59

小長井賀與（2017）「地域生活定着促進事業の成果と課題」生島 浩編著『触法障害者の地域生活支援──その実践と課題』金剛出版,84-97

久木田 純（1998）「エンパワーメントとは何か（『エンパワーメント──人間尊重社会の新しいパラダイム』）『現代のエスプリ』376,10-34

熊倉伸宏・矢野英雄（2005）『障害ある人の語り──インタビューによる「生きる」ことの研究』誠信書房,2-7

柊崎京子・畠山千春（2011）「身体障害のある施設利用者の生活ニーズ──主観的ニーズからみた分析と実践への示唆」『社会福祉学』52⑵,121-135

Maruna, S.（2001）Making Good: How Ex-convicts Reform and Rebuild Their Lives, American Psychological Association（=2013、津富 宏・河野荘子監訳『犯罪からの離脱と「人生のやり直し」──元犯罪者のナラティブから学ぶ』明石書店）

永野典詞（2009）「身体障害者療護施設利用者と施設職員の主観的ニーズ認識に関する研

究──主観的ニーズに関するアンケート結果の分析から」『社会福祉学』49⑷,92-103

中原睦美（2003）『病体と居場所──感脳卒中・がんを抱える人を中心に』創元社

小川浩（2000）「ジョブコーチとナチュラルサポート」『職業リハビリテーション』13,25-31

岡本英生（2002）「非行少年が成人犯罪者となるリスク要因に関する研究（Ⅲ 研究ノート）」『犯罪社会学研究』27,102-112

桜井厚（2002）『インタビューの社会学──ライフストーリーの聞き方』せりか書房

佐々木政人（2017）「家族ソーシャルワークを再考する──エンパワメント理論を基礎に」『愛知淑徳大学論集　福祉貢献学部篇』7,79-96

佐藤郁哉（2008）『質的データ分析法──原理・方法・実践』新曜社

杉山登志郎（2000）『発達障害の豊かな世界』日本評論社

瀧川賢司（2014）「福祉的就労に従事する知的障害者の「いきいき」就労につながる要因に関する実践的研究──ライフ・ライン・メソッドによる家族と支援員の調査から」日本福祉大学大学院修士論文

瀧川賢司（2016a）「知的障がい者の「いきいき」とした就労生活に関わる要因分析─ライフ・ライン・メソッドの福祉研究への応用」『福祉社会開発研究』11,25-35

瀧川賢司（2016b）「犯罪を起こした主として知的障がいを持った人の就労を通じた変容過程──変容の引き金となる要因とそれを維持する要因」『中部社会福祉学研究』7,15-25

津島昌寛（2010）「貧困と犯罪に関する考察──両者の間に因果関係はあるのか?」『犯罪社会学研究』35,8-20

内田扶喜子・谷村慎介・原田和明ほか（2011）『罪を犯した知的障がいのある人の弁護と支援──司法と福祉の協働実践』現代人文社

上野千鶴子・中西正司（2008）『ニーズ中心の福祉社会へ──当事者主権の次世代福祉戦略』医学書院

Veysey, B. M.&Christian, J.（2009）Moments of Transformation: Narrative of Recovery and Identity Change『犯罪社会学研究』34, 7-31

矢島正見・丸秀康・山本功（2009）『よくわかる犯罪社会学入門』学陽書房

第3章

就労を通して犯罪志向から離脱した
当事者の変容過程と
彼らの就労継続を支える職場の要因

第2章では、当事者へライフ・ライン・メソッドを用いたインタビュー調査を行い、就労している当事者の人生についての「語り」（ライフ・ストーリー）を引き出すことで、「いきいき」就労生活と犯罪からの離脱傾向に関連する促進要因および阻害要因を明らかにし、それらの支援方策への示唆を得た。しかし、当事者は犯罪から離脱しただけで終わってはいけない。その後も生活していかねばならないのである。

　そこで第3章では、第2章と同様にライフ・ライン・メソッドを用いたインタビュー調査により、当事者が犯罪を起こしてから就労生活に至るまでの変容過程を通じて、就労の継続に関連する促進要因および阻害要因と支援方策への示唆を得ることを目的とする。そのために、当事者が犯罪からの離脱を経る過程として、就労準備期—就労開始に伴う変容期—就労維持期の3段階に分けて解析し、犯罪からの離脱という大きな変容のターニングポイントとなることを示す。

第1節

本章の研究課題

　犯罪を起こした人が、どのようにして犯罪志向から離脱し維持されるのかについて、「犯罪を起こした」者の視点から行われた研究は少なくない（Maruna 2001, 田辺・藤岡 2014）。

　Maruna（2001）は犯罪から離脱している者と現在も続けている者とのナラティブ（自分を語る物語）を比較し、犯罪から離脱している者は本人の「真の自己」を形作る中核的な信念を形成していること、自己の運命に対する自己の支配という楽観的な認識をもっていること、社会・次の世代へのお返しをしたいという気持ちがあるという特徴があると述べている。

　またVeysey & Christian（2009）は犯罪からの離脱を病気からの回復と見なし、充実感と意義のある生活を創出して、犯罪をしない生活への「移行」という社会的なアイデンティティの変化を「変容の瞬間」と捉え、①変容の瞬間が一度きりの出来事なのか、長期間続く複数の出来事からなるのか、②変容は本人の内面から生じるのか、外部の影響から生じるのか、③本人は心から問題に対する認識を変えたのかどうか、についてナラティブを通して明らかにしようとした。

　そこで本章では、犯罪を起こした知的障がい者である当事者が犯罪に至ることなく、さらに犯罪に至っても離脱して就労を継続するという、就労生活を通した「変容の瞬間」に関連する促進要因および阻害要因を明らかにするため、以下に示すリサーチクエスチョン（RQ）を設定した。すなわち上記の（Veysey & Christian 2009）の結果と違いがあるのかについて、以下の3つの問いに答えることであると考えた。

RQ1：「変容の瞬間」が一度きりの出来事なのか、長期間続く複数の出来事からなるのか。

RQ2：変容は本人の内面から生じるのか、外部の影響から生じるのか。

RQ3：本人は心から問題に対する認識を変えたのか。

　これらの3つのRQに示した問いの結果から、当事者の「変容の瞬間」の要因を初めて明らかにでき、さらに受け入れ側が実施する支援において、当事者への接し方等についての重要な情報となり得るものと考えられる。

第2節

本章の調査に関する方法

▎ 1.調査対象者

　調査対象者については、第2章でインタビュー調査を行った当事者と同一の8名（第2章の表2-1参照）とした。

▎ 2.調査・解析方法

⑴本章におけるライフ・ライン・メソッドを用いたインタビュー調査のデータ

　本章では、第2章で対象者へのライフ・ライン・メソッドを用いたインタビュー調査で作成したラインのデータを用いた。第2章で述べたが、ライフ・ライン・メソッドは横軸が年齢、縦軸は左側の軸として、

調査対象者が感じている「楽しく生活を送れていること」および対象者の家庭の経済状況を示す「暮らし向き」、右側の軸として対象者の犯罪を起こす傾向もしくは実際に犯罪を起こした実績を示す「犯罪志向性」を表している。

⑵ラインをもとにしたインタビュー調査

　本章では、犯罪を起こした後の時期から就労して犯罪から離脱した現在までの期間（更生期）のストーリーラインを「就労準備期」「就労開始に伴う変容期」「就労維持期」の3段階に分け、ラインの立ち上が

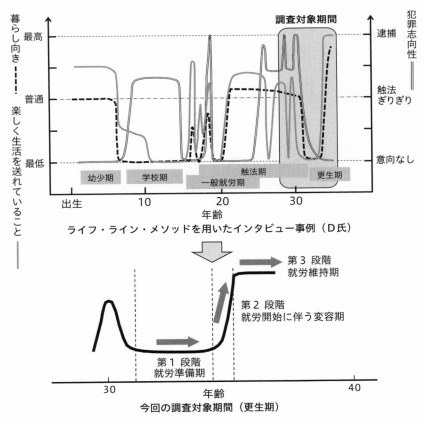

ライフ・ライン・メソッドを用いたインタビュー事例（D氏）

図3-1.本章のインタビュー調査における対象期間

り時、ピーク時、落ち込み時などの年齢を描いてもらった後に詳細に聞き取りを行った。インタビュー調査の具体的な方法は、第2章の調査・解析方法を参照いただきたい。

　各段階における聞き取りのポイントとして、第1段階（就労準備期）では調査対象者が犯罪を起こして刑務所等から出所した後、就労に向けて活動した際に福祉事業所等から受けた対応や企業の採用状況および対象者の希望する点などを聞き出した。第2段階（就労開始に伴う変容期）では調査対象者が就労している一般企業や福祉事業所に受け入れてもらった時の出来事や調査対象者が就労を通して犯罪から離脱するターニングポイント（Veyseyらの言う「変容の瞬間」）を聞き出した。そして第3段階（就労維持期）では、離脱状態を継続させている現状の様子を聞き取った。

　ここで図3-1に一例としてD氏のライフ・ラインを示した。D氏は学生の時に周囲の同年代から激しいいじめを受け、水産会社に就職するも職場に自分の居場所が見つけられず退職し、生活が困窮した結果、盗み癖が止められず窃盗の常習犯となり刑務所に服役した。そして出所後は、現在の事業所のグループホームに入ることができ、現在は犯罪を起こしたことを反省し、食品製造業に従事している。D氏は刑期を終えた後、就労維持期の「楽しく生活を送れていること」レベルは従来よりも高く、最高レベルであることがわかった。

(3)データ解析方法

　面接にて得られた逐語データについて、第2章と同じく佐藤（2008）の方法を参考に、ラインの曲線部等におけるライン形状が変化した理由とその要因をコーディングし、カテゴリーを作成することで整理・分析した。分析結果は質的研究に精通した教員からスーパーバイズを受けた。加えて対象者と対象者を支援している事業所の管理者に分析結果を確認してもらった。

第3節

当事者が就労生活を通して変容する過程

インタビュー調査を実施した調査対象者8名の結果をもとに、犯罪を起こした後に就労し、さらに就労を継続するまでの変容過程の流れについては、結論を先に示す方がよいであろう。図3-2をご覧いただきたい。これは犯罪を起こした後の時期から就労して現在の犯罪から離脱するまでの変容過程を保正（2011）の医療ソーシャルワーカーの実践能力変容過程を参考としてまとめた。以下、図3-2を参照しつつ、第1段階から第3段階までの内容を表3-1から表3-3を用いて説明する。ここで文中の【　】はカテゴリー、《　》はサブカテゴリー、〈　〉はコード、そしてインタビューデータからの引用を『　』で示す。

1.第1段階　就労準備期 （表3-1参照）

第1段階では、4つのカテゴリー、3つのサブカテゴリー、13のコードを抽出し、領域名を「世間の厳しさの実感」とした。この就労準備期では「楽しく生活を送れていること」のレベルはほとんど最低レベルであることがわかった。

刑務所から出てきた者は家族などの引き取り先があればよいが、身寄りのない者や家族が引き取りを拒否する場合が少なからずある。引き取り手がない場合でも当面の住居の場が必要になる。しかし入所施設をもつ事業所にて【犯罪歴のある人への支援の差異】がみられ、総じて《支援する側の先入観》と思われる対応が多くみられた。このような対応は調査対象者が再び就労するための活動をする時にもみられた。

例えばC氏は『仕事探しにハローワークに通ってたけれども、窓口の人から、あなたここがダメとか、けちょんけちょんなこと言われて…』と言い、積極的な就労の斡旋を受けることがなかった。また医師から

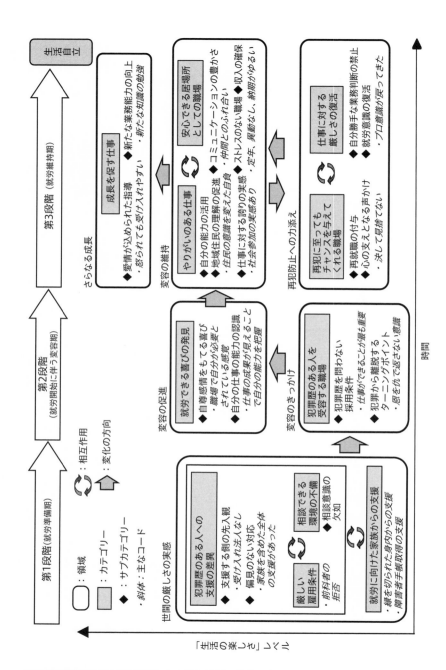

図3-2.調査対象者が犯罪を起こした後に就労の継続へ向かうまでの変容過程

の意見書についても『知的好奇心が強すぎて犯罪を起こす可能性があるって書いてあったんです。ものを知りたいがために、人のプライバシーを暴いたり、暴力的なことをする危険があることが書いてあったんです』と言って自分の思いと異なる内容が書かれていた。

　それに加えて【犯罪歴のある人への厳しい雇用条件】にもさらされていた。例えばA氏は暴力団から抜けた後、職業訓練を受けて清掃技術を身につけていたが、企業の面接の様子について『指に刺青入っているから一応、指輪はめてテープ巻いていたんやけど、面接官から、ここ何か怪我でもしてはるんですか？　と言うから、怪我してますと言うたら、バチッと顔見て、ああこの人は元暴力団やなと思いはったんとちゃいます。2週間したら却下が来まして、面接アウトでした』と述べ、仕事ができる能力がありながら採用に至らなかった理由として、元暴力団組員であったからではないかと感じていた。

　しかし調査対象者に救いであったことは、【就労に向けた家族からの

表3-1. 第1段階（就労準備期）における調査対象者の変容に関する記述的解析

領域	カテゴリー	サブカテゴリー	コード
世間の厳しさの実感	・犯罪歴のある人への支援の差異	・支援する側の先入観	・犯罪を起こすような人を受け入れる法人はなかった。 ・相談支援事業所は地域での受け入れに後ろ向きであった。 ・ハローワークが障がい者の仕事の能力を過小評価し、就労の斡旋を躊躇していた。
		・犯罪歴をもつ者への偏見のない対応	・世間では障がい者に親切な言葉を言うが実際の支援では冷たく扱われることが多かった。 ・犯罪を起こす人に対しても偏見なく支援してくれた。 ・障害者本人以外に家族を含めた全体の支援をしてくれた。
	・犯罪歴のある人への厳しい雇用条件		・仕事をする能力があっても、元暴力団で刺青があることで採用されなかった。 ・履歴書に前科を書かなくても事前に調べられていた。
	・就労に向けた家族からの支援		・暴力団を抜け出た直後から、今まで縁を切られていた兄が家で保護してくれた。 ・犯罪を起こした後、家族が障害者手帳の取得のための手続き等の支援を積極的に行った。 ・父親からの就労に対する積極的な意識付けがあった。
	・相談できる環境の不備	・相談意識の欠如	・犯罪を起こす前の不安定な精神状態であっても、誰かに相談するという考えがなかった。 ・無断欠勤し続けても会社から相談等の働きかけがなかった。

支援】を少なからず受けていたことであった。A氏は〈暴力団を抜け出た直後から、今まで縁を切られていた兄が家で保護してくれた〉ことを感謝しており、もし兄からの支援がなかったら、暴力団に戻るかホームレスになるかして、今の生活が得られなかったと述べている。

　また【相談できる環境の不備】には《相談意識の欠如》がうかがえた。G氏は〈犯罪を起こす前の不安定な精神状態であっても、誰かに相談するという考えがなかった〉ことについて、『すぐにここの職員に言葉で話せば犯罪を起こすことにならなかったんだけど、とっさにやってしまって…』と悔やんでいた。G氏は『昨年、別のグループホームに移った時、信頼できる人がいなかったし、誰に相談すればよいのかわからなかった』と述べていた。

　このように就労準備期では【犯罪歴のある人への支援の差異】【犯罪歴のある人への厳しい雇用条件】【相談できる環境の不備】の3つの困難があるが、それらを支える力として【就労に向けた家族からの支援】があることで救われていることがわかった。

2. 第2段階　就労開始に伴う変容期 (表3-2参照)

　第2段階では、2つのカテゴリー、4つのサブカテゴリー、8のコードを抽出し、領域名を「変容のきっかけ」と「変容の促進」の2つとした。この就労開始に伴う変容期では、調査対象者は家族や一部の理解ある事業所等の支援を受けて就労へ向けた準備を行い、「楽しく生活を送れていること」のレベルは急激に上昇したことがわかった。

　このような状況の中、【犯罪歴のある人を受容する職場】があることで《犯罪歴を問わない採用条件》や《犯罪から離脱するターニングポイント》を与え、彼らは犯罪から離脱するきっかけとなる「変容の瞬間」（Veysey & Christian 2009）がみられた。

　窃盗を繰り返していたD氏は、刑務所から出た後、住まいを受け入れてくれる所がなく困り果てていたが、今のグループホームを管理する事

表3-2. 第２段階（就労開始に伴う変容期）における調査対象者の変容に関する記述的解析

領域	カテゴリー	サブカテゴリー	コード
変容のきっかけ	・犯罪歴のある人を受容する職場	・犯罪歴を問わない採用条件 ・犯罪から離脱するターニングポイント	・犯罪を起こしたことで就労機会を排除されなかった。 ・仕事ができることが最も重要な採用条件であった。 ・認知的に高くなくても体力があれば採用してもらえた。 ・本人に「恩を仇で返すようなことは絶対にできない」と言わしめるほど犯罪を起こした者に寛容であった。
変容の促進	・就労できる喜びの発見	・自尊感情をもてる喜び ・自分の仕事の能力の認識	・世間で必要とされる仕事に就くことができた。 ・自分の実績でも誉められることを初めて実感できた。 ・決められた作業を行うことが自分の能力を発揮できることがわかった。 ・仕事の成果が見えることで自分の能力を実感できた。

業所を紹介され面接に行った時、管理者から犯罪を起こした者への対応とは思えないほどの優しさを感じながら、『"今日から泊まっていき、泊まるとこないやろ"って言うもんで…僕も驚いて、知らん人なのにえらい親切な人やなって思って、これでラストチャンスや！ 立ち直れるように、もう悪さしないように甘い気持ちもなくさなあかん』と述べていた。

　またA氏は清掃の仕事に就く際、責任者から言われた以下の言葉が忘れられないでいる。『初めての時、管理者にこう言われました。"お前はな、その道を踏んできたけど、今は真面目に気張ってんやから。わしはお前を一生、遠いとこから見とるぞ"』そして採用の時には、『"掃除ができるかどうかが一番や"。以前に何をやっていたかは取りあえず置いといて、掃除、いわば仕事ですわ。"仕事ができるかどうかでまずは判断します"と言われて…今は充実しています』と述べていた。

　このように犯罪を起こした障がい者であっても、仕事の能力が高ければ採用される現実に出会えたことは、8名の調査対象者すべてにとって《犯罪から離脱するターニングポイント》となったことがわかった。また変容期には、《自尊感情をもてる喜び》や《自分の仕事の能力の認識》が得られる【就労できる喜びの発見】もあった。《自尊感情をもてる喜び》には、〈自分の実績でも誉められることを初めて実感できた〉ことが示すように、今までの人生において、仕事で怒られ続けてきた調査対象者に初めて自分の仕事が認められた喜びが見て取れた。

D氏は水産会社に就職した時、自分の経験を評価してくれたことについて、『以前、漁船に乗っていたので、会社の人が"この子使えるな"って言って雇ってくれた』と喜んでいた。また《自分の仕事の能力の認識》では、〈仕事の成果が見えることで自分の能力を実感できた〉のように新しい自分を発見できる喜び、大きな経験が「楽しく生活を送れていること」レベルを押し上げる効果があった。

3. 第3段階　就労維持期 (表3-3参照)

　第3段階では、5つのカテゴリー、12のサブカテゴリー、21のコードを抽出し、領域名を「変容の維持」「再犯防止への力添え」「さらなる成長」の3つとした。この就労維持期では「楽しく生活を送れていること」のレベルを維持する作用と再犯防止、およびさらなるレベルの上昇をもたらす作用が拮抗していることがわかった。

　ここでは、レベルを維持する作用として犯罪から離脱するためのターニングポイントにて生じた喜びを継続させる【やりがいのある仕事】と【安心できる居場所としての職場】について語られた。

　まず【やりがいのある仕事】を保つためには《自分の能力の活用》《地域住民の理解の促進》《仕事に対する誇りの実感》の3つが挙げられた。例えば《地域住民の理解の促進》では、公衆トイレの清掃をしているC氏は『タクシードライバーなら、僕らが掃除したトイレがきれいかということは知ってますね。僕らがやるようになってから郵便配達の人や、地域のおじいちゃん、おばあちゃんからはありがとうとか、他のトイレは汚いけど、ここは綺麗やと言われると嬉しいですね』と言い、〈地域住民から仕事を高く評価され、やりがいにつながった〉ことを述べていた。

　それに加え、【安心できる居場所としての職場】の内容として《コミュニケーションの豊かさ》《ストレスのない職場》《収入の確保》が挙げられた。特に《コミュニケーションの豊かさ》では、8名の対象者が就労準備期にみられた【相談できる環境の不備】を補うかのように仲

間とのふれ合いのある環境を喜んでいた。

　このように就労開始に伴う変容を維持する職場の特徴が明らかになったが、時には軽微であるが再び犯罪（多くは万引き）を起こしてしまうことや、仕事の慣れからくる自分勝手な行動（欠勤や怠惰な勤務態度等）を取る者も出ていた。その時に《再就職の付与》や《心の支えとなる声かけ》を行ってくれる【再犯に至ってもチャンスを与えてくれる職場】の存在があった。

　D氏は《再就職の付与》について、再犯後に少年院を出所し、勤め

表3-3. 第3段階（就労維持期）における調査対象者の変容に関する記述的解析

領域	カテゴリー	サブカテゴリー	コード
変容の維持	・やりがいのある仕事	・自分の能力の活用 ・地域住民の理解の促進 ・仕事に対する誇りの実感	・能力の範囲内で自由度をもって働くことができた。 ・能力、資質に配慮した仕事を与えてくれて対応できた。 ・犯罪を起こした障がい者である自分たちが仕事をすることで地域住民の意識を変えたという自負があった。 ・地域住民から仕事を高く評価され、やりがいにつながった。 ・社会参加を実感できる仕事に就くことができた。
	・安心できる居場所としての職場	・コミュニケーションの豊かさ ・ストレスのない職場 ・収入の確保	・業務が終わっても仲間とふれ合える機会が多かった。 ・いろいろな障がい者と巡り合える喜びがあった。 ・いろいろなお客様と話ができて辛さを感じなかった。 ・異動がなく同じ場所で働くことができた。 ・納期が厳しくなく残業も少なかった。 ・定年がなく、希望すればいつまでも働き続けられた。
再犯防止への力添え	・再犯に至ってもチャンスを与えてくれる職場	・再就職の付与 ・心の支えとなる声かけ	・再犯を起こし刑務所から出てきた後も、再度、就労の機会を与えてくれた企業。 ・犯罪を起こしてもゼロにならないと励ましてくれた。 ・自分のことを「信じている」との言葉をかけてくれた。
	・仕事に対する厳しさの復活	・自分勝手な業務判断の禁止 ・一般就労していた頃の就労意識の復活	・自分の業務分担が終わっても指示があるまで休まずに緊張感を保っていた。 ・職場に着いた瞬間、業務時間になった瞬間から、意識が仕事モードに変わる。 ・かつて一般就労していた時に身についた「仕事は頑張らなくてはいけない」という意識を覚えていた。 ・家族の団らんよりも仕事を重視する責任感があった。
さらなる成長	・成長を促す仕事	・愛情が込められた指導 ・新たな業務能力の向上	・怒られる時にも愛情が込められ受け入れやすかった。 ・自分がいたから後輩が育っていると激励してくれた。 ・新規商品の勉強をすることで知識が増え、お客様への対応もうまくできるようになった。

ていた企業に再雇用してもらえた時のことについて、『専務から"もうあんなことするんじゃねえ！"って怒られて、"鬼みたいに鍛えてやるから！"って言われて、…でも雇ってもらえた』と厳しさの中にある寛容な対応に感謝していた。

またA氏は管理者から『お前は字が書けへん。でも、仕事でみんなを指導してくれんのやから、みんな一生懸命に頑張ってんのやろ。それは、お前が一生懸命にこういうふうにしなさいと言って、みんなを見てやってくれるから、みんな頑張っとるんや』と言われた。また、かつて一般就労したことがあるA氏は、職場にて指導的な役目を任され、【仕事に対する厳しさの復活】を以下のように強調した。『わしは管理者が仕事終わって解散しましょうと言うまでは事務所にいます。終わりましょうと言われるまではね。仕事は仕事やから。遊びに来てるのとちゃうねんから』そして変容を維持するだけでなく、《愛情が込められた指導》や《新たな業務能力の向上》のもとに【障がい者の成長を促す仕事】を経験する者も2名いた。これは単に犯罪からの離脱のみならず、職業人としての自覚の芽が生まれていることを示していると考えられる。

第4節

要因分析と支援方策への示唆

1. 当事者の就労の継続に関わる促進要因および阻害要因と支援方策への示唆

ここでは本章の目的である就労生活の過程において、調査対象者が犯罪を起こした後の就労の継続に関連する促進要因および阻害要因を

抽出し、支援方策への示唆を提示する。

(1)促進要因

①自分の能力を活用できる仕事を与えられること

　序章に記載したように、本章の調査対象者も一定レベルの働く能力をもちながら、就労の受け入れが進まない状況に陥っていると思われる。その中で調査対象者たちが、かつて働いていた時の能力を活かすことは、「社会的な差別や搾取により組織の中で自らコントロールしていく力を奪われた人々が、そのコントロールを取り戻すプロセス」（巴山・星 2003）、すなわち「エンパワメント」を意味していると考えられる。

　本来、エンパワメントは当事者自身が自らの力を信じ、より良い方向に向かって自発的に取り組み、「将来どうなりたいのか」という認知能力によって行動が左右される（渕田・安梅 2004）。しかしながら本章における調査対象者は、自分の能力を自発的にコントロールできる者は少ないのが実態であろう。

　そこで支援方策への示唆として、受け入れ側である一般企業や福祉事業所は、当事者が犯罪を起こしたという先入観にとらわれずに、就労支援という視点をもとに、まずは働く能力を重視することが求められると考えた。例えばA氏の管理者は『人の受け入れの判断は本人の履歴よりも「就労の可能性」と「やる気」が重要』『毎日一生懸命に働いている人には、前科があっても問題なし』『罪を犯した人の側に立ちたい、入口のところで彼らを排除しない』と述べ、働く能力を重視した就労の受け入れを行っていた。しかしA氏の管理者のように、当事者に対する特別の先入観をもたない管理者はほとんどいないのが現状である。

　この現状を打破するためには、A氏の管理者のような人が、当事者の支援に従事するようになった経験にもとづき、当事者を支援する目的として、福祉事業所の管理者に向けたプログラム等を開発する必要があるだろう。例えば筆者の勤務する就労移行支援事業所では、利用

者が就労プログラムに取り組んだ結果を数値化してグラフで示し、加えて、プログラムへの取り組み意欲などの質的評価についても基準に照らし合わせて数値化することで、第三者にも利用者の作業能力や作業の適性を「見える化」して説明できるように工夫している。このように、特に一般企業の求人内容に応じて利用者の適性をアピールするためのツールが必要であると考えられる。

②犯罪歴のある人を受容する職場であること

　前節においてA氏は事業所の管理者から『お前はな、その道を踏んできたけど、今は真面目に気張ってんやから。わしはお前を一生、遠いとこから見とるぞ』と声をかけられ、就労の受け入れの際には『仕事ができるかどうかでまずは判断する』と言われた。そして、A氏は犯罪を起こした過去があるにもかかわらず、自分を受け入れてくれたことに感謝し、今後の就労を通した自立への意欲が高まった。

　またB氏を受け入れた事業所の管理者は、『犯罪をするために生まれてきた人はいないという性善説を取る』『問題は本人ではなく障がい者を労働市場から排除している社会である』『社会の責任で彼らが犯罪に至ったならば、社会が彼らに債務がある、自分の役割を見つけられる環境をつくり続けることが、彼らに対する借金を返すことになる』という考え方をもっていた。つまりB氏の管理者は、まさに当事者個人の福祉を「就労を可能とするための自由」で評価しようとする「潜在能力アプローチ」（セン 1999）の考えを有していた。

　ここでも支援方策への示唆について、①と同様にB氏の管理者のような人が当事者の支援に従事するようになった経験にもとづき、当事者を支援する目的として、福祉事業所の管理者に向けたプログラム等を開発する必要であると考えられる。また序章に記したように、最近では新聞やインターネットにて、生活自立に向けて一般就労への意思を強くもち、主体性のある当事者の「語り」が取り上げられることがある。本書のインタビュー調査のように、彼らの言葉を実際に一般企業や福祉事業所の職員に聞いてもらい、その赤裸々な思いを理解して

もらう活動も必要であるのではないだろうか。

③安心できる居場所としての職場であること

「居場所」という概念は、さまざまな意味を獲得し、幅広く使用されるようになってきた。現在では家庭、学校、職場、民間の支援施設、仲間関係まで「居場所」という言葉で表現されている（御旅屋 2012）。先行研究によれば、萩原（2001）は「居場所」の定義の中で一定の共通点は、「居場所は自分と他者との相互承認という関わりにおいて生まれ、同時にそこは世界（他者・事柄・物）の中でのポジションの獲得であるとともに、人生の方向性を生む」と述べている。

本章の調査において、職場が居場所となるためには、コミュニケーションが豊かなことやストレスがないことが求められ（表3-3）、職場において安心して自分のポジションが得られることを示している。

F氏は『（仕事は）つらくはなかったですね、やってて。いろんなお客様と話ができるし、いろんな野菜の名前や旬の時期も勉強できるし。お客さんが買ってくれるとこっちも気持ちいいですよ』と言い、顧客とのコミュニケーションが「居場所としての職場」を感じさせていたことが必要であると述べ、コミュニケーションとストレスのないことの両立の重要性を指摘していた。これは第2章の第4節にて、中原（2003）が定義した"居場所感"を有していたためであろう。当事者が感じるストレスは個人ごとに千差万別であるため、第2章で述べたように、当事者と普段のコミュニケーションから察知することが必要と考えられる。

したがって支援方策への示唆として、受け入れ側の一般企業や福祉事業所の職員が、当事者の受け入れに関して成果を上げている団体にて、ストレスを感じない居場所の設置のノウハウを実際に体験する等の実習を積極的に進める必要があると思われる。

その中で第4章以降でも述べるが、特に受け入れ側の懸念事項として挙げられた、当事者の再犯防止に対する対策が重要である。①と②で述べた支援方策とともに昔の犯罪仲間との関係を断ち、当事者の家族のように寄り添える関係が構築できる支援者を見つけることにより、

犯罪を起こすよりも就労生活に居心地の良さを感じてもらえる努力が求められるであろう。

④当事者に対して常に愛情や関心をもってくれる人がいること

A氏は刑務所から出所した後、元所属していた反社会的組織からの報復を逃れるため、自宅から遠方にある施設に移住し、ほとぼりが冷めるまで逃れていた。その結果、今の就労している事業所につながった。これはA氏の家族が、あらかじめA氏を反社会的組織から守るために施設への移住を準備していたおかげである。またA氏の家族（兄、姉）は、定期的にA氏を家に呼んで本人の生活状況について気にかけていた。これは第2章で記した「家族内エンパワメント」であり、家族メンバー同士が互いにもっている有用なリソースを用いて当事者を就労につなげ、その後も再び反社会的組織に入らないように見守っていた。

また辰野・久保（2001）は、「家族からの許容」が当事者の再犯を抑制すると仮定したモデルを設定し、家族から許容されることで刑務所への再入所率が下がることを示した。家族が当事者の起こした行為を受け入れることにより、犯罪志向から離脱する可能性を示唆するものと考えられる。ただし当事者には家族と縁が切れている者も少なからずいるため、その場合には家族に代わる人間関係を構築する必要があると考えられる。

以上、支援方策への示唆として、支援機関等が主体となり、積極的かつ定期的に当事者の家族を訪問し、家族が当事者を受け入れ、就労や再犯防止のための支援に協力を依頼することが必要だと思われる。またMaruna（2001）によれば、犯罪を起こした者の3割以上が、幼児期に家族から虐待やネグレクトを受けている。そこで犯罪を起こした時点からの支援からも考えると、地域生活定着支援センター等が、いわゆる「入口支援」により、当事者の家族とともに支援計画を作成する等の活動を通じて、当事者を受け入れる気持ちを醸成することも必要であると考えられる。

⑤地域住民の理解を得る活動を行い認められていること

　C氏は公共施設の清掃の仕事をしている中で『やっぱり駐輪場や駅長さんからおたくの事業所はなかなかきれいにしてくれる。おたくのとこが未だ清掃に入ってなかった時は、ここのトイレはむちゃくちゃで臭かった…』『利用者からありがとうとか、他のトイレは汚いけど、ここは綺麗やとか言われます』のような称賛の声を市民などから受け、仕事のやりがいを感じていた。この結果、C氏は清掃という仕事から自尊心を高められた様子がうかがえた。

　支援方策への示唆として、受け入れ側の一般企業や福祉事業所、行政等、もしくは両者が共同で地域住民に向けて、当事者の就労実績を積極的にアピールすることが必要であろう。ただし地域住民の中には、犯罪を起こした者への不安感が大きい場合が多いと思われる。そのためにはC氏が従事した公共施設の清掃等のように、住民に向けてまずは就労実績を「見える化」し、時間はかかると思われるが、徐々に住民に当事者の活動を周知しつつ、不安を取り除いていくことに留意することが必要であろう。または地域の祭りに参加して住民の中に溶け込む活動を地道に進めることも有効かもしれない。

⑥自分の成長を促す仕事が与えられること

　支援者が障がい者と対等で平等な関係で自立への支援を行うことや、障がい者の生き方に強さを認めて肯定感をもつことが、障がい者へのエンパワメントを促進する(岩川・都築 2017)。A氏は管理者から『お前が一生懸命に、こういう風にしなさいと言って、みんなを見てやってくれるから、みんな頑張っとるんや』と言われ、『自分は、ここでみんなを指導して一人前にしないといかんと思います』と述べていた。ここでの管理者は、当事者の成長を中心に見据えたソーシャルワークを行っていた。

　この根幹にある考えは、当事者の顕在的・潜在的な力を発揮させることである (陳 2007)。これは図3-2の第3段階 (就労維持期) において、犯罪志向から離脱しつつある当事者が、就労を通して現状に満足せず

にさらなる成長へ向かう変容を示している。

　支援方策への示唆として、受け入れ側の一般企業や福祉事業所は、当事者に向けて当事者の強みや弱みを把握し、本人の将来に向けた志向や性格を考慮した業務の目標を設定することが必要であると思われる。そして目標を達成することにより、当事者が成長し就労を通じて人生の意味に対する関心が高まることが、就労の継続と犯罪志向からの離脱につながると考えられる（Maruna 2001）。

⑵阻害要因

①支援者側に犯罪歴のある人に対する先入観があること

　C氏は仕事探しにハローワークに通った際、窓口の人から本人の欠点ばかりを指摘され、就労に消極的な対応をされたことや、医師の意見書では知的好奇心が強すぎて犯罪を起こす可能性を記載された。A氏は反社会的組織に所属していた過去が壁となり、就労には至らなかった。八巻ら（2008）は障がい者が社会から感じる「まなざし」の内容について、障がい者に対してインタビュー調査を行い、本人の「能力」ではなく「障がい」のみが判断されることを指摘している。

　上記の両氏とも就労の能力よりも「犯罪を起こしたこと」や「犯罪を起こす可能性があること」が周囲に与える影響を懸念していたが、八巻らの結果を考えれば、犯罪を起こした障がい者は「障がい」に加えて、さらに社会から「犯罪を起こした」ことの両方が壁となり、就労の受け入れを困難にさせることは容易に想像がつくであろう。

　支援方策への示唆として、当事者の受け入れに関して成果を上げている団体が、就労の受け入れに消極的な一般企業や福祉事業所に対し、受け入れまでのメリット・デメリットを丁寧に説明し、理解を得ていく研修などの活動を継続する必要があると思われる。その後、受け入れを決めた一般企業や福祉事業所は、職員や利用者の家族や保護者等にその旨を説明し、内部における理解を得る活動も進める必要があるだろう。また促進要因の⑤で述べたように、地域住民に向けて当事者

の就労実績を積極的にアピールする等により、当事者の受け入れについて理解を得る活動が必要であると考えられる。

②職場内で相談できる体制が整っていないこと

G氏は、『今年、他のホームの利用者さんに仲間外れの感覚みたいに言われたことがあって、それでいらいらして…帰って来てすぐに近くのスーパーに行って、また再び犯罪を起こしちゃったんですよ』『すぐにここの職員に相談すれば、こういうことにならなかったんだけど、その話も言わずにとっさっていうか、すぐに…万引きしてしまって…』と悔やんでいた言葉が、日常生活や職場において不安定な精神状態になり犯罪に至る可能性がある時、すぐに本人が相談できる場や対応する人がいて欲しいことを如実に物語っている。

以上、働く能力を有する当事者にとって、「自分の能力を活用できる仕事」や「自分の成長を促す仕事」を選択できる機会が増すことは、就労を通じて「生活自立」が達成できる自由が増すことにほかならない。すなわち、これらの要因はアマルティア・セン（1999）の言う「潜在能力（ケイパビリティ）」が、当事者にとって価値がある機能の幅を広げるために不可欠であることを意味している。

┃ 2. 先行文献で述べられている3つの視点と本章の調査結果との比較

本章では犯罪を起こした後の就労を通じた変容の過程は3段階であること、および段階を経る中で「楽しく生活を送れていること」のレベルが上昇し、維持されていることを示した。ここではリサーチクエスチョン（RQ）に記したように、Veysey & Christian（2009）の言う犯罪をしない生活への「移行」の3つの視点について、本章の調査結果との比較分析を行う。

⑴「変容の瞬間」が一度きりの出来事なのか、長期間続く複数の出来事からなるのか

　今回の調査において、「変容の瞬間」に相当する出来事は、第2段階の変容期のカテゴリーである【犯罪歴のある人を受容する職場】の支援を受けたことと【就労できる喜びの発見】ができたことの2つであり、これらは対象者にとって何度も経験できる機会ではなかった。

　第1章で述べた大村（2012）の調査結果から考えると、特に【犯罪歴のある人を受容する職場】に巡り会うことは確率的に少ないと考えられる。しかもすべての対象者は第1段階の就労準備期において、企業との面接やハローワークの職員から厳しい対応や言葉を受けてきた。この経験は彼らの心に「犯罪を起こした者」という目に見えないスティグマ（Goffman 1963）となっていると考えられる。それゆえ、刑務所から出てきた直後に就労する経験が一度きりの出来事であっても『恩を仇で返すようなことはしない』という犯罪から離脱する劇的な心の変化をもたらしたと思われる。

　その後に経験する〈就労できる喜びを発見〉できた体験に関しても、障がい者の多くは前章のG氏のように、子どもの頃にいじめやさらには虐待を受けていることが多い。その結果、成人後においても自分の価値や自信がもてないでいるというスティグマがある。その中でB氏は前職で漁船に乗っていた経験があり、水産会社の就職面接で『この子使えるな』と言われ、得意な魚の加工の職を得た。Veysey & Christian（2009）の調査においても、たった一回の瞬間の出来事が変容の原因になっている例がある。

　以上、今回の調査における変容期の一度きりの経験は、対象者が犯罪から離脱するためのスティグマを弱めるには十分な出来事であったと考えられる。したがって、一度でいいから当事者の就労を受け入れてみることには意味があると言えるであろう。

⑵変容は本人の内面から生じるのか、外部の影響から生じるのか

　本章では就労を通じて犯罪を起こした障がい者の変容に焦点を当てている。調査対象者は就労を与えられている立場であり、表3-3のコードの内容を見ても Veysey & Christian（2009）の結果とは異なり、多くが本人の外部から来る支援による変容（21個中で13個のコードが周囲からの支援による）であった。

　Maruna（2001）は Sampson & Laub（1995）を引用して、雇用「それ自体」は犯罪からの離脱に影響せず、「仕事の安定性、仕事へのコミットメント、労働者・雇用者の相互の結びつき」が存在する場合に限り、雇用は犯罪を減少するとし、本人の「外部からの支援」である雇用継続の重要性を述べている。ただし【仕事に対する厳しさの復活】のコードにおいて、〈かつて一般就労していた時に身についた「仕事は頑張らなくてはいけない」という意識を覚えていた〉や〈職場に着いた瞬間、業務時間になった瞬間から、意識が仕事モードに変わる〉といった就労意識が蘇ったことがうかがえた。これは本人の内面から生じた変容に近い経験も少なからずあることを示すと考えられる。

　また Ward & Stewart（2003）は「よき人生モデル（Good Lives Model）」において、犯罪を起こした者が内的条件（スキル）と外的条件（環境、支援等）を整えることで、社会に受け入れられ犯罪行為を減らすことができるだろうと述べている。今回の研究では、内的条件は仕事の能力や関心事項であり、外的条件は受け入れる事業所や雇用する企業および犯罪を起こした者を理解し、支援する人の存在であると考えられる。

　以上、上記にみられる変化は、就労という外的条件が整えられた結果であると考えられる。つまり就労を通して、当事者のもっている強みを基盤としながらスキルを向上させていくことにより、結果的に犯罪志向からも離脱すると思われる。

⑶本人は心から問題に対する認識を変えたのかどうか

　本章のナラティブより、調査対象者は変容期や就労維持期にて、従来から感じていたスティグマから抜け出るきっかけとして、犯罪を起こした者を支援してくれる事業所等の重要性が認識できたが、それが継続的に支援されなければ再犯に陥る可能性もある。Veysey & Christian（2009）は自分や問題の見方が変わったことを示すナラティブには、スティグマから抜け出るきっかけの結果として、具体的な対象者の内側から発する行動が見られると述べている。またMaruna（2001）はロフランドの言葉を引用して、「姿を変えた犯罪からの逸脱者は、相対的に熱い、道徳的な目的をもつようになる」と記し、犯罪からの逸脱者は、より崇高な目的を見つけて「信念を貫いて戦い抜く」ことに達成感を見出していると主張している。

　そこで初犯（逮捕歴1回のみ）の者と累犯の者において、犯罪からの離脱に関わるナラティブの差をみてみる。初犯の者はB氏、E氏、G氏の3人であり、B氏の言葉として『若い頃には遊んで親に迷惑かけてきているから、後になって頑張らなしゃあない』に加え、『執行猶予の判決が出る前、療育手帳を取得する際に兄の支援が大きかった。今は清掃の仕事に就いて一番充実していた』と述べている。このように、B氏は清掃という自分が活躍できる場が与えられていることに加え、家族から継続して支援を受けていた。そして逮捕後の兄が払ってくれた保釈金はすべて返済した。今後は、『さらに自分が働く姿を見せることで「自分の気持ち」を伝えていきたい』というように、自らの反省とともに兄という第三者への思いが述べられていた。

　またE氏は『今は、あんなことはやっちゃいけないし、ちゃんと生活相談員、支援員になるいう目標があれば、そういう歯止めも効くんだなって今、凄く実感しています』と述べた。この自らの目的の他に『こういう障がい者の方で、いろいろな犯罪を経験してきた人たちの講演会みたいなことはやってないんですか？　その人たちの体験談の発表はなかなかないんですか？　世の中の人って障がい者が本当にこういう

ことをするのって実際わかんないじゃないですか。でも、こうやってしゃべれる人たちが、どんどん発表してもいいのかなって思って、なかなかそういう機会がないので…』と言うように、自分の今後の行動について目的を見つけていた。しかしながら、G氏からは崇高な目的や信念を貫いて戦い抜くことに関するナラティブは得られなかった。

　一方、累犯の者のナラティブの中にも道徳的な目的を述べられていた。例えばD氏は、出所後すぐにある事業所に住まいと仕事を紹介してもらい、『ここで頑張って立ち直らんと、悪いことすると甥っ子たちに影響するかなっと思って。ここに入れてもらった所長の顔にも泥を塗ることになるし…』と言っていた。またA氏の『仕事は仕事やから。遊びに来てるのとちゃうねんから』やE氏の『もう悪さしないように甘い気持ちもなくさなあかん』という言葉には、自分の中から犯罪志向から離脱する萌芽がうかがえた。

　このように今回のインタビュー調査からは、初犯の者と累犯の者のナラティブの差は明確にならなかったが、生活自立に向けて就労を継続している者は、道徳的な目的や本人の信念を感じられる言葉が聞かれ、犯罪を起こした自分に対する見方を変えつつあることがうかがえた。

【文献】

アマルティア・セン（1999）池本・野上・佐藤訳『不平等の再検討──潜在能力と自由』岩波書店

陳 麗婷（2007）「知的障害者の一般就労に影響を及ぼす要因の解明」『社会福祉学』48(1),68-80

Goffman, E. (1963) Stigma, Notes on the Management of Spoiled Identity, Prentice-Hall（＝2013,石黒 毅訳『スティグマの社会学──烙印を押されたアイデンティティ』せりか書房）

Maruna, S. (2001) Making Good: How Ex-convicts Reform and Rebuild Their Lives, American Psychological Association（＝2013、津富 宏・河野荘子監訳『犯罪からの離脱と「人生のやり直し」──元犯罪者のナラティブから学ぶ』明石書店）

萩原建次郎（2001）「子ども・若者の居場所の条件」田中晴彦編著『子ども・若者の居場所の構想──「教育」から「関わりの場」へ』学陽書房,51-65

保正友子（2011）「医療ソーシャルワーカーの実践能力変容過程——新人期から中堅期に至る3段階」『社会福祉学』52(1),96-108

岩川奈津・都築繁幸（2017）「社会福祉領域におけるエンパワメント概念の枠組みと障害種別のエンパワメントの内容の検討」『障害者教育・福祉学研究』愛知教育大学障害児教育講座編、13,55-66

中原睦美（2003）『病体と居場所感——脳卒中・がんを抱える人を中心に』創元社

大村美保（2012）「矯正施設を退所した障害者の地域生活支援——相談支援事業所に対する実態調査及び事例調査から」『研究紀要第6号』25-37,独立行政法人国立重度知的障害者総合施設のぞみ園

御旅屋 達（2012）「子ども・若者をめぐる社会問題としての「居場所のなさ」——新聞記事における「居場所」言説の分析から」『年報社会学論集』25,13-24

佐藤郁哉（2008）『質的データ分析法 原理・方法・実践』新曜社

田辺裕美・藤岡淳子（2014）「刑務所出所者の社会再参加に必要な変化と支援——回復した元受刑者のインタビューから」『司法福祉学研究』14,67-94

巴山玉蓮・星 旦二（2003）「エンパワーメントに関する理論と論点」『総合都市研究』81,5-18

渕田英津子・安梅勅江（2004）「保健福祉サービスにおけるエンパワメント環境の整備に関する研究——訪問面接とグループインタビューによる当事者主体のニーズ把握」『日本保健福祉学会誌』10(2),31-40

辰野文理・久保 貴（2001）「犯罪者に対する社会の許容量——社会経済指標を中心として」『犯罪社会学研究』26,35-53

Sampson, R. J. & Laub, J. (1995) Understanding variability in lives through time: Contributions of life-course criminology,Studies on Crime and Crime Prevention,4, 143-158

Veysey, B. M.&Christian, J. (2009) Moments of Transformation: Narrative of Recovery and Identity Change『犯罪社会学研究』34, 7-31

Ward, T. & Stewart, C. A. (2003) The Treatment of Sex Offenders: Risk Management and Good Lives, Professional Psychology: research and Practice, 34(4) ,353-360

八巻（木村）知香子・寺島 彰・山崎善比古（2008）「障害当事者が感じる社会の「まなざし」——国立身体障害者リハビリテーションセンターの入所生への聞き取りから」『国立身体障害者リハビリテーションセンター研究紀要』24

第4章

就労系福祉事業所の職員が当事者へ就労機会を提供する際の意向

本章ではメゾレベルの調査として、全国の就労系福祉事業所（就労移行支援事業所、就労継続支援Ａ型事業所、同Ｂ型事業所）の職員へ向けて、当事者の就労機会を提供する際の判断の指標（犯罪種別、受け入れ経験、当事者の働く能力や持ち味、事業所の体制等）を調査した。

　調査方法は犯罪種別の異なる３つの架空事例（窃盗、傷害、売春）に登場する当事者の就労機会を提供する際の意向について質問紙を用いた選択肢法を採用した。ここで調査対象者として、就労系福祉事業所の管理者と現場の支援員の２つに分けた。なお本章では、"当事者の受け入れ"もしくは"当事者の就労の受け入れ"という表現は、当事者へ就労機会を提供することと同義語として用いている。

　本章で明らかにしたい点として、就労系福祉事業所の職員の意向について、就労移行支援事業所・就労継続支援Ａ型事業所・同Ｂ型事業所における当事者の受け入れの差異、当事者の受け入れ経験が増えることと受け入れ可能性との関連、犯罪種別による当事者の受け入れ可能性、当事者の就労スキルと受け入れ可能性に与える影響などである。そして、これらの結果をもとに、就労系福祉事業所が当事者へ就労機会を提供し、就労の継続に関連する促進要因および阻害要因と支援方策への示唆を得ることを目的とした。

　なお本章では、質問紙調査（いわゆるアンケート調査）をもとに統計処理を行った結果に沿って論じられている。そのため、しばしば数値を示す表が出てくることをご了解いただきたい。

第1節

本章の研究課題

　第2章、第3章ではミクロレベルの調査として、犯罪を起こした知的障がい者本人を対象にしたインタビュー調査を行い、促進要因および阻害要因そして支援方策の示唆を提言した。一方、先行研究をみると、知的障がい者入所施設では犯罪を起こした知的障がい者を受け入れる際に受け入れの経験の有無により受け入れの意向が異なると述べているが（小林 2009, 小野ら 2011、のぞみの園 2014）、受け入れ側の就労系福祉事業所が就労機会を提供する際の意向に関する先行研究はみられない。

　そこで第4章、第5章ではメゾレベルの調査として、調査対象を当事者の受け入れ側である全国の就労系福祉事業所の職員とした質問紙調査を実施する。その中で第4章では、当事者へ就労機会を提供する際の判断の指標（当事者の働く能力、事業所の都合、地域の現状など）を明らかにし、就労の受け入れに関する促進要因および阻害要因とその支援方策への示唆を得ることを目的とした。

　次に当事者へ就労機会を提供する就労系福祉事業所の職員の意向を調査するにあたり、事業所は当事者の就労を受け入れるための指標を明らかにするため、以下の5つのリサーチクエスチョン（RQ）を立てた。

　RQ1：就労系福祉事業所の種別（就労移行支援事業所、就労継続支援A型事業所、就労継続支援B型事業所）と受け入れの意向に関連はあるか。

　RQ2：当事者の就労の受け入れ経験人数と受け入れの意向に関連はあるか。

　RQ3：当事者が起こした犯罪の種類と受け入れの意向に関連はあるか。

　RQ4：受け入れ側が就労の受け入れを判断する際に重視する指標は何か。

　　　（当事者の働く能力、事業所の体制等）

　RQ5：職員の職位（管理者と現場の支援員）と受け入れの意向に関連はあるか。

　以上の5つのRQを明らかにすることにより、就労系福祉事業所における受け入れ時の課題が明らかになり、支援方策を立案するための知見となり得ると考えられる。

第2節

本章の調査に関する方法

　本章は調査対象者別に2つの調査で構成される。まずは調査対象者(1)では全国の就労系福祉事業所の「管理者」とし、調査対象者(2)では「現場の支援員」を対象者とした。なお、これ以後、就労移行支援事業所は"就労移行支援"、就労継続支援A型事業所は"就労継続支援A型、就労継続支援B型事業所は"就労継続支援B型"と略することがある。

▎1.調査対象者

⑴全国の就労系福祉事業所の「管理者」（調査期間：2015年9月〜10月）

　刑務所等から出所した当事者は、各都道府県の地域生活定着支援センターなどの相談支援事業所にて、居所や就労の受け入れなどの福祉サービスにつないでもらうことになる。ここで受け入れ場所として就労系福祉事業所を対象とし、WAM-NET[1]を用いて各都道府県にある就労系福祉事業所の数に応じて按分し、総数767か所の就労系福祉事業所を無作為に選定した。その内訳は就労移行支援：264か所、就労継続支援A型：237か所、就労継続支援B型：266か所である。回答者には受け入れの意向について権限を有すると考えられる事業所等の「管理者」を指定し、各事業所には1通の質問紙（無記名式）を同封した。

⑵全国の就労系福祉事業所の「現場の支援員」
（調査期間：2016年11月〜12月）

　次に就労系福祉事業所の「現場の支援員」の意向を調査した。管理

者への調査と同様に、WAM-NETを用いて各都道府県にある福祉事業所等の数に応じて按分し、無作為に抽出し、総数410か所を選定した。その内訳は就労移行支援：141か所、就労継続支援A型：130か所、就労継続支援B型：139か所である。そして、各事業所には2通の質問紙（無記名式）を同封し、総数で820通の質問紙を全国に配布した。

2.ビニエット法を用いた調査・解析方法

(1)質問紙の特徴——ビニエット法

　調査には架空事例を用いたビニエット法を採用した。ビニエット法とは、回答者に具体的な事例を読ませて、その上で質問に回答してもらう方法である。ビニエット法の利点は、プライバシーが侵害されないため倫理的なジレンマが少ないこと、フォーカスされたRQに対して、多数の集団から多量のデータを得られること、直接的に見解を尋ねる質問に比べて回答者の抵抗感が少なく、答えにくい内容についても回答が得られやすいこと、回答者によって想起される場面を、ある程度一定にコントロールすることも可能である方法であること等が挙げられる（北野 2002）。

　従来のビニエット法では、犯罪を起こした障がい者を受け入れる意向について調査する場合、犯罪の中身を限定せずに質問することが多かった。しかし、回答者にとって「犯罪」という言葉から想像するイメージが「万引き」なのか「暴行」なのか統一されているとは限らない。その結果、回答者の「触法」に対するイメージに応じて回答結果が異なってくると考えられるため、本調査では、知的障がい者が起こした犯罪を具体的にイメージしやすくするビニエットを作成した。

　ビニエットは3つの犯罪の架空事例（窃盗、傷害、売春）とした。これら3つの犯罪を選んだ理由は、知的障がい者における罪名別件数の構成比の多い順に、傷害（23.7%）、窃盗（15.8%）であること、また1年以

内の再犯率の点から風営適正化法違反が35.6%で最も多かったからである（染田2007,法務省 2013）。

　そして3つのビニエットは、相田・八重田（2015）の先行研究や数か所の相談支援事業所の管理者および指導教員の意見を参考に、生い立ちや友人関係、学歴や職歴、支援の状況などを具体的に設定した。また3つのビニエットに共通する点として、各ビニエットに登場する知的障がい者は、再犯を起こしているが、①仕事をする能力や意欲があること、②犯罪を起こしたことを反省していること、③福祉の支援を受けていることとした。

　その理由として、①は就労する上で基本的な仕事を行う能力や意欲は必須であると考えられるからである。真謝・平田（2000）は、養護学校（現、特別支援学校）を卒業した知的障がい者を雇用する企業は本人の「働く意欲」を学校や家庭の教育に望んでいると指摘している。また②は法務省（2011）の調査結果から、刑務所出所者等を雇用する上で協力雇用主・刑務作業契約企業が求めるニーズとして最も高かった「社会人としての自覚」を「犯罪を起こしたことへの反省」という言葉

表4-1.3つのビニエットにおける個人の属性等

領域	属性	架空事例1（窃盗）	架空事例2（傷害）	架空事例3（売春）
個人属性	性別	男性	男性	女性
	年齢	20代後半	30代前半	20代前半
	学歴	専門学校卒	中学卒	専門学校卒
	家族	両親（高卒後に死亡）・弟・祖父母	両親・兄	母
	主な支援者・機関	障害者就業・生活支援センター	兄	親戚
犯罪・就労関係	再犯経験	再犯経験あり	再犯経験あり	再犯経験あり
	犯罪への反省	反省している	反省している	反省している
	就労能力／意欲	あり／あり	あり／あり	あり／あり
	就労経験や資格	パソコン検定 レジ経験 ホームヘルパー2級	ビル清掃	和洋裁 パソコン勉強中

に置き換えたこと、③は当事者を企業に丸投げすることなく、福祉の支援を受けていることで受け入れ側に安心感を与えることにつながると考えたからである。

　このような考えのもとでビニェットを作成し、犯罪を起こしたという不利な要因以外はできるだけ就労をめざす知的障がい者と同じ条件とすることにより、犯罪別の違いによる影響を調べるためである。ここで各ビニェットの具体的な属性を表4-1に記した。

⑵質問紙調査にて用いた３つのビニェット

　図4-1に質問紙調査にて用いた３つのビニェットを示した。ビニェットの長さは600字前後とし、回答者に過度な負担をかけずに必要事項が盛り込まれるようにした。

質問紙調査にて用いた３つのビニェット

【ビニェット１：窃盗】

Ａさん（20代後半、独身）は療育手帳（判定：B2）を所持している軽度の知的障がいのある男性。

　家族は、両親と２歳下の弟、母方の祖父母の６人家族で裕福ではなかった。小学校は普通学級であったが、中学校は特殊学級、高校は特別支援学校に通った。支援学校卒業後は、専門学校にてパソコン検定とホームヘルパー２級を取得した。卒業後は、スーパーにて簡単な事務処理に就き、当初の勤務態度は真面目であった。しかし、就職後半年後に父親が心筋梗塞により急死、さらに５か月後に母親が交通事故のため死亡し、両親の借金の返済に迫られることとなった。またスーパーにて上司から業務について叱責されて以降、関係がうまくいかず自ら退職した。その後、両親の借金返済のため持ち家を手放し、アパートに住み、近くの木工所で働き

始めた。技術習得に励んでいたが、ここでも仕事のやり方が原因で上司との関係が悪くなり退職した。しばらくして、生活が苦しくなり、食料の万引きや無銭飲食を繰り返したことや仲間とともにバイクを盗んだことにより、20代半ばで刑務所に入った。

　刑務所を出所後は、保護観察を受けながら、自治体の福祉課を通じて障害者就業・生活支援センターを通して、グループホームの利用につながり生活は安定しつつある。20代後半になり、本人は犯罪を起こしたことについて反省し、将来の自立を考えて、専門学校で得た技術や体力を生かして、就労をめざしたいと意欲を持っている。

【ビニエット2：傷害】

Bさん（30代前半、独身）は療育手帳（判定：B2）を所持している軽度の知的障がいのある男性。

　家族は、両親と5歳上の兄と4人家族であった。小学校は普通学級、中学校は支援学級に通ったが、その間はひどいいじめを受けた。中学校卒業後は、家具工場に就職して加工技術を習得し、20歳の頃には将来の親方候補となっていた。ある日、暴力団の組長が家具を買いに来た時、組長に勧誘された。普段から暴力団はかっこいいと思っていたので、21歳になる前に工場を辞めて組に入り、家族とは絶縁した。暴力団では他の組との縄張り争いにて傷害事件を起こし1度刑務所に入り、20代後半の時に、兄貴分の身代わりになって2度刑務所に入った（計3回）。しかし、3回目に刑務所から満期出所した際に組長から破門にされ、ホームレスとなった。その後、住居侵入罪で逮捕・起訴され2年間刑務所に入った。

　刑務所を出所した後は、絶縁状態だった本人の兄が後見人となり、実家にて生活を送ることになった。しばらくは暴力団から嫌がらせがあったものの、地元の職業訓練所にてビルメンテナンスの技能を1年間かけて習得した。30代になり、将来の自立を考えて、家具工場や職業訓練所で得た技術や体力を生かして就労をめざし

ている。今では、元の暴力団との関係も切れ、本人は犯罪を起こしたことを反省している。

【ビニエット３：売春（風営適正化法違反）】

Ｃさん（20代前半、独身）は療育手帳（判定：B2）を所持している軽度の知的障がいのある女性。

　家族は母親との２人家族であった。幼少期に両親が離婚したため父親とは離れて暮らしている。父親からの養育費は滞ることが多く、家計は苦しかった。母親は収入を得るため、昼夜働き続けた。そのためＣさんは幼少期から母親と触れ合う時間が少なく食事も十分に与えられなかった。小・中学校は普通学級であったが、勉強ができず同級生からのいじめを受けた。高校は特別支援学校へ通い、卒業後は服飾関係に興味があったため、専門学校（家政科：和洋裁）に入学した。授業には真面目に出席していたが、しばらくして専門学校の同級生に連れられ、たびたび夜の繁華街に遊びに行くようになった。ある日、一人で繁華街に行った時、50歳前後の男性に声をかけられホテルに連れて行かれ３万円を受け取った。その後、Ｃさんは半年以上の間、月に数回、夜の繁華街にて男性に声をかけ、現金をもらい一夜を過ごす行為を続け、専門学校は休みがちになった。ある夜、警官から職務質問され、売春防止法に基づく補導処分となったが、その後もたびたび「売春」を繰り返し、数回補導された。

　しばらくして母親が過労のため心臓の病で倒れて働けなくなったため、Ｃさんは親戚の援助を得て専門学校に通い、和・洋裁技術検定に合格し専門学校を卒業した。母親が働けなくなり、就労したいと考えている。仕事の幅を広げるためパソコンも勉強し、就労する意欲は高い。現在、Ｃさんは犯罪を起こしたことを反省している。

⑶質問紙調査における具体的な質問

　質問紙調査における具体的な質問項目を以下に示す。
　質問①：就労系福祉事業所の基本属性（回答者の性別・年齢、回答者が所属する事業所等の設立年数、併設する事業所、職員数等）、今まで犯罪を起こした知的障がい者（当事者）の就労を受け入れした経験人数
　質問②：3つのビニエットに登場する当事者の就労の受け入れの意向
　この質問の回答は、「1.可能性なし」「2.あまり可能性はない」「3.やや可能性あり」「4.可能性あり」の4件法を用いた。
　質問③：3つのビニエットに登場する当事者個人に関して、回答者の所属する就労系福祉事業所で受け入れる際に考慮する下記の10個の質問についての評価
　これらの回答は、「1.そう思わない」「2.あまりそう思わない」「3.ややそう思う」「4.そう思う」の4件法を用いた。

　質問1.当事者の作業能力は高い。
　質問2.当事者は継続して作業ができる。
　質問3.当事者に適する作業が事業所にある。
　質問4.当事者の障がい特性について相談できる専門機関との連携がある。
　質問5.当事者の起こした犯罪は事業所として受け入れることができる。
　質問6.当事者は事業所等の他の利用者に悪影響を及ぼさない。
　質問7.当事者は再犯を起こす可能性が低い。
　質問8.事業所の利用者は当事者の受け入れに反対しない。
　質問9.当事者は地域社会で受け入れられる。
　質問10.地域に当事者を受け入れ等ができる事業所等がある。

　ここで質問1、2は当事者の「働く能力」についての問いである。就労を受け入れる福祉事業所の役割として、就労移行支援では一般就労をめざすため、受け入れる者にはあるレベルの「働く能力」を求めて

いる。また就労継続支援においても、特に就労継続支援Ａ型では提供するサービスが「雇用契約に基づく就労の機会を提供する」こと、「一般就労に必要な知識・能力が高まった者について、一般就労への移行に向けて支援する」こととなっており、利用者には一般就労をめざすことのできる「働く能力」を求めると考えられる。

　また質問3〜8は、当事者の就労を受け入れる事業所の考え方に対する問いである。これにより就労を受け入れる際の課題が明らかになると考えられる。さらに質問9、10は当事者が地域で就労生活を送る際の考えを問うものである。

⑷解析方法

　質問①就労系福祉事業所の基本属性では、各項目の回答結果を記述統計により回答の傾向を把握した。また質問②および③では、3つのビニエット別に当事者の就労を受け入れた経験人数が多いほど、当事者の就労の受け入れの可能性が高くなるという仮説のもと、解析ソフトにSPSS　Ver.23を用いてMann-WhitneyのU検定[2]もしくはKruskal-Wallis検定[3]を行い、各調査におけるデータの分布の有意差を調べた。

　その仮説の根拠としては、小野ら（2011）の調査をもとに障害者入所施設が犯罪を起こした知的障がい者を受け入れる際、今までの受け入れた経験の有無が有意に影響していたことから、就労の受け入れについても同様の影響があると考えたからである。

第3節

就労系福祉事業所の種別および
職員の職位による意向の違い

1.回答者の基本属性および所属先の属性

　ここでは、回答者の基本属性および所属先の属性の結果を表4-2に

表4-2.回答者の基本属性および所属先の属性

回答者および所属事業所等の属性	回答者	管理者			支援員		
		就労移行支援	就労継続支援A型	就労継続支援B型	就労移行支援	就労継続支援A型	就労継続支援B型
		n=61	n=84	n=91	n=65	n=52	n=102
性別	男性	60.0%	69.6%	62.4%	63.1%	49.0%	42.2%
	女性	40.0%	30.4%	37.6%	36.9%	51.0%	57.8%
年齢	20代	13.1%	3.6%	4.5%	7.5%	14.8%	8.6%
	30代	23.0%	26.5%	15.7%	46.3%	22.2%	23.8%
	40代	27.9%	38.6%	22.5%	29.9%	25.9%	36.2%
	50代	27.9%	19.3%	27.0%	11.9%	25.9%	17.1%
	60代以上	8.2%	12.0%	30.3%	4.5%	11.1%	14.3%
法人種別	社会福祉法人	37.7%	21.0%	37.8%	36.8%	21.2%	49.5%
	NPO法人	27.9%	21.0%	36.7%	25.0%	28.8%	33.6%
	営利法人	23.0%	43.2%	15.6%	16.2%	36.5%	6.5%
	医療法人	1.6%	0.0%	1.1%	5.9%	0.0%	2.8%
	その他の法人	9.8%	14.8%	8.9%	16.2%	13.5%	7.5%
職員数	5人以下	21.6%	31.0%	26.6%	35.8%	20.4%	16.8%
	6人〜10人	53.3%	46.5%	47.8%	41.8%	48.1%	42.1%
	11人〜20人	18.4%	15.6%	18.7%	20.9%	22.2%	27.1%
	21人以上	6.7%	6.9%	6.9%	1.5%	9.3%	14.0%
犯罪を起こした知的障がい者の受け入れ人数	0人	50.9%	61.0%	66.7%	53.1%	66.7%	53.0%
	1人	29.8%	25.6%	22.2%	23.4%	15.7%	22.0%
	2人〜3人	14.0%	11.0%	8.9%	17.2%	7.8%	18.0%
	4人以上	5.3%	2.4%	2.2%	6.3%	9.8%	7.0%

示す。質問紙の回収率は、管理者が30.8%（回収数：236通/配布数：767通）、また支援員が26.7%（回収数：219通/配布数：820通）となり回収率に大きな差はなかった。

　回収された質問紙について、事業所種別の割合は管理者では就労移行支援が25.8%（61/236通）、就労継続支援A型が35.6%（84/236通）、就労継続支援B型が38.6%（91/236通）であり、現場の支援員では就労移行支援が29.7%（65/219通）、就労継続支援A型が23.7%（52/219通）、就労継続支援B型が46.6%（102/219通）であった。

　以上の結果から、回収されたデータは管理者と支援員ともに大きな偏りがなく、今後の解析に使用することに問題はないと判断した。

　回答者の所属先については、管理者・支援員ともに就労継続支援B型がやや多いが大きな偏りはみられなかった。また回答者の性別について管理者は男性が多い傾向にあるが、大きな偏りはなかった。回答者の年齢は30歳代〜50歳代において均等に分布し、偏りはなかった。法人種別は就労移行支援および就労継続支援B型は社会福祉法人とNPO法人を合わせて60%以上を占めたが、就労継続支援A型は営利法人が約40%近くを占めて最も多かった。近年、株式会社が就労継続支援A型に参入してきた結果が反映されていると考えられる。職員数は6人〜10人の事業所等が41.8%〜53.3%を占めたことから、回答した大半は中規模の事業所であることがわかった。そして犯罪を起こした知的障がい者の就労の受け入れ人数については、事業所の半数以上が就労の受け入れ経験人数0人であり、受け入れた経験人数で最も多いのは1人で15.7%〜29.8%であった。

2. ビニエットに登場する当事者の就労を受け入れる意向

　ここでは質問紙調査の結果について、ビニエットに登場する当事者を受け入れる意向を視覚的に示した。図4-2〜図4-4は就労系福祉事業所の「管理者」および現場の「支援員」の結果を比較した棒グラフである。

(1)就労移行支援事業所の管理者と支援員

　図4-2をみると、管理者と支援員ともにほぼ同じ結果が得られた。具体的にはビニエット１（窃盗）とビニエット３（売春）の結果がほぼ等しく、就労の受け入れの意向について、「可能性あり」と「やや可能性あり」を加えると約80％を占めていた。それに比べて、ビニエット２（傷害）は60％弱で相対的に受け入れの意向が弱かった。

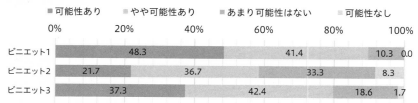

図4-2.ビニエットに登場する当事者の就労を受け入れる意向（就労移行支援）

(2)就労継続支援Ａ型事業所の管理者と支援員

　図4-3をみると、管理者と支援員ともにビニエット１の「可能性あり」がビニエット２、３と比べて高い値を示し、就労の受け入れの意向が強いことがわかった。また「可能性あり」と「やや可能性あり」を加えた数値で比較すると、ビニエット３も50％以上を示したが、ビニエット２は40％弱と受け入れの意向が弱いことがわかった。

就労継続支援A型事業所（管理者）

■可能性あり　■やや可能性あり　■あまり可能性はない　■可能性なし

ビニエット1	26.2　　50.0　　18.8　5.0	
ビニエット2	12.2　22.0　　41.5　　24.3	
ビニエット3	12.2　　43.9　　31.7　　12.2	

就労継続支援A型事業所（支援員）

■可能性あり　■やや可能性あり　■あまり可能性はない　■可能性なし

ビニエット1	36.4　　36.4　　16.4　10.8	
ビニエット2	7.4　29.6　　38.9　　24.1	
ビニエット3	18.5　　48.1　　20.4　13.0	

図4-3.ビニエットに登場する当事者の就労を受け入れる意向（就労継続支援A型）

⑶就労継続支援B型事業所の管理者と支援員

　図4-4をみると、⑵とほぼ同じ傾向がみられ、管理者と支援員とも

就労継続支援B型事業所（管理者）

■可能性あり　■やや可能性あり　■あまり可能性はない　■可能性なし

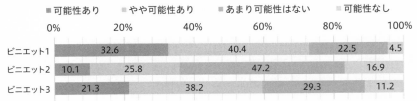

ビニエット1	32.6　　40.4　　22.5　4.5	
ビニエット2	10.1　25.8　　47.2　　16.9	
ビニエット3	21.3　　38.2　　29.3　　11.2	

就労継続支援B型事業所（支援員）

■可能性あり　■やや可能性あり　■あまり可能性はない　■可能性なし

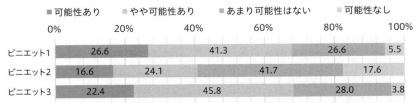

ビニエット1	26.6　　41.3　　26.6　5.5	
ビニエット2	16.6　24.1　　41.7　　17.6	
ビニエット3	22.4　　45.8　　28.0　3.8	

図4-4.ビニエットに登場する当事者の就労を受け入れる意向（就労継続支援B型）

にビニエット1とビニエット3において、「可能性あり」と「やや可能性あり」を加えた数値は約60％以上を占めていたが、ビニエット2は40％弱と受け入れの意向が弱いことがわかった。

3. リサーチクエスチョンに関する結果

ここでは第1節に示した5つのRQに関する調査結果について統計解析を用いて示した。

(1)RQ1：就労系福祉事業所の種別と受け入れの意向に関連はあるか。

①就労移行支援事業所は、全ビニエットで当事者の就労を受け入れる意向が強い。

管理者について、事業所種別およびビニエット別に当事者の就労を受け入れる意向の結果を表4-3に示す。すべてのビニエットにおいて、就労継続支援A型と同B型よりも就労移行支援の方が中央値もしくは四分位範囲の値が高い。すなわち受け入れの意向がある傾向がみられ、受け入れの意向と事業所種別の間に関連がみられた。

表4-3. 管理者が当事者の就労を受け入れる意向（事業所種別＆ビニエット別）

ビニエット	就労移行支援 （n=59）	就労継続支援A型 （n=81）	就労継続支援B型 （n=89）	p
	中央値 四分位範囲（25%, 75%）			
（ビニエット1）Aさんの 就労を受け入れる意向	3.0 (3.0,4.0)	3.0 (2.0,4.0)	3.0 (2.0,4.0)	**
（ビニエット2）Bさんの 就労を受け入れる意向	3.0 (2.0,3.0)	2.0 (1.75,3.0)	2.0 (2.0,3.0)	**
（ビニエット3）Cさんの 就労を受け入れる意向	3.0 (3.0,4.0)	3.0 (2.0,3.0)	3.0 (2.0,3.0)	**

有意確率（Kruskal Wallis検定）：†p＜0.10、*p＜0.05、**p＜0.01
4件法：1. 可能性なし、2. あまり可能性なし、3. やや可能性あり、4. 可能性あり

ここで、表の右端のpは受け入れの意向と事業所種別の間に関連がないと仮定した時の確率を示している。この確率が0.01未満（1%未満）であることは、言い方を変えれば「関連がない」ことはほぼ起こりえず、「関連がある」ことを示しているに近い。同じく表4-4に示すように、現場の支援員に関しても、すべてのビニエットにおいて就労継続支援A型と同B型よりも就労移行支援の方が受け入れの意向がある傾向がみられた。

表4-4. 現場の支援員が当事者の就労を受け入れる意向（事業所種別＆ビニエット別）

ビニエット	就労移行支援 （n=67）	就労継続支援A型 （n=54）	就労継続支援B型 （n=107）	p
	中央値 四分位範囲（25%, 75%）			
（ビニエット1）Aさんの 就労を受け入れる意向	3.0 (3.0,4.0)	3.0 (2.0,4.0)	3.0 (2.0,4.0)	*
（ビニエット2）Bさんの 就労を受け入れる意向	3.0 (2.0,3.0)	2.0 (1.75,3.0)	2.0 (2.0,3.0)	*
（ビニエット3）Cさんの 就労を受け入れる意向	3.0 (3.0,4.0)	3.0 (2.0,3.0)	3.0 (2.0,3.0)	***

有意確率（Kruskal Wallis検定）：†$p < 0.10$、*$p < 0.05$、**$p < 0.01$
4件法：1. 可能性なし、2. あまり可能性なし、3. やや可能性あり、4. 可能性あり

②質問4「当事者の障がい特性について相談できる専門機関との連携がある」については、就労移行支援が最も強く、就労継続支援A型が最も弱かった。

　質問4における回答は、ビニエット1では就労移行支援のみ中央値が4.0で最も評価が高かった（巻末1-2-a参照）。一方、ビニエット2およびビニエット3では、就労継続支援A型の管理者と支援員の回答は、ともに中央値が2.0となり就労移行支援と就労継続支援B型よりも有意に評価が低かった（巻末1-2-b ～ 1-2-c、1-4-b ～ 1-4-c参照）。

③就労継続支援B型では、当事者に適する作業が事業所にない傾向があった。

　質問3「当事者に適する作業が事業所にある」では、特にビニエット3における就労継続支援B型の管理者と支援員ともに評価が最も低いことがわかった（巻末1-2-c、1-4-c参照）。

④就労移行支援は、当事者が地域で受け入れられると考える傾向があった。

就労移行支援の管理者は、就労継続支援A型と同B型に比べて当事者が地域で受け入れられる評価が高い傾向がみられた（巻末1-2-a、1-2-c参照）。

⑵RQ2：当事者の就労の受け入れ経験人数と受け入れの意向に関連はあるか。

①管理者と現場の支援員ともにすべてのビニエットにおいて、当事者の就労の受け入れ経験人数が増えることと当事者を受け入れる意向が強くなることの間には関連がみられた。

表4-5と表4-6に示すように、当事者の受け入れ経験人数が増えることと当事者を受け入れる意向が強くなることの間には関連がみられた。

②管理者では、当事者の就労の受け入れ経験人数が増えることと当事者を受け入れる際の評価が高くなることの間に関連がある質問項目として以下の7つがあった。

質問3.当事者に適する作業が事業所にある。

質問4.当事者の障がい特性について相談できる専門機関との連携がある。

質問5.当事者の起こした犯罪は事業所として受け入れることができる。

表4-5. 管理者が当事者の就労を受け入れる意向（受け入れ経験人数別＆ビニエット別）

質問項目	受け入れ：0人 (n=154)	受け入れ：1人 (n=65)	受け入れ：2人以上 (n=38)	p
	中央値 四分位範囲（25%，75%）			
（ビニエット1）Aさんを 就労受け入れの意向	3.0（2.0,4.0）	3.0（2.0,4.0）	4.0（3.0,4.0）	**
（ビニエット2）Bさんを 就労受け入れの意向	3.0（2.0,3.0）	2.5（2.0,3.0）	3.0（2.0,4.0）	**
（ビニエット3）Cさんを 就労受け入れの意向	3.0（2.0,3.0）	3.0（2.0,4.0）	3.0（3.0,4.0）	**

有意確率（Kruskal Wallis検定）：†$p < 0.10$、*$p < 0.05$、**$p < 0.01$
4件法：1. 可能性なし、2. あまり可能性なし、3. やや可能性あり、4. 可能性あり

表4-6. 現場の支援員が当事者の就労を受け入れる意向（受け入れ経験人数別＆ビニエット別）

質問項目	受け入れ：0人 (n=133)	受け入れ：1人 (n=50)	受け入れ：2人以上 (n=51)	p
	中央値 四分位範囲（25%, 75%）			
（ビニエット1） Aさんを 就労受け入れする可能性	3.0 (2.0,3.0)	3.0 (2.75,4.0)	4.0 (3.0,4.0)	**
（ビニエット2） Bさんを 就労受け入れする可能性	2.0 (2.0,3.0)	2.0 (2.0,3.0)	3.0 (2.75,4.0)	**
（ビニエット3） Cさんを 就労受け入れする可能性	3.0 (2.0,3.0)	3.0 (2.0,4.0)	4.0 (3.0,4.0)	**

有意確率（KruskalWallis検定）： †p＜0.10, *p＜0.05, **p＜0.01
4件法：1. 可能性なし, 2. あまり可能性なし, 3. やや可能性あり, 4. 可能性あり

　　質問6. 当事者は事業所等の他の利用者に悪影響を及ぼさない。

　　質問8. 事業所の利用者は当事者の受け入れに反対しない。

　　質問9. 当事者は地域社会で受け入れられる。

　　質問10. 地域に当事者を受け入れ等ができる事業所等がある。

　③就労継続支援A型の管理者では、受け入れ経験人数が1人の場合の評価が、
　　受け入れ経験人数0人および2人以上の評価よりも高い質問項目があった。

　表4-7に示すように、ビニエット2における質問7「当事者は再犯を
起こす可能性が低い」では、就労継続支援A型の管理者の質問項目の
評価は、受け入れ経験人数が1人の時に中央値が3.0を示し、受け入
れ経験人数0人と2人以上の時の中央値2.0よりも有意に高く、必ず
しも当事者の就労を受け入れた経験との関連がみられない質問項目も
あった。

　また就労継続支援A型の現場の支援員では、ビニエット1における質
問3「当事者に適する作業が事業所にある」や質問8「事業所の利用者は
当事者の受け入れに反対しない」の評価も同様な結果がみられた（巻末
4-4-a参照）。

表4-7.【就労継続支援Ａ型：ビニエット2】
　　　　管理者が就労を受け入れる際に考慮する質問項目（受け入れ経験人数別）

質問項目	受け入れ：0人 (n=49)	受け入れ：1人 (n=20)	受け入れ：2人以上 (n=11)	p
	中央値 四分位範囲（25%，75%）			
1.作業能力は高い	3.0 (3.0, 4.0)	4.0 (3.0, 4.0)	4.0 (3.0, 4.0)	†
2.継続して作業ができる	3.0 (2.0, 3.0)	3.0 (3.0, 3.75)	3.0 (2.0, 4.0)	
3.適する作業が事業所にある	2.0 (2.0, 3.0)	3.0 (2.0, 4.0)	2.0 (1.0, 4.0)	
4.障がい特性を相談できる専門機関との連携がある	2.0 (2.0, 3.0)	3.0 (2.0, 3.0)	2.0 (2.0, 3.0)	
5.犯罪は事業所として受け入れできる	2.0 (1.0, 3.0)	2.0 (2.0, 3.0)	2.0 (2.0, 3.0)	
6.他の利用者に悪影響を及ぼさない	2.0 (1.0, 3.0)	2.0 (1.25, 3.0)	2.0 (1.0, 3.0)	
7.再犯を起こす可能性が低い	2.0 (2.0, 3.0)	3.0 (2.25, 3.75)	2.0 (2.0, 3.0)	**
8.利用者は受け入れに反対しない	2.0 (1.0, 3.0)	2.0 (1.25, 3.0)	2.0 (2.0, 3.0)	
9.地域社会で受け入れられる	2.0 (1.5, 2.0)	2.0 (2.0, 3.0)	2.0 (2.0, 3.0)	
10.地域には受け入れる事業所がある	2.0 (1.0, 3.0)	2.0 (2.0, 3.75)	2.0 (2.0, 3.0)	†

有意確率（Kruskal Wallis検定）：†p＜0.10、*p＜0.05、**p＜0.01
4件法：1.可能性なし、2.あまり可能性なし、3.やや可能性あり、4.可能性あり

④就労継続支援Ｂ型の現場の支援員では、最初の１人目の当事者の就労を受け入れた経験をもつ職員の評価は、受け入れ経験人数0人と2人以上の評価よりも低い評価を示す項目があった。

　例えば表4-8の網掛け部分に示すようにビニエット1では、質問6「当事者は事業所等の他の利用者に悪影響を及ぼさない」における現場の支援員の評価は、受け入れ経験人数が1人の時に2.0を示し、受け入れ経験人数0人と2人以上の時の評価3.0よりも有意に低かった。また質問3「当事者に適する作業が事業所にある」、質問7「当事者は再犯を起こす可能性が低い」も弱いながら同様の傾向がみられた。

　また他には、ビニエット2における質問4「当事者の障がい特性につ

表4-8.【就労継続支援Ｂ型：ビニエット１】
現場の支援員が就労を受け入れる際に考慮する質問項目（受け入れ経験人数別）

質問項目	受け入れ：0人 (n=51)	受け入れ：1人 (n=22)	受け入れ：2人以上 (n=25)	p
	中央値 四分位範囲（25%, 75%）			
1.作業能力は高い	3.0 (2.0, 3.0)	3.0 (2.75, 4.0)	3.0 (2.0, 4.0)	
2.継続して作業ができる	3.0 (2.0, 3.0)	3.0 (2.0, 3.0)	3.0 (2.5, 4.0)	
3.適する作業が事業所にある	3.0 (2.0, 3.0)	2.5 (2.0, 3.0)	3.0 (3.0, 4.0)	†
4.障がい特性を相談できる専門機関との連携がある	3.0 (2.0, 3.0)	3.0 (2.0, 3.25)	3.0 (3.0, 4.0)	
5.犯罪は事業所として受け入れできる	3.0 (3.0, 3.75)	3.0 (2.75, 4.0)	4.0 (3.0, 4.0)	*
6.他の利用者に悪影響を及ぼさない	3.0 (2.0, 3.0)	2.0 (2.0, 3.0)	3.0 (3.0, 3.5)	*
7.再犯を起こす可能性が低い	3.0 (2.0, 3.0)	2.5 (2.0, 3.0)	3.0 (2.0, 4.0)	†
8.利用者は受け入れに反対しない	3.0 (2.0, 3.0)	3.0 (2.0, 3.25)	3.0 (3.0, 4.0)	
9.地域社会で受け入れられる	3.0 (3.0, 4.0)	3.0 (2.0, 3.0)	3.0 (3.0, 4.0)	
10.地域には受け入れる事業所がある	3.0 (2.0, 3.0)	3.0 (2.0, 3.0)	3.0 (3.0, 4.0)	

有意確率（Kruskal Wallis検定）：†p＜0.10、*p＜0.05、**p＜0.01
4件法：1. 可能性なし、2. あまり可能性なし、3. やや可能性あり、4. 可能性あり

いて相談できる専門機関との連携がある」も受け入れ経験人数が1人
の時に評価が有意に低かった（巻末5-4-b参照）。

⑶RQ3：当事者が起こした犯罪の種類と受け入れの意向に関連はあるか。

　①すべての管理者および現場の支援員は、ビニエット2（傷害）の当事者を
　受け入れる意向が最も弱かった。

　前述した表4-3および表4-4に示すように、ビニエット2について就
労移行支援における質問の評価は中央値が3.0「やや可能性がある」で
あったが、就労継続支援Ａ型、就労継続支援Ｂ型では受け入れ可能性

が2.0「あまり可能性がない」という評価を示し、他のビニエットよりも当事者を受け入れる意向が低い評価を示した。

　②当事者の受け入れ経験人数別についても、ほぼすべての管理者および現場の支援員は、ビニエット２（傷害）の当事者を受け入れる意向が最も弱い傾向がうかがえた。

　表4-5および表4-6に示すように、(1)と同様に、ビニエット２は他のビニエットよりも当事者を受け入れる意向が低い評価を示す傾向があった。

⑷RQ4：受け入れ側が就労の受け入れを判断する際に重視する指標は何か。

　①就労移行支援と就労継続支援Ｂ型の現場の支援員では、当事者の作業能力と作業の継続性に対する評価と当事者の受け入れの意向との間には関連はほとんどみられなかった。

　当事者の「働く能力」に関連した問いとして、質問１「当事者の作業能力は高い」と質問２「当事者は継続して作業ができる」に関する評価では、現場の支援員はすべてのビニエットにおいて事業所別に有意差はみられなかった（巻末1-4-a～巻末1-4-c参照）。

　②就労移行支援の管理者では、質問５「当事者の起こした犯罪は事業所として受け入れることができる」および質問８「事業所の利用者は当事者の受け入れに反対しない」において、当事者の受け入れ経験人数が増えることとの間には関連がみられた。

　特にビニエット２について、管理者の評価は当事者の受け入れ経験人数が増えることと有意に評価が高い傾向を示した（表4-9参照）。

　③就労継続支援Ａ型では、当事者の受け入れ経験人数が増えることと質問項目の評価との間に関連がみられない項目が多かった。

　特にビニエット３に関しては、管理者と支援員ともにほとんど評価

表4-9.【就労移行支援：ビニエット2】
　　　　管理者が就労を受け入れる際に考慮する質問項目（受け入れ経験人数別）

質問項目	受け入れ：0人 (n=29)	受け入れ：1人 (n=16)	受け入れ：2人以上 (n=9)	p
	中央値 四分位範囲（25%, 75%）			
1. 作業能力は高い	3.0 (3.0, 4.0)	4.0 (3.0, 4.0)	3.5 (2.75, 4.0)	
2. 継続して作業ができる	3.0 (2.25, 3.75)	3.0 (2.0, 4.0)	3.5 (2.75, 4.0)	
3. 適する作業が事業所にある	2.0 (1.0, 3.0)	3.0 (2.0, 4.0)	3.0 (2.0, 4.0)	†
4. 障がい特性を相談できる専門機関との連携がある	3.0 (2.0, 4.0)	3.0 (2.0, 4.0)	4.0 (2.0, 4.0)	
5. 犯罪は事業所として受け入れできる	2.0 (1.0, 3.0)	3.0 (2.0, 3.0)	3.0 (2.0, 4.0)	**
6. 他の利用者に悪影響を及ぼさない	2.0 (2.0, 3.0)	2.0 (2.0, 3.0)	3.0 (2.75, 4.0)	
7. 再犯を起こす可能性が低い	2.0 (2.0, 3.0)	2.0 (2.0, 3.0)	2.0 (1.75, 3.25)	
8. 利用者は受け入れに反対しない	2.0 (1.0, 3.0)	2.0 (2.0, 3.5)	3.5 (2.0, 4.0)	*
9. 地域社会で受け入れられる	2.0 (2.0, 3.0)	2.0 (2.0, 3.0)	3.0 (2.0, 4.0)	
10. 地域には受け入れる事業所がある	2.0 (1.5, 3.0)	2.0 (2.0, 3.0)	3.0 (2.0, 4.0)	†

有意確率（Kruskal Wallis検定）：†p＜0.10、*p＜0.05、**p＜0.01
4件法：1. そう思わない、2. あまりそう思わない、3. ややそう思う、4. そう思う

が変わらなかった（巻末4-2-c、巻末4-4-c参照）。

　　④就労継続支援B型の支援員は、ビニエット2において、当事者の受け入れ
　　　経験人数が増えることと当事者が地域社会で受け入れられる、または受け
　　　入れる事業所等があることの評価が高くなる傾向があった。

　ビニエット2では、支援員は当事者の受け入れ経験人数が増えること、質問9「当事者は地域社会で受け入れられる」と質問10「地域に当事者を受け入れ等ができる事業所等がある」の関連がみられ有意に評価が高い傾向を示した（巻末5-4-b参照）。

⑸RQ5：職員の職位と受け入れの意向に関連はあるか。

　①就労移行支援の管理者は、質問5「当事者の起こした犯罪は事業所として
　　受け入れることができる」に関し、受け入れ経験人数が増えることと当事
　　者の受け入れの意向が高くなることとの間に関連がみられたが、現場の支
　　援員ではほぼみられなかった。

　就労移行支援の管理者は、質問5「当事者の起こした犯罪は事業所と
して受け入れることができる」について、ビニエット1〜3のすべてに
おいて当事者の受け入れ経験人数が増えることと受け入れの意向との間
に関連がみられた（巻末3-2-a〜巻末3-2-c、巻末3-4-a〜巻末3-4-c参照）。

表4-10.【就労継続B型：ビニエット2】
管理者が就労を受け入れる際に考慮する項目（受け入れ経験人数別）

質問項目	受け入れ：0人 (n=58)	受け入れ：1人 (n=20)	受け入れ：2人以上 (n=10)	p
	中央値 四分位範囲（25%，75%）			
1.作業能力は高い	4.0 (3.0, 4.0)	4.0 (3.0, 4.0)	3.5 (2.75, 4.0)	
2.継続して作業ができる	3.0 (3.0, 4.0)	3.0 (2.25, 4.0)	3.0 (2.75, 4.0)	
3.適する作業が事業所にある	2.0 (1.0, 3.0)	2.0 (2.0, 3.0)	2.0 (1.75, 3.25)	
4.障がい特性を相談できる専門機関との連携がある	2.0 (2.0, 3.0)	3.0 (2.0, 3.75)	3.5 (1.75, 4.0)	*
5.犯罪は事業所として受け入れできる	2.0 (2.0, 3.0)	2.0 (1.0, 3.0)	1.5 (1.0, 4.0)	
6.他の利用者に悪影響を及ぼさない	2.0 (1.75, 3.0)	2.0 (1.0, 2.0)	2.0 (1.0, 4.0)	
7.再犯を起こす可能性が低い	2.0 (2.0, 3.0)	2.0 (1.25, 3.0)	2.0 (1.0, 3.0)	
8.利用者は受け入れに反対しない	2.5 (2.0, 3.0)	2.0 (2.0, 3.0)	2.0 (1.0, 4.0)	
9.地域社会で受け入れられる	2.0 (2.0, 3.0)	2.0 (2.0, 3.0)	2.5 (1.75, 3.25)	
10.地域には受け入れる事業所がある	2.0 (2.0, 3.0)	2.5 (2.0, 3.0)	3.0 (2.0, 4.0)	

有意確率（Kruskal Wallis検定）：†$p < 0.10$、*$p < 0.05$、**$p < 0.01$
4件法：1．そう思わない、2．あまりそう思わない、3．ややそう思う、4．そう思う

②就労継続支援Ｂ型の現場の支援員は、管理者よりも当事者の受け入れ経験人
数が増えることと受け入れる際に考慮する項目との関連の数が多くみられた。

　例えば、表4-10に示すように、ビニエット２では管理者は当事者の
受け入れ経験人数と関連のある項目は、質問4「当事者の障がい特性に
ついて相談できる専門機関との連携がある」のみであったが、現場の
支援員は、質問4をはじめとして質問5、質問6、質問8、質問9、質問
10についても当事者の受け入れ経験人数と関連があった（表4-11参照）。

表4-11.【就労継続Ｂ型：ビニエット２】
現場の支援員が就労を受け入れる際に考慮する項目（受け入れ経験人数別）

質問項目	受け入れ：０人 (n=51)	受け入れ：１人 (n=22)	受け入れ：２人以上 (n=25)	p
	中央値 四分位範囲（25%，75%）			
1. 作業能力は高い	4.0 (3.0, 4.0)	4.0 (3.0, 4.0)	4.0 (3.0, 4.0)	
2. 継続して作業ができる	3.0 (3.0, 3.0)	3.0 (2.5, 4.0)	3.0 (3.0, 4.0)	
3. 適する作業が事業所にある	2.0 (2.0, 3.0)	2.0 (2.0, 3.0)	3.0 (2.0, 4.0)	
4. 障がい特性を相談できる専門機関との連携がある	3.0 (2.0, 3.0)	2.0 (2.0, 3.0)	3.0 (2.0, 4.0)	*
5. 犯罪は事業所として受け入れできる	2.0 (1.0, 3.0)	2.0 (2.0, 2.25)	3.0 (2.5, 4.0)	**
6. 他の利用者に悪影響を及ぼさない	2.0 (2.0, 2.0)	2.0 (1.0, 2.0)	3.0 (2.0, 3.0)	**
7. 再犯を起こす可能性が低い	2.0 (2.0, 3.0)	2.0 (2.0, 3.0)	3.0 (2.0, 3.0)	
8. 利用者は受け入れに反対しない	2.0 (1.0, 3.0)	2.0 (2.0, 3.0)	3.0 (2.0, 3.0)	*
9. 地域社会で受け入れられる	2.0 (2.0, 3.0)	2.0 (2.0, 3.0)	3.0 (2.0, 3.0)	*
10. 地域には受け入れる事業所がある	2.0 (2.0, 3.0)	2.0 (2.0, 3.0)	3.0 (2.0, 3.0)	*

有意確率（Kruskal Wallis検定）：†p＜0.10、*p＜0.05、**p＜0.01
4件法：1. そう思わない、2. あまりそう思わない、3. ややそう思う、4. そう思う

第4節

要因分析と支援方策への示唆

1.リサーチクエスチョンに（RQ）関する考察

ここでは5つのRQについて本章の調査結果をもとに考察する。

⑴RQ1：就労系福祉事業所の種別と受け入れの意向に関連はあるか。
　RQ4：受け入れ側が就労の受け入れを判断する際に重視する指標は
　　　　何か。
　RQ5：職員の職位と受け入れの意向に関連はあるか。
　本項ではRQ1、RQ4、RQ5をまとめて考察する。

①就労移行支援事業所における当事者の就労を受け入れる意向

　巻末3-1、巻末3-3の結果をみると、就労を受け入れる意向に関し、職位別（管理者と支援員別）にかかわらず受け入れ経験人数が0人から2人以上に増えることと受け入れの意向が強くなることに関連がみられた。

　就労移行支援事業所とは、通常の事業所に雇用されることが可能と見込まれる障がい者に対して、生産活動、職場体験等の活動の機会の提供、その他の就労に必要な知識及び能力の向上のために必要な訓練、求職活動に関する支援、その適性に応じた職場の開拓、就職後における職場への定着のために必要な相談等の支援を行う事業所であり、利用期間は原則で最大2年である。

　就労移行支援の職員にとって、ビニエットの当事者は一般就労経験がある者や専門学校に通い、一般就労に向けた技術の修得をした者であることや利用期間が有限であることから、犯罪を起こした者であっても受け入れに対する拒否感が高くないことが考えられる。

また質問8「事業所の利用者は当事者の受け入れに反対しない」の評価結果が受け入れ経験人数が増えることと関連がみられた。このことから、就労移行支援の職員は事業所にいる利用者が思っている受け入れの意向を重視していることがうかがえた。

　以上、就労移行支援では現状にて受け入れている利用者の反対がなければ当事者を受け入れる意向が強いと考えられる。

②就労継続支援Ａ型事業所における当事者の就労を受け入れる意向

　就労継続支援Ａ型に関しては、巻末4-1、巻末4-3の結果をみると、ビニエット１に関する管理者の回答やビニエット２に関する管理者と支援員の回答について、受け入れ経験人数が増えることと受け入れの意向が強くなることに関連がみられた。つまり就労継続支援Ａ型の管理者は、就労移行支援の職員と同様に受け入れ経験人数が増えることで就労の受け入れの意向が強くなると思われる。

　就労継続支援Ａ型が受け入れる者は、就労移行支援を利用したが企業等の雇用に結びつかなかった者などであるが、犯罪を起こした知的障がい者はかつて就労していた経験をもつ者が多く、就労能力は就労継続支援Ａ型に合致するレベルと思われる。

　さらに本調査結果で特徴的な点として、質問4「当事者に適する作業が事業所にある」および質問8「事業所の利用者は当事者の受け入れに反対しない」では、支援員は受け入れ経験人数が１人の時に質問項目の評価が高くなっていた。つまり、受け入れ経験人数が１人の事業所の支援員の場合は、その受け入れた１人の就労が比較的うまくいっているパターンであると考えられる。

　そして受け入れ経験人数が２人以上になると質問項目の評価が低くなってしまう理由として、複数の当事者を受け入れることで、支援員はうまく継続した事例の他にうまくいかない事例も経験し再び評価が低下してしまった結果であると考えられる。

　それに対する支援方策として、就労継続支援Ａ型は障がい特性を相談できる専門機関等との連携が就労移行支援や就労継続支援Ｂ型より

も少ないという結果がでていることから（巻末1-2-c、巻末1-4-b～c参照）、当事者の支援計画を作成する当初から当事者に関して相談できる専門機関（保護司等）との連携を取ることが必要であると示唆された。

　さらに伊藤（2013）は就労継続支援Ａ型に喫緊に必要な支援として、事業存続への適切な政府からの補助金とともに、そこで働く当事者への労働法規の適用などの労働者性が担保される必要性を述べており、犯罪を起こした者を支援する職種に即した支援も必要であろう。

③就労継続支援Ｂ型事業所における当事者の就労を受け入れる意向

　就労継続支援Ｂ型に関しては、巻末5-1、巻末5-3の結果をみると、支援者はビニエット１～３のすべてにおいて、受け入れ経験人数が増えることと受け入れの意向が強くなることに関連がみられた。しかしながら、管理者ではほとんど関連がみられなかった。また就労継続支援Ｂ型の調査結果で特徴的な点として、巻末5-4-bにおける質問3「当事者に適する作業が事業所にある」、質問6「当事者は事業所等の他の利用者に影響を及ぼさない」、質問7「当事者は再犯を起こす可能性が低い」に関して、支援員は就労の受け入れ経験人数が１人の時に質問項目の評価が低くなっている。これは就労継続支援Ａ型とは逆に、受け入れ経験人数が１人の事業所の支援員の場合は、その受け入れた１人の就労がうまくいかずに２人目の受け入れに至らなかったことが考えられる。

　就労継続支援Ｂ型にて受け入れる対象者は、就労経験があり年齢や体力の面で一般企業に雇用されることが困難となった者など、通常の事業所に雇用されることが困難な障がい者であることを考えると、かつて一般就労を経験した当事者にとって、就労継続支援Ｂ型で就労することは、仕事や利用者のレベルが合致せず就労し続けることは難しいと言えるだろう。

　小長井（2017）の調査によれば、犯罪は社会行動であること、犯罪を起こした点で障がい者には、ある程度の社会的行動力があること、そして働いた経験がある知的障がい者は刑務所で言われたことは理解

できる能力があることから、当事者は大規模な障がい者福祉施設に住みたいと思わず、いわゆる授産施設で働くには能力が高すぎると述べている。

第6章にて詳述するが、筆者が訪問調査した福祉事業所の管理者の話では、特に就労継続支援B型において当事者を受け入れた場合、当事者の就労能力と就労継続支援B型の業務との間に大きな隔たりがある。加えて一般就労した経験をもっていることが多い当事者にとって、就労継続支援B型の仕事の内容に満足できない場合があるなど、当事者の就労能力と受け入れ先における仕事内容が合致しない問題があることを指摘していた。

さらに第6章にて、当事者の受け入れが継続できている事業所の職員からの意見として、就労継続支援B型で受け入れた当事者の中には、仕事の内容が物足らないことや同僚の利用者との障がいレベルの違いから、継続して働くことができず、時には逃げ出す事例も少なくないということであった。

⑵RQ2：当事者の就労の受け入れ経験人数と受け入れの意向に関連はあるか。

表4-5、表4-6の結果をみると、職種別にかかわらず、受け入れ経験人数が0人から2人以上に増えることと受け入れの意向が有意に強くなる傾向に関連があることがわかった。

また巻末2-2-a〜巻末2-2-cをみると、質問4「障がい特性を相談できる専門機関との連携がある」の評価結果は受け入れ経験人数が増えることに関連がみられ、連携が進むことが予想されることがわかった。さらに巻末2-4-a〜巻末2-4-bをみると、質問5「当事者の起こした犯罪は事業所として受け入れることができる」の結果も同様であり、受け入れ経験人数が増えることと事業所としてビニエットの犯罪を受け入れるハードルが下がることと関連していることがわかった。

そして質問6「他の利用者に悪影響を及ぼさない」では、管理者は

ビニエット１のみ受け入れ経験人数が増えることと関連していることがわかった。これはのぞみの園（2010）が知的障がい者入所施設に行った調査結果と一致していた。立石（2002）は社会が障がい者に対して設けている障壁を取り除くには、障がい者に対する肯定的側面に目を向けることや障がい者がもつ独自の価値文化を探る視点を確立することが重要と述べ、障がい者に対する偏見や誤解について、一般国民と社会福祉を学ぶ学生とを比較した。その結果、社会福祉を学ぶ学生は、その意識の高さと障がい者との接触経験の多さを主因として肯定的態度を示すことを明らかにしている。

　本調査結果も当事者との接触経験の頻度が事業所の職員の意識を変えた可能性が考えられる。したがって犯罪を起こした知的障がい者の就労の受け入れを促進するために、まずは当事者との接触経験を増やす施策の必要性が示唆された。

⑶ RQ3：当事者が起こした犯罪の種類と受け入れの意向に関連はあるか。

　表4-3、表4-5の結果をみると、職種別と就労の受け入れ経験人数にかかわらず、就労を受け入れる意向の順番が、ビニエット２（傷害）＜ビニエット３（売春）＜ビニエット１（窃盗）となる傾向がみられた。

　小俣（2012）は有害事象の予測可能性・対処可能性は恐怖と不安あるいは生理的ストレス反応と密接に関連し、危険の予測可能性が低く対処が困難な事態ほど不安や恐怖、ストレスが強いと言われている。また中谷内（2008）は、人々は高い頻度で発生する財産犯罪について、発生件数を低く見積もり、専門家が考えているよりも低い不安しか抱いていない一方、低頻度の身体犯罪については専門家が考えている以上に強い不安を感じていると述べていた。

　今回の調査においても、犯罪種別の発生件数は財産犯罪である窃盗が身体犯罪である傷害よりも多いにもかかわらず、就労系福祉事業所の職員は身体犯罪である傷害の方に強い不安を感じていると思われる。

3. 当事者の就労の受け入れに関わる促進要因および阻害要因と支援方策への示唆

(1)促進要因

当事者の受け入れ経験が多いこと

　今回の調査により、当事者を受け入れることと当事者の受け入れ経験が多いこととの関連がみられた。これは先に述べたように、立石（2002）の研究から考えると、当事者との接触経験の頻度が福祉事業所の職員の意識を変える可能性があるからであろう。

　また第3章で実施したインタビュー調査の結果、犯罪を起こした後に就労の継続へ向かうまでの変容過程において、当事者が変容するきっかけとなるためには「犯罪歴のある人を受容する職場」が必要であった。その職場では当事者の採用条件として仕事ができることが最も重要であり、かつ当事者の能力を活用できる仕事を与えられることが特徴であった。

　したがって支援方策への示唆に関して、当事者の受け入れ経験を増やすためには、当事者の働く能力を信じて活用しようという意識をもつことが求められるであろう。そのためには、就労移行支援事業所等の専門機関による当事者の作業能力を的確に評価する必要がある。その結果、当事者の作業能力が客観的に示されれば、福祉事業所が当事者を受け入れる可能性は高まると考えられる。

(2)阻害要因

①当事者に適する作業が事業所にないこと

　就労継続支援B型では、当事者に適する作業が事業所にない傾向がうかがえた。当事者の就労能力と就労継続支援B型の業務との間に大きな隔たりがあり、当事者の就労能力と受け入れ先における仕事内容

が合致しない問題があると考えられる（小長井 2017）。

　したがって支援方策への示唆として、当事者の就労能力の評価にもとづき受け入れ先の業務から本人の能力に合った仕事の切り出しを行うことや、第3章において当事者の就労に関わる促進要因として挙げられた「自分の能力を活用できる仕事を与えられること」「自分の成長を促す仕事が与えられること」を鑑み、事業所の利用者を指導する役目を与えることで、リーダー的存在として認める等、当事者の自尊感情を高めることが有効であると考えられる。

②支援者側に犯罪歴のある人に対する先入観があること

　本調査では、犯罪種別の発生件数について財産犯罪である窃盗が身体犯罪である傷害よりも多いにもかかわらず、就労系福祉事業所の職員は身体犯罪である傷害の方に強い不安を感じていると考えられた。

　したがって支援方策への示唆に関し、当事者の受け入れに消極的な一般企業や福祉事業所において、傷害等の事態を回避する仕組みをつくることや、当事者を受け入れ時から就労の継続までの過程に必要なノウハウおよびメリット・デメリットを丁寧に説明し、当事者を働き手として期待をもたせることで、犯罪への不安を払拭する等の活動が有効であると考えられる。また司法関係機関や警察との連携も必要であると思われる。

③当事者の障がい特性について相談できる専門機関との連携が弱いこと

　今回の調査では、ビニエット2とビニエット3において、特に就労継続支援A型では当事者の障がい特性について相談できる専門機関との連携が弱かった。その理由としては、就労継続支援A型を運営している法人の4割以上は営利法人であることから、就労継続支援A型の多くは種々のトラブルが発生した場合でも他機関との情報交換を積極的に行わず、自部署で解決する傾向があるためと考えられる。営利法人の中には元々、福祉に関連する事業の経験が乏しい法人があると思われるため、第1章で述べた海外のソーシャルファームでみられた「コ

ンソーシアム」や「アソシエーション」と呼ばれるネットワーク組織
によるコンサルタント事業のような支援が必要であろう。

　以上のことから、支援方策への示唆に関して、当事者の障がい特性
を相談できる専門機関との専門職チームを構築することや不測の時に
相談できる運営方法を確立すること（例：24時間相談可能）等が考えら
れる。

【注】
1) WAM-NET（ワムネット）は、福祉・保健・医療に関する制度・施策やその取り組み状況
　などに関する情報をわかりやすく提供することにより、福祉と医療を支援する総合情報提供
　サイトである。本サイトには、障害者総合支援法による全国の障害福祉サービス事業所の
　情報が検索できる。
2) 対応のない2群のデータに対して、分布に差があるかないか（2群の中央値の差）を検定
　するノンパラメトリックな手法。
3) 対応のない3群以上のデータに対して、分布に差があるかないか（各群の中央値の差）を
　検定するノンパラメトリックな手法。

【文献】
相田孝正・八重田 淳（2015）「罪を犯した障害者の犯罪歴の伝達に関する研究──特例子
　会社を対象とした意識調査」『職業リハビリテーション』28,(2)2-9
法務省（2011）『刑務所出所者等を雇用することに関するアンケート調査』平成23年5月
法務省（2013）「研究部報52 知的障害を有する犯罪者の実態と処遇」法務省総合研究所
伊藤修毅（2013）『障害者の就労と福祉的支援──日本における保護雇用のあり方と可能性』
　かもがわ出版
北野和代（2002）「ターミナル期の患者を持つ家族に対する看護職の「共感」に関する研究」『平
　成14年度（2002年）研究報告』日本財団図書館
小林繁市（2009）『平成21年度厚生労働科学研究（障害保健福祉総合研究事業）触法・
　被疑者となった高齢者・障害者への支援の研究田島班小林グループ──平成21年度福
　祉施設の支援の現状と可能性に関する研究報告書』
小野隆一・木下大生・水藤昌彦（2011）「福祉の支援を必要とする矯正施設等を退所した知
　的障害者等の地域生活移行を支援する職員のための研修プログラム開発に関する調査研
　究（その1）障害者支援施設における矯正施設等を退所した知的障害者等の受入れ・支
　援の実態及び職員研修についての調査研究」『国立のぞみの園研究紀要』4,1-14
のぞみの園（2014）『福祉の支援を必要とする矯正施設を退所した知的障害者等の地域生活

を支える相談支援を中心とした取り組みに関する調査・研究報告書』厚生労働省平成25年度社会福祉推進事業

小長井賀與（2017）「地域生活定着促進事業の成果と課題」生島 浩編著『触法障害者の地域生活支援――その実践と課題』金剛出版,84-97

真謝 孝・平田永哲（2000）「知的障害養護学校卒業生の就労状況と課題に関する一考察――雇用企業調査を通して」『琉球大学教育学部障害児教育実践センター紀要』No.2,139-148

中谷内一也（2008）「犯罪リスク認知に関する一般人 - 専門家間比較――学生と警察官の犯罪発生頻度評価」『社会心理学研究』24⑴,34-44

小俣謙二（2012）「犯罪の予測可能性・対処可能性評価が大学生の犯罪リスク知覚と犯罪不安に及ぼす影響」『社会心理学研究』23⑶,174-184

染田 恵（2007）「刑事政策の新たな潮流と更生保護」『更生保護』58⑴,16-21

立石宏昭（2002）「社会福祉教育現場における価値観の変容――精神障害者観の意識調査と実践教育」『職業リハビリテーション』15,45-51

第5章

就労系福祉事業所における
当事者の就労の促進に必要な施策
および連携に関する意向

第4章では当事者の就労の受け入れに関わる促進要因として「当事者の受け入れ経験が多いこと」が挙げられた。そのためには、当事者の働く能力を信じて活用しようという意識をもつことが求められることを提言した。さらに当事者の就労の受け入れに関わる阻害要因として「当事者の障がい特性について相談できる専門機関との連携が弱いこと」が挙げられた。しかし当事者を信じるために必要なことは何か、また連携する専門機関はどこかについて具体的には得られていなかった。

　そこで第5章では第4章と同じ対象者として、全国の就労系福祉事業所の管理者と現場の支援員に向けて、当事者の就労の促進に必要な施策および連携に関する意向、その促進要因および阻害要因と支援方策への示唆を得ることを目的とし、選択肢法とともに自由記述により具体的な調査を実施した。

　仮説として、管理者は専門機関との連携のマネジメントを重視し、現場の支援員は障がい者を受け入れる環境の整備等を重視するなど福祉事業所における立場の違い、就労の受け入れ経験の有無に応じて連携する目的が異なる等に差異があると考えた。その結果をもとに就労の継続に向けて事業所種別や職位別、受け入れ経験の有無別に必要とする連携のあり方の特徴を明らかにし、今後の支援方策として各種の施策や連携構築に関する知見を得ることとした。

第1節

本章の研究課題

　第5章では全国の就労系福祉事業所の管理者と現場の支援員（以後、支援員）について、犯罪を起こした障がい者（当事者）の就労の促進に必要な施策および、連携に関する意向、その促進要因および阻害要因と支援方策への示唆を得ることを目的とする。

　小野ら（2011）によれば、矯正施設を出所した者の受け入れ支援に必要な研修の一つに「福祉施設が支援する意義」や「チームケアの方法とキーパーソンの役割」等が挙げられ、障がい者を支援する事業所の中には、矯正施設退所者の受け入れの意義を周知させること、チームで連携して当事者を支援する必要性が示唆されている。また第4章では当事者の就労の受け入れに関わる阻害要因として「当事者の障がい特性について相談できる専門機関との連携が弱いこと」が挙げられた。

　そこで第4章と同様に就労系福祉事業所の管理者と現場の支援員、福祉事業所の種別（就労移行支援、就労継続支援A型、就労継続支援B型）、当事者の就労の受け入れ経験の有無の差異を調べることは、具体的な支援方策を立案するための参考になると考えられる。

　よって本章のリサーチクエスチョン（RQ）として以下の4つを立てた。これらの結果をもとに、今後、就労の継続を促進するために就労に関わる就労系福祉事業所が必要とする要因を明らかにする。

1.選択肢法による調査

　当事者の就労を促進するために早期に改善が必要な施策について
RQ1：職員の職位別（管理者と支援員）の意向の違いは何か。

RQ2：受け入れ経験の有無別における職員の意向の違いは何か。

2.自由記述による調査

当事者の就労継続を促進するために必要な地域の連携について
RQ3：職員の職位別（管理者と支援員）の意向の違いは何か。
RQ4：受け入れ経験の有無別における職員の意向の違いは何か。

第2節

本章の調査に関する方法

1.調査対象者

調査対象者は第4章と同様に、就労系福祉事業所（就労移行支援、就労継続支援A型、就労継続支援B型）の管理者と支援員とした。

(1)全国の就労系福祉事業所の「管理者」への調査
　（調査期間：2015年9月～10月）

質問紙を送付する就労系福祉事業所は、WAM-NETを用いて各都道府県にある就労系福祉事業所の数に応じて按分して無作為に抽出し、総数767か所を選定した。回答者には、就労の受け入れの判断について権限を有すると考えられる「管理者」を指定し、就労系福祉事業所1か所あたり1通の質問紙（無記名式）を同封し、総数で767通の質問紙

を配布した。

⑵全国の就労系福祉事業所の「支援員」への調査

（調査期間：2016年11月〜12月）

(1)と同様にWAM-NETを用い、質問紙を送付する就労系福祉事業所として総数410か所を選定した。回答者には現場の「支援員」を指定し、就労系福祉事業所1か所あたり2通の質問紙（無記名式）を同封し、総数で820通の質問紙を配布した。

▎2.調査方法とデータ解析方法

⑴選択肢法による調査

　当事者の就労の受け入れを促進するための施策を調査する上で、のぞみの園（2014）が実施した調査における質問項目や田島（2015）の要望書を参考に社会資源に関する質問と事業所の体制等に関する質問に大別した。のぞみの園の調査では当事者の就労の受け入れに関する内容に限定してはいないが、障がい者関係施設等の職員に向けて当事者を入所・通所として受け入れる上での要望を調査する時の質問項目であり、今回の調査にも参考にできると考えた。

　具体的な質問項目として、社会資源に関する項目は「1.障害年金制度の充実」「2.障害者手帳制度の充実」「3.身元保証制度の充実」「4.入所施設（短期、長期）の拡充」「5.司法と福祉との連携の強化」「6.受け入れ後の定着支援の充実」「7.当事者団体（家族会、自助会等）活動の充実」「8.ボランティア組織の活動の推進」「9.障がい者理解に関する啓蒙活動の推進」「10.障がい者への地域の見守りの推進」「11.障がい者への（再）教育活動の推進」「12.自治体の福祉関連予算の増額」とした。また事

業所の体制等に関する質問では「13.現場の支援員の人員確保」「14.支援員の障がい特性に関する専門性の向上」「15.契約後、他の利用者への悪影響防止対策」「16.相談支援事業所等との連携強化」「17.再犯防止対策の確立」「18.支援員のストレス低減措置の充実」「19.支援員の安全確保に配慮した措置の充実」とし、合計で19の施策について質問項目として用いた。

　回答の形式には犯罪を起こした障がい者を受け入れる上で早期に改善する必要があると思われる程度について、「1.そう思わない」「2.あまりそう思わない」「3.ややそう思う」「4.そう思う」の4件法を用いた。またデータの解析は解析ソフトとしてSPSS Ver.23を使用した。

⑵自由記述による調査

　調査票には「犯罪を起こした障がい者の就労を受け入れる場合、あなたの地域・自治体で最も整える必要がある「連携」について、あなたのお考え等をご自由にお書きください」という質問について自由に記述してもらった。

　自由記述回答の解析方法は「管理者または支援員」および「当事者の就労受け入れの経験の有無別」について4つの回答者群に分け、各々自由記述の内容に書かれた連携先別に回答数を集計した。一つの回答には複数の連携先が書かれていることが多く、各々の連携先を集計した。また自由回答で得られたデータは内容を連携先に分け、佐藤（2008）の方法にもとづきカテゴリー化した。以下、【　】はカテゴリー、〈　〉はコードを示す。

第3節

当事者の就労を促進するために早期に改善が必要な施策とは

▎1. 選択肢法による調査結果

　当事者の就労の受け入れを促進するために早期に必要とする施策に関する19個の質問について、当事者の就労の受け入れ経験の有無別における事業所の管理者と支援員の意向の相違を表5-1に示した。

⑴管理者と支援員ともに早期に必要とする施策

　管理者・支援員ともに回答の中央値が4.0を示した質問は、5.司法と福祉との連携の強化、6.受け入れ後の定着支援の充実、14.支援員の障がい特性に関する専門性の向上、16.相談支援事業所等との連携強化、17.再犯防止対策の確立であった。

⑵管理者について、当事者の就労の受け入れの経験と必要性が高くなる施策との関連

　管理者は、14.支援員の障がい特性に関する専門性の向上、17.再犯防止対策の確立、19.支援員の安全確保に配慮した措置の充実の事業所体制に属する3つの質問について、当事者の受け入れ経験のあることと今後の受け入れ促進のために早期の施策の必要性が高くなることへの関連が認められた。ここで質問14と質問17をみると、当事者の受け入れの経験ありと経験なしについて、ともに中央値が4.0で四分位範囲が（3.0、4.0）である。そこで4件法で得られた結果の分布を調べ

表5-1. 当事者の就労を促進するために早期に改善が必要な施策
―職位別（管理者と支援員）および受け入れ経験の有無別の差異―

今後の就労促進のために早期に必要とする施策等	管理者 なし (n=149)	管理者 あり (n=95)	p	支援員 なし (n=131)	支援員 あり (n=104)	p
社会資源等						
1. 障害年金制度の充実	3.0 (2.0, 4.0)	3.0 (2.0, 4.0)		3.0 (2.0, 4.0)	3.0 (2.0, 3.0)	
2. 障害者手帳制度の充実	3.0 (2.0, 3.0)	3.0 (2.0, 4.0)		3.0 (2.0, 3.0)	3.0 (2.0, 3.0)	
3. 身元保証制度の充実	3.0 (3.0, 4.0)	3.0 (3.0, 4.0)		3.0 (3.0, 4.0)	3.0 (3.0, 4.0)	
4. 入所施設（短期、長期）の拡充	3.0 (3.0, 4.0)	3.0 (3.0, 4.0)		3.0 (3.0, 4.0)	3.0 (3.0, 4.0)	
5. 司法と福祉との連携の強化	4.0 (3.0, 4.0)	4.0 (3.0, 4.0)		4.0 (3.0, 4.0)	4.0 (3.0, 4.0)	
6. 受け入れ後の定着支援の充実	4.0 (3.0, 4.0)	4.0 (4.0, 4.0)	†	4.0 (3.0, 4.0)	4.0 (3.0, 4.0)	
7. 当事者団体（家族会、自助会等）活動の充実	3.0 (2.25, 4.0)	3.0 (3.0, 4.0)	†	3.0 (3.0, 4.0)	3.0 (2.0, 3.0)	†
8. ボランティア組織の活動の推進	3.0 (3.0, 4.0)	3.0 (2.0, 3.0)		3.0 (3.0, 3.0)	3.0 (3.0, 3.0)	
9. 障がい者理解に関する各啓発活動の推進	3.0 (3.0, 4.0)	4.0 (2.75, 4.0)		3.0 (3.0, 4.0)	3.0 (3.0, 4.0)	
事業所体制						
10. 障がい者への地域の見守りの推進	3.0 (3.0, 4.0)	4.0 (3.0, 4.0)	†	3.0 (3.0, 4.0)	3.0 (3.0, 4.0)	*
11. 障がい者への（再）教育活動の推進	3.0 (3.0, 4.0)	4.0 (3.0, 4.0)		3.5 (3.0, 4.0)	3.0 (3.0, 4.0)	*
12. 自治体の福祉関連予算の増額	3.0 (3.0, 4.0)	4.0 (3.0, 4.0)		3.0 (3.0, 4.0)	3.0 (3.0, 4.0)	
13. 現場の支援員の人員確保	3.0 (3.0, 4.0)	4.0 (3.0, 4.0)		3.0 (3.0, 4.0)	3.0 (2.0, 4.0)	
14. 支援員の障がい特性に関する専門性の向上	4.0 (3.0, 4.0)	4.0 (3.0, 4.0)	*	4.0 (3.0, 4.0)	4.0 (3.0, 4.0)	*
15. 契約後、他の利用者への悪影響防止対策	3.0 (3.0, 4.0)	3.0 (3.0, 4.0)		3.0 (3.0, 4.0)	3.0 (2.0, 4.0)	*
16. 相談支援事業所等との連携強化	4.0 (3.0, 4.0)	4.0 (3.0, 4.0)		4.0 (3.0, 4.0)	4.0 (3.0, 4.0)	
17. 再犯防止対策の確立	4.0 (3.0, 4.0)	4.0 (3.0, 4.0)	*	4.0 (3.0, 4.0)	4.0 (3.0, 4.0)	
18. 支援員のストレス低減措置の充実	3.0 (3.0, 4.0)	4.0 (3.0, 4.0)		3.0 (3.0, 4.0)	3.0 (3.0, 4.0)	
19. 支援員の安全確保に配慮した措置の充実	3.0 (3.0, 4.0)	4.0 (3.0, 4.0)	*	3.0 (3.0, 4.0)	3.0 (3.0, 4.0)	

中央値 四分位範囲 (25%, 75%)

有意確率（Mann-WhitneyのU検定）：†p<0.10、*p<0.05　回答は4件法：1. そう思わない、2. あまりそう思わない、3. ややそう思う、4. そう思う

ると受け入れの経験ありの方が高い値を示していることを確認した。

⑶支援員について、当事者の就労の受け入れの経験をすることと必要性が低くなる施策との関連

支援員は、10.障がい者への地域の見守りの推進、11.障がい者への（再）教育活動の推進の社会資源等に属する質問と、15.契約後、他の利用者への悪影響防止対策の事業所体制に属する質問について、管理者とは逆に施策の必要性が低くなることへの関連が認められた。ここで質問10をみると、当事者の受け入れの経験ありと経験なしについて、ともに中央値が3.0で四分位範囲が（3.0、4.0）である。そこで4件法の結果の分布を調べると受け入れの経験なしの方が高い値を示していることを確認した。

以上、管理者と支援員では、当事者の受け入れの経験をすることと当事者の受け入れを促進するために早期に必要とする施策との関連への意向が逆となる傾向がみられた。

2.自由記述による調査の結果

⑴当事者の受け入れを促進する連携先等の集計結果

管理者については132名から回答が得られた（回答率：17.2%）。その内訳は、当事者を受け入れした経験のない管理者が69名、経験のある管理者が63名であった。また現場の支援員については、94名から回答が得られた（回答率：11.5%）。その内訳は、当事者を受け入れした経験のない支援員が51名、経験のある管理者が43名であった。

連携先としては、①障がい者支援機関、②自治体の福祉課等、③医療機関、④司法関係機関、⑤学校関係機関、⑥地域住民、⑦家族・保

護者等、⑧警察、⑨職場の9か所に集約できた。また直接の連携先ではないが、⑩余暇活動、⑪住まい・暮らしの場、そして連携を取る上で当事者に関する情報の提供を希望する意見が多数寄せられたため、これを⑫情報提供関連とし、⑩～⑫を「その他」と分類した。

　ここで連携を整える必要があると回答した連携先について、管理者と支援員別かつ当事者の受け入れ経験の有無別の4つの職員群に分けた回答者数の結果を図5-1に示す。

　全体の傾向として「連携先」については管理者と支援員ともに、①障がい者支援機関との連携を挙げる者の割合（選定率）が30～50％前後で最も多かった。次に②自治体の福祉課等が20～30％前後で続き、④司法関係機関および⑥地域住民が20％前後でほぼ同じ割合であった。「その他」は⑫情報提供関連が続くが回答群によりばらつきがみられた。残りの7つについては、回答数がほぼ10％以下であり⑩余暇活動が最も少なかった。

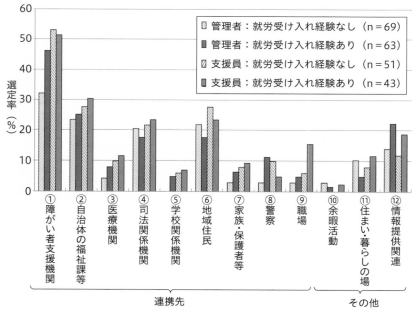

図5-1.犯罪を起こした知的障がい者の就労に必要な連携先等
　　──管理者と支援員別＆受け入れ経験の有無別における4つの職員群の結果

また個々のデータについての特徴を述べると、①障がい者支援機関との連携については管理者よりも支援員の方が整える必要性が高いと回答する割合が高かった。また②自治体の福祉課等、③医療機関、⑦家族・保護者等との連携についても、管理者よりも支援員の方が高い傾向を示した。⑤学校教育機関では就労の受け入れ経験のない管理者は0%であった。⑥地域住民では管理者と支援員ともに受け入れ経験のある者の方が割合は少なかった。⑧警察では受け入れ経験のある管理者と受け入れ経験のない支援員の割合が多かった。⑨職場では受け入れ経験のある支援員の割合が特に多かった。そして⑩余暇活動では最も選定率が低かった。最後に⑫情報提供関連では管理者と支援員ともに受け入れ経験のある者の割合が多かった。

⑵当事者の就労の受け入れを促進する連携先等に関する自由記述

　ここでは4つの回答群について、当事者の受け入れを促進するために、地域で整える連携先に関する自由記述回答の内容を実際の例を挙げて、(a)～(d)にまとめた。

(a)就労の受け入れ経験のない管理者の自由記述の特徴（表5-2参照）

　この回答群では「連携先」に関して、①障がい者支援機関に関する記述が多くみられ、カテゴリーとして【連携先の責任の明確化】【周囲のサポート体制】が挙げられた。前者では連携をマネジメントする人や部署の重要性、後者では連携の信頼関係や協力関係により相互に安心して支えていくことが述べられていた。

　次に⑥地域住民では【偏見なき地域での受け入れ】が得られ、当事者に孤立感をもたせないために、集団に対する帰属意識を高めることや地域に受け入れるための了解を取ることの必要性を述べていた。ここでも受け入れ経験のある管理者と同様に再犯防止が挙げられていた。そして⑨職場では【理解のある雇用主】の必要性が指摘された。

　また「その他」に関して、⑩余暇活動では当事者のやりたいサーク

ル活動により、【心の浄化】が得られることが述べられた。そして⑫情報提供関連では【当事者の情報が連携に不可欠な理由】【犯罪者への対応法の共有】の2つが得られた。前者では当事者の個人情報を共有

表5-2. 地域で当事者の就労を促進するために必要な連携先に関する自由回答-1
回答者：当事者の就労の受け入れ経験のない管理者

	連携先など	カテゴリー	コード
連携先	①障がい者支援機関	・連携先の責任の明確化	・福祉サービス事業所と相談支援事業所との連携の過程で、誰が責任をもってその人を受け入れて見回るか、連携をマネジメントする人や部署が連携を活かすカギだと思う。
		・周囲のサポート体制	・相談支援事業所をはじめ、福祉サービス等と密に連携し、どこかに任せきりにしたり、責任を転嫁する事態を避け、信頼関係や協力関係を結び、お互い安心して支えていくことが最も大切である。 ・受け入れた事業所の一人専属の支援員と当事者に信頼関係が構築できるようにサポートする。現状、事業所をサポートする体制が薄いと思う。
	⑥地域住民	・偏見なき地域での受け入れ	・再犯防止のため、地域の中で受け入れ体制の充実が課題だと思う。当事者に孤立感をもたせないために集団に対する帰属意識を高める。 ・地域に受け入れてサポートしますという暗黙の了解は必要である。了解なく再犯をした場合、その地域に戻ることや受け入れは不可能だと思う。何か事が起きてからそのようなことでは手遅れだと思う。
	⑨職場	・理解のある雇用主	・理解と経験と想像力と意欲のある雇用主が必要である。
その他	⑩余暇活動	・心の浄化	・当事者のやりたいサークル活動を見つけることで、心のカタルシスが起こる。
	⑫情報提供関連	・当事者の情報が連携に不可欠な理由	・犯罪歴を含む個人情報を共有できる仕組みが必要である。一方で過去の経歴は、別の障がい要因となるため公表しにくいのも現実である。 ・再犯を防ぐためにも一定のフィルタをもった履歴の開示が必要である。
		・犯罪者への対応法の共有	・当事者の受け入れのノウハウの情報や困難・成功事例の共有なくして事業所の受け入れは進まない。まずは経験をもたないといけない。

できる仕組みの必要性とともに、個人情報の共有が別の障がいの要因となる懸念も示された。また後者では当事者の受け入れのノウハウや成功事例等を共有なくして受け入れは進まず、まずは受け入れ経験が重要であることが指摘された。

(b)就労の受け入れ経験のある管理者の自由記述の特徴（表5-3参照）

　この回答群では「連携先」に関して表5-3に示すように、①障がい者支援機関を挙げる人数は多いが具体的な連携に関する記述は少なかった。カテゴリーとして【連携組織の周知】では支援機関名や連携先の幅が関係機関にオープンになること、【就労＆相談支援の連携】では就労生活支援員および相談支援員との連携の必要性を述べていた。

　また②自治体の福祉課等では【自立支援協議会が軸】として自立支援協議会を中心に体制づくりをすること、および【24時間のサポート体制】の必要性が述べられた。④司法関係機関では【成功事例の周知】として啓発活動を通じて成功事例を周知すること、【自己肯定感の付与】では当事者が自身の存在を肯定的に捉える必要性が指摘された。

　⑤学校関係機関では就労とは直接には関連しないが、再犯防止のため教育を通じて当事者へ愛情を授ける必要性を述べていた。⑥地域住民では【住民の意識の改革】と【住民意識への懸念】が挙げられ、前者では積極的で主体的な地域の風土を醸成することや当事者を受け入れるために地域住民の考え方を変えることの重要性が述べられた。また後者では逆に地域住民の理解への懸念が述べられた。

　⑧警察では【犯罪の抑止効果】と【犯罪者への対応法の共有】が挙げられ、当事者への介入の必要性や犯罪者に対する対応のノウハウの共有が述べられた。そして⑨職場では企業の理解が最も重要であるが、実際に就労しようとすると経験上、【前科の秘匿】が不可欠であり、当事者の就労が困難であることを指摘していた。

　「その他」に関して、⑫情報提供関連の集計結果では必要性を挙げる数は多くなかったが、自由記述では個々の記述として詳細な内容が多く、3つのカテゴリーが得られた。【当事者の情報が連携に不可欠な理由】

表5-3.地域で当事者の就労を促進するために必要な連携先に関する自由回答-2
回答者：当事者の就労の受け入れ経験のある管理者

連携先など		カテゴリー	コード
連携先	①障がい者支援機関	・連携組織の周知 ・就労&相談支援の連携	・支援機関名や連携の幅が関係機関にオープンになれば心強い。 ・就労生活支援員及び相談支援員との連携が必要である。
	②自治体の福祉課等	・自立支援協議会が軸 ・24時間のサポート体制	・自立支援協議会を軸に連携のとれる体制づくりが必要となる。 ・24時間に近い体制による連携を進めていく。
	④司法関係機関	・成功事例の周知 ・自己肯定感の付与	・障害福祉サービス事務所への啓発活動を通じ、成功事例を周知する。 ・当事者が自身の存在を肯定的に捉えられるようにする。
	⑤学校関係機関	・愛情の授与	・青臭いが「愛情」の授与をしなければ再犯は防げないと思っている。
	⑥地域住民	・住民の意識の改革 ・住民意識への懸念	・困難ケースを地域で解決した実践を深め、各機関それぞれが積極的で主体的に向き合えるような地域の風土をつくっていくこと。 ・地域住民の考え方を変えるための情報交換の場とする。 ・地域の理解がないと、うわさだけで拒絶されてしまう。 ・地域における夜間の緊急時等の対応策が課題である。
	⑧警察	・犯罪の抑止効果 ・犯罪者への対応法の共有	・難しいと思うが、抑止のため警察の介入も場合によってはあり得る。 ・警察の介入・連携が大切だと思う。 ・犯罪歴がある障がい者についての知識が十分にはないので、警察に勉強会を開いてもらうなどしてノウハウを共有したい。
	⑨職場	・前科の秘匿	・企業の理解が最も重要。現状では前科を伏せて就職させざるを得ない。
その他	⑫情報提供関連	・当事者の情報が連携に不可欠な理由 ・情報共有不足からくる問題点 ・情報交換の頻度	・当事者の個人情報はシークレットの部分が多々あり、支援に繋がりにくく、合同支援会議等にて密な情報の連携が取れるようにしたい。 ・過去に捕らわれすぎることはよくないが、必要な情報すら得られないこともあり、最低限のアセスメントがとれる情報の確保が望ましい。 ・同じ事業所種別の間の情報交換が不十分で、前事業所でアセスメント等の情報が知らされず、いつも初めての対応をしなければならない。 ・連携することにより、常時、誰かの目がないと防ぐことはできない。何か起こってから始めるより、起こる前に何とかしたい。 ・犯罪歴のある人には、生活保護係や保護司は情報提供してくれない。だから「チーム支援」ができなかった。 ・「累犯障害者」をマル秘情報としてもらえたら早期支援ができたかもしれない。個人情報には難しい問題があるが連携強化が必要。 ・親族、支援センター、事業所での週1～月1でのミーティング実施。 ・関係機関の情報交換は月1～2回行い、継続的な見守り体制をつくる。

では当事者の個人情報の扱う倫理の重要性と支援する上で、関係者間における個人情報を周知し活用する必要性とのジレンマが指摘された。また【情報共有不足からくる問題点】では、自治体の生活保護係や保護司からの情報提供が難しい現状が述べられた。また個人情報がなければ早期支援ができずに再犯し手遅れになるといった予防的観点からも述べられた。そして【情報交換の頻度】では具体的な情報交換の頻度が実例にもとづき示された。

(c)就労の受け入れ経験のない支援員の自由記述の特徴（表5-4参照）

　この回答群では「連携先」に関して、①障がい者支援機関との連携に関し、【24時間のサポート体制】や【保険による事業所のリスク低減】のように、職員として安心して支援できる体制の必要性を指摘していた。特に〈受入側事業所を守るべく保険や法的擁護が必須〉と書かれているように、当事者よりも就労受け入れする事業所を第一に考えていた。また⑤学校関係機関では、【「格差」問題に対処する必要性】において、格差を社会問題として捉え、〈犯罪を起こす原因には貧しさ、親が親になれない状況〉があり、学校教育で対応することへの要望が述べられていた。

　⑥地域住民では、犯罪を起こした者へのレッテル貼りといった【犯罪を起こした障がい者への無理解】の影響が大きく、〈地域の方々の協力的な見守り〉の必要性を指摘していた。⑧警察に関しては【犯罪に対する不安の解消】において、警察力の行使の必要性として〈障がい者支援従事者は、犯罪の素人であるので、こういった安全の確保がないと支援できない〉点を挙げていた。また【犯罪を起こした障がい者への対応の研修】として、〈警察署などによる犯罪を起こした障がい者対応の研修の導入〉が求められていた。そして⑨職場については【就労定着と生活の安定の両立】として就労の重要性が指摘されていた。

　「その他」に関して、⑫情報提供関連では〈個人情報だからという理由で、触法歴を伝えずに次のサービスにつなげるケースがある〉といった【当事者の情報が展開なく支援される実態】を述べ、【問題を同

表5-4.地域で当事者の就労を促進するために必要な連携先に関する自由回答-3
　　　　回答者：当事者の就労の受け入れ経験のない支援員

連携先など		カテゴリー	コード
連携先	①障がい者支援機関	・24時間のサポート体制 ・保険による事業所のリスク低減	・受け入れた事業所が、いつでも相談できるように、24時間体制で対応できる窓口が設けられること、受け入れた事業所まかせでなく、駆け付けてくれる専門員がいるなどの体制があるとよい。 ・365日、24時間、いつでもどこでも相談できる所があるとよい。 ・一事業所ですべてを支援することは避けるべき。ある種のリスクを抱える事も想定されるため「任意保険の充実」など、受入側事業所を守る保険や法的擁護（弁護士の確保など）が必須と思われる。
	⑤学校関係機関	・「格差」問題に対処する必要性	・社会問題として「格差」があり、犯罪を起こす原因には貧しさ、親が親になれない状況がある。この問題は、学校教育の中でも、しっかり教育して欲しいと節に思う。
	⑥地域住民	・犯罪を起こした障がい者への無理解	・田舎にありがちな、レッテル貼りが大きな障害となることは想像できるので、地域の方々の協力的な見守りが必要だと考える。 ・地域社会全体において障がい者への理解が全く浸透していない。もっと理解が広がれば、連携が取れてくると思う。
	⑧警察	・犯罪に対する不安の解消 ・犯罪を起こした障がい者への対応の研修	・警察との連携が弱い。取り締まりのみでなく犯罪防止に警察力の行使があった方が良い。障がい者支援従事者は、犯罪の素人であるので、こういった安全の確保がないとなかなか支援できない。 ・障がい者施設と警察署との連携（直通電話の設置）、警察署などによる犯罪を起こした障がい者対応の研修の導入が必要である。
	⑨職場	・就労定着と生活の安定の両立	・私生活に何か問題があれば、仕事の定着は難しく、逆に仕事の定着ができなければ、私生活の改善も難しいと思える。
その他	⑫情報提供関連	・当事者の情報が展開なく支援される実態 ・問題を同時進行で解決するための情報把握	・情報の取り扱い方。個人情報だからという理由で、触法歴を伝えず次のサービスにつなげるケースがある。 ・利用者の現状すべてを把握した上で総括的な支援が大切だと思う。すべての支援を同時進行で行わなければ同じ問題を繰り返すだけとなる。

時進行で解決するための情報把握】では当事者の受け入れの促進のために〈すべての支援を同時進行で行わなければ同じ問題を繰り返すだけ〉の支援となってしまうことを指摘していた。

⑷就労の受け入れ経験のある支援員の自由記述の特徴（表5-5参照）

　この回答群では「連携先」に関し、①障がい者支援機関との連携で

表5-5. 地域で当事者の就労を促進するために必要な連携先に関する自由回答-4
回答者：当事者の就労の受け入れ経験のある支援員

連携先など		カテゴリー	コード
連携先	①障がい者支援機関	・犯罪を起こした者に対する偏見 ・起こり得る困難への予防	・触法者の受け入れ体制を整える際の"触法者への理解""偏見"を軽減するための連携（施設、人的支援 など）が不足している。 ・生活環境の調整が必要と思う。安心して帰る場所、引受人となった家族の支え、施設側の受け入れ環境の整備等。起こりうる可能性を連携している事業所等での対応する考えを共有していく。 ・軽度な犯罪や補導でも再犯の可能性が高かったり、重大犯罪に発展する恐れがある場合、速やかに支援施設が動いてそれらを未然に防ぐための連携が必要である。
		・犯罪の専門家との連携 ・タイムラグのない連携	・犯罪を起こした者へ対応する専門機関と障がいの専門職として就労支援機関が繋がれば就労の継続に繋がる。 ・関係各機関との迅速な（タイムラグのない）連携が必要と思われる。支援者が手を差しのべるのが遅いため、元の仲間と連絡をとってしまうこと、犯罪に手を染めてしまうことが多いと思われる。
	②自治体の福祉課等	・行政主導の理解活動	・一事業所が地域などで理解されるのはかなり困難と思われる。行政との連携がまず第一歩。行政主体で理解を求める形でないと地域、自治体の理解はありえない。
	④司法関係機関	・犯罪者の更生支援の課題 ・当事者がやり直しのできる体制	・司法による犯罪者の更生は形式と思われる。当事者は過去に形式的な謝罪を（内心は別）何度もして慣れている。障がいのある犯罪者の更生には福祉的な手法が必要であると思う。 ・弁護士、保護司へも相談ができると良い。当事者を受け入れてみてミスマッチの場合、すぐに退所を含めた判断をしてくれると、受け入れチャレンジも考えやすくなると考える。
	⑨職場	・理解ある企業	・犯罪の要因の一つが貧困であり、職場の理解、就業前の訓練や就業後の定着支援といった企業と福祉の連携が重要である。 ・就労に向けて理解ある企業の拡充が必要である。
その他	⑩余暇活動	・問題行動の防止	・休日等で移動支援やサークル活動の場が増えてくると、誰かの目が問題行動の防止になるのではないかと思う
	⑫情報提供関連	・矯正施設出所時の情報展開 ・支援機関に対する日常生活の情報共有 ・経験者の経験の共有	・出所時に情報提供をして次につなげるシステム（相談支援事業所、家族とのつながり、グループホーム、就労系サービス）を構築する。 ・就労継続ができなくなる方の多くは、日常生活の崩れや家庭問題が大きく、生活と仕事の情報共有が出来る仕組みづくりが必要である。 ・利用者に関わる機関とスムーズに情報共有できる仕組みが必要。 ・当事者の変化やちょっとした違和感を情報共有できる体制が大切と考える。当事者を見守り孤立させないため、一対一の関係だけではなく、社会の中でさまざまなつながりをもつことが必要である。 ・触法者支援に関わった事のある関係者から話を聞いたり、連携して支援させてもらいたい。

は問題点のみならず、【起こり得る困難への予防】のように、当事者が再び犯罪に至らないような対処を考えている点や関係各機関との迅速な【タイムラグのない連携】の重要性を指摘している点のように具体的な指摘が多かった。また②自治体の福祉課等との連携では、行政主体で地域への理解活動を進める必要性を指摘していた。

　④司法関係機関については【犯罪者の更生支援の課題】として、司法の支援方法に福祉的な手法を取り入れることの必要性や、【当事者がやり直しのできる体制】として、受け入れ後にミスマッチが生じても再チャレンジできる連携について述べられていた。そして⑨職場では、犯罪の要因の一つと考えられる"貧困"を解消するため、【理解ある企業】が就業前の訓練や就業後の定着支援といった企業と福祉の連携を行うことが重要と述べていた。

　「その他」に関して、⑩余暇活動では余暇活動が【問題行動の防止】として捉えられていた。⑫情報提供関連では、矯正施設から出所する時は相談支援事業や家族、住まい、就労先を連携先に考えていることが多く述べられた。また日常生活の情報共有として、当事者の変化やちょっとした違和感についての情報を共有する必要性を指摘していた。

　このように、管理者と現場の支援員ともに障がい者に関する情報共有できる連携を重視していた。また管理者は連携をマネジメントする人や部署の重要性を指摘し、現場の支援員は障がい者を受け入れる環境の整備等の具体的な指摘が多かった。そして就労の受け入れ経験の有無によって警察と連携する目的が異なる等、連携相手へ期待する内容の違いがうかがえた。以上の結果から、就労系福祉事業所の管理者と現場の支援員の考えの相違を踏まえた地域の連携等の必要性がわかった。

第4節

調査結果の考察と要因分析および
支援方策への示唆

1.選択肢法による調査結果について、RQ1および RQ2に関する考察（表5-1の考察）

　まず表5-1における全事業所の管理者に対して、当事者を受け入れた経験の有無別にみてみると、選択肢4、14、17、19について、4を除いて事業所体制に関する施策に有意差がみられた。それは就労を受け入れた経験のある管理者が経験のない管理者に比べ、事業所体制に関する施策に必要性を感じることは立場上、必要な考えであると思われる。　特に14.支援員の障がい特性に関する専門性の向上および、19.支援員の安全確保に配慮した措置の充実を進めることにより、17.再犯防止対策の確立も進むものと考えられる。

　それに対し支援員の場合、有意差がみられた施策は、選択肢10、11、15であり社会資源等の方が多かった。しかも特徴的なことは、就労を受け入れた経験のある支援員は経験のない支援員に比べ、これらの施策の必要性が低いことであった。この理由として、当事者を受け入れた経験のない支援員は、当事者から犯罪被害を受けるかもしれないといった不安を抱いていたと思われるが、実際に就労を受け入れてみて思っていたほど危険を感じることはなく、これらの施策が必要ではないことを示しているのではないだろうか。

　これは第4章において当事者の受け入れに関わる促進要因として挙げられた「当事者の受け入れ経験が多いこと」へのヒントになるかもしれない。つまり管理者は当事者の受け入れについて、躊躇するよりもまずは受け入れてみることである。もちろん受け入れる前に犯罪防

止対策を確立することは重要である。

　以上のように、当事者に関わる立場や経験の違いにより今後の受け入れを促進するための施策に対する認識に違いが出ると考えられる（岡本 2017）。

2. 自由記述による調査結果について、RQ3 および RQ4 に関する考察（表5-2～表5-5の考察）

　まずは管理者について、当事者の受け入れ経験の有無別について比較してみる。表5-2、表5-3をみると主に3つの点で違いがうかがえた。

　一つ目は「再犯防止」に関する点である。受け入れ経験のない管理者は受け入れ経験のある管理者に比べ、犯罪防止に関する連携の必要性が多く語られていた。小俣（2012）は有害事象の危険の予測可能性が低く、対処が困難な事態ほど不安や恐怖、ストレスが強いと述べている。よって受け入れ経験のない管理者が犯罪防止に関心をもつことは当然と言えよう。また受け入れ経験のある管理者も犯罪防止に関して無関心ではない。犯罪防止への対策として警察との連携の必要性に言及している。小林（2017）は当事者が危険な状況にある場合、対峙するよりも支援者側が回避・避難する方が望ましい場合も多いと述べている。すなわち当事者を受け入れた結果、警察の介入を必要とする事案が発生したと考えられる。その結果、現実的には当事者を受け入れた際の対応方法やもしもの時には警察の介入を必要とする考えに至ったと思われる。

　二つ目は「地域住民に対する意識の本気度」である。受け入れ経験のある管理者は【住民意識への懸念】として、〈地域の理解がないと、うわさだけで拒絶されてしまう〉と述べ、また【住民の意識の改革】では〈各機関それぞれが積極的で主体的に向き合えるような地域の風土をつくっていく〉〈地域住民の考え方を変えるための情報交換の場とする〉など、困難ケースを地域で解決することを通じて積極的で主体

的な地域の風土を醸成することや当事者を受け入れるために地域住民の考え方を変えるという強い意志がうかがえた。

さらに三つ目として、受け入れ経験のある管理者は「情報提供に関する問題点を詳細に指摘している点」である。カテゴリーの流れをみても、【当事者の情報が連携に不可欠な理由】【情報共有不足からくる問題点】【情報交換の頻度】といったように、情報共有が進まないことによる弊害を論理的に指摘し具体的な事例も示していた。特に管理者は当事者の個人情報を扱う倫理の重要性と、支援する上で関係者間における個人情報を周知し、活用する必要性についてのジレンマを指摘し情報提供に対する必要性の認識が高かった。受け入れる側にとって当事者に関する情報がいかに必要不可欠であるかが理解できる。

岡本（2017）は矯正施設からみた地域生活支援の課題として、個人情報保護の観点から十分な情報を先方に伝えられないことを挙げている。2017（平成29）年5月30日から個人情報保護法が改正され、個人情報の利用目的の明確化や第三者への個人情報を提供する際に記録を取るなどの透明化が義務づけられた。当事者に関する情報はプライバシーに関する情報が多いと思われるが、当事者の自立を支援するという目的のため、地域での連携の際に活用できるようにしていく必要があると考えられる。

次に支援員について受け入れ経験の有無別について比較してみる。表5-4、表5-5をみると一つの共通意識がうかがえた。それは「障がい者支援機関の連携」に関する点である。受け入れ経験のある支援員は【タイムラグのない連携】を指摘し、〈支援者が手を差しのべるのが遅いため、元の仲間と連絡をとってしまうこと、犯罪に手を染めてしまう〉ことが問題である旨を述べていた。また受け入れ経験のない支援員も情報共有関連のカテゴリーで【問題を同時進行で解決するための情報把握】を挙げ、〈利用者の現状すべてを把握し、すべての問題を同時進行で行う〉と述べて犯罪に対する支援者側の不安の解消を期待していた。これは連携の一つと考えてよいであろう。

3.当事者の就労の継続に必要な連携に関わる促進要因および阻害要因と支援方策への示唆

　ここでは本章の目的である当事者の就労を継続するための支援方策について、就労系福祉事業所の職員の考え方を明らかにするために行った選択肢法と自由記述による調査の結果をもとに、その促進要因と阻害要因を抽出した。

(1)促進要因

①相談できる専門機関との連携が確立されていること

　表5-3から自立支援協議会や相談支援事業所をはじめ福祉サービス等と密に連携がとれる仕組みを構築し、当事者の就労をどこかに任せきりにすることや、責任を転嫁するような事態にならないよう、信頼関係や協力関係を結び、お互い安心して支えていくことが重要であると考えられる。また表5-4から、受け入れた事業所がいつでも相談でき駆け付けてくれる専門員がいるなどの体制が必要とあるように、受け入れ後のサポート体制の確立が求められる。

　したがって支援方策への示唆に関して、先駆的な団体が当事者の受け入れ体制の確立のためのノウハウの教育・指導（職員配置、障がいに関する専門教育、職員・利用者のリスク管理）を行う等が考えられる。また行政や弁護士などの法的擁護が期待できる窓口を設置することが有効であり、就労支援機関と連携すれば就労にもつながるであろう。

②事業所における現場の支援員の専門性向上および安全が確保されていること

　表5-1の結果から、14.支援員の障がい特性に関する専門性の向上、19.支援員の安全確保に配慮した措置の充実に関し、当事者の就労受入れの経験のある管理者の意識が高まっていた。また表5-2をみると、当事者の受け入れのノウハウの情報や困難・成功事例の共有なくして

事業所の受け入れは進まないとある。特に困難事例に関する情報をもとに、支援人の安全を確保する方策を考えることができるであろう。

したがって支援方策への示唆に関し、他の事業所・関係機関との連携による信頼関係や協力関係の構築におけるリスク回避等の情報入手および研修等が考えられる。また、社会福祉法人南高愛隣会（2015）の発行したガイドブックのように、当事者への丁寧なアセスメントを参考に個別支援計画を作成し、フェイスシートとして犯罪の状況や医療状況などを整理することで、当事者と社会資源との連携先や当事者のために必要な支援が明確にできる。それを支援員がPDCAサイクルを回しながら遂行することで支援員の専門性も向上できると考えられる。

③事業所が地域住民の理解を得る活動を行っていること

厚生労働省の社会保障審議会の資料（厚生労働省 2002）によれば、地域福祉推進の理念として「住民参加の必要性」「共に生きる社会づくり」「福祉文化の創造」等が重要とされている。すなわち生活課題をもつ人自身が、権利の主体としてそれを求めることのみではなく他の地域住民もこれらの理念を当然のこととして支持すること、自らの問題として認識し、自らがサービスの在り方に主体的にかかわりサービスの担い手としても参画していくことが必要である。そのためには犯罪を起こした者の就労支援を「司法の役割である」と敬遠することなく「福祉の役割でもある」と受け止め、地域で解決することを通じて積極的で主体的な地域の風土を醸成すること、当事者を受け入れるために地域住民の考え方を変えるという強い意志が必要であろう（表5-3参照）。

したがって支援方策への示唆に関し、事業所等が地域住民に向けて当事者の就労実績を積極的に「見える化」してアピールすることで、徐々に住民に当事者の活動を周知しつつ不安を取り除いていくことや、事業所等が当事者を地域の行事に参加させて理解を得る活動をする等が考えられる。

④当事者がやり直しのできる体制が整っていること

　表5-5の結果から、当事者を受け入れてみてミスマッチの場合、すぐに退所を含めた判断がなされることや、生活環境の調整として安心して帰る場所や引受人となった家族の支えや施設側の受け入れ環境の整備等が共有され対応できる体制が必要である。

　したがって支援方策への示唆に関し、保護司や弁護士へ相談できる関係づくりやハローワークにて当事者を雇用する理解のある企業（協力雇用主）を紹介してもらうことが必要であろう。

⑵阻害要因

①起こりうる困難への対策がなされていないこと

　表5-4の結果から、犯罪に対する不安を解消するために取り締りのみでなく犯罪防止に警察力の行使があった方が良いという意見があった。

　したがって支援方策への示唆に関して、障がい者施設と警察署との連携（直通電話の設置）や警察署などによる犯罪を起こした障がい者対応の研修の導入、勉強会を開いてもらうなどしてノウハウを共有することが必要であろう。また事業所等は利用者の中で犯罪に巻き込まれそうな者について、日中の作業中の様子を見守ることや保護者に連絡して家庭での様子などについて情報交換を行う等が考えられる。

②支援者側が犯罪歴のある人に対する先入観をもっていること

　当事者の受け入れ経験のある支援員から、〈触法者の受け入れ体制を整える際の"触法者への理解""偏見"を軽減するための連携（施設、人的支援など）が不足している〉という意見があった（表5-5参照）。また当事者への「レッテル貼り」があることが容易に想像できるため対策が必要であると述べていた（表5-4参照）。

　したがって支援方策への示唆に関し、行政や事業所等は地域の社会資源を巻き込んで、事業所における犯罪を回避する仕組みをつくるこ

と、または行政等は専門機関による当事者の就労能力の評価をもとに、事業所等に対し当事者が働き手として期待をもたせることで犯罪への不安を払拭する等の丁寧な説明を行う等が考えられる。

③当事者に関する必要な情報が提供されていないこと

五味（2015）によれば、社会福祉における個人情報の特質として①個人情報が児童・障がい者、高齢者といった「バルネラブル」な者であること、②情報が流出に至った場合、人権侵害や消費者被害を惹起する可能性があること、③得られる個人情報の内容が、いわゆる「センシティブ情報」であることが特徴として挙げられる。

また金川（2017）は、「個人情報の保護に関する法律」が2003（平成15）年に制定されて以降、福祉現場での個人情報の取扱いについては同法にもとづく適切な管理が求められるようになったが、災害時において自治体側から被援助者の個人情報の提供が拒否されるなどの課題が見受けられると述べている。

今回の自由記述の結果をみると（表5-3参照）、当事者の受け入れ経験のある管理者から〈必要な情報すら得られないこともあり、最低限のアセスメントがとれる情報の確保が望ましい〉〈「累犯障害者」をマル秘情報としてもらえたら早期支援ができたかもしれない。個人情報には難しい問題があるが連携強化が必要〉という意見も聞かれた。

このように社会福祉現場における情報の提供や開示の課題として、対象者や自治体等からの過剰反応が挙げられている。本研究では災害時の個人情報の提供という緊急の場面ではないが、社会福祉現場における福祉関係者には、なお一層の個人情報保護法の理解とリスク管理への対応が問われる（金川 2017）。

したがって支援方策への示唆に関して、個人情報に対する過剰反応を軽減するために、個人情報保護法の理解、当事者の個人情報の適正な保護と効果的な活用に関する知識や事例を学ぶ必要があると考えられる。

なお第5章の調査結果については、調査票の回収率が20％以下と著

しく低いため、そこから引き出される知見を一般化するためにはデータ数が十分ではないという限界がある。今後はさらにデータ数を増やし、結果の精度を高めていくことが必要であると考えている。

【文献】

五味祐子（2015）「今、改めて考える個人情報保護——コンプライアンス、リスク管理の視点から」『月刊福祉』2015年11月号,481-492

金川めぐみ（2017）「情報の提供・開示の在り方における現状と課題——社会保障法研究者の視点から」『法政論叢』53⑵,259-268

小林隆裕（2017）「入所型障害者支援施設における取り組み——対象者の理解とアセスメント、リスクマネジメントの視点から」生島 浩編『触法障害者の地域生活支援——その実践と課題』金剛出版,16-28

厚生労働省（2002）「市町村地域福祉計画及び都道府県地域福祉支援計画策定指針の在り方について（一人ひとりの地域住民への訴え）」『社会保障審議会福祉部会資料』

（http://www.mhlw.go.jp/shingi/2002/01/dl/s0128-3a.pdf:2018.0310)

南高愛隣会（2015）「罪を犯した障がい者・高齢者を受け入れるために【福祉事業所・更生保護施設版】」

のぞみの園（2014）「福祉の支援を必要とする矯正施設を退所した知的障害者等の地域生活を支える相談支援を中心とした取り組みに関する調査・研究報告書」独立行政法人 国立重度知的障害者総合施設のぞみの園

田島良昭（2015）「平成28年度に向けた地域生活定着支援センターに関する要望書（厚生労働省・法務省）」一般社団法人 全国地域生活定着支援センター協議会

岡本英生（2017）「地域生活支援に携わる人々から見た現状——立場による意識の違い、そして社会に送り出す側から見えるもの」生島 浩編著『触法障害者の地域生活支援——その実践と課題』金剛出版,44-54

小俣謙二（2012）「犯罪の予測可能性・対処可能性評価が大学生の犯罪リスク知覚と犯罪不安に及ぼす影響」『社会心理学研究』27⑶,174-184

小野隆一・木下大生・水藤昌彦（2011）「福祉の支援を必要とする矯正施設等を退所した知的障害者等の地域生活移行を支援する職員のための研修プログラム開発に関する調査研究（その1）障害者支援施設における矯正施設等を退所した知的障害者等の受入れ・支援の実態及び職員研修についての調査研究」『国立のぞみの園研究紀要第4号』1-14

佐藤郁哉（2008）『質的データ分析法——原理・方法・実践』新曜社

第6章

当事者を受け入れる職場における
管理者の意識

第2章から第5章までは、当事者の就労を受け入れるための促進要因およ
び阻害要因について、インタビュー調査と質問紙調査を通して抽出し提言と
してまとめた。しかしながら、これらの要因はまだ仮説のレベルであった。
そこで第6章では、全国的にみて当事者の受け入れ実績の多い先駆的な一般
企業および福祉事業所の取り組みについて、インタビュー調査を行い確か
めることとした（瀧川 2020）。

　序章で述べたように、当事者の受け入れについて「ケースによっては受
け入れを検討する」と考える障がい者支援施設は6割弱あり、受け入れの可
能性は決して低いわけではない。そこで本章の調査を通じて、先駆的な一
般企業および福祉事業所の取り組みを整理し、不安定な就労が再犯リスク
となっている事実をもとに、住まいの確保のみならず積極的に就労も同時期
から始めることが、当事者の生活自立と再犯防止の両立につながる視点を
明確にする。本章で確かめた内容は、当事者を受け入れるための具体的な
対策を求めている一般企業および福祉事業所への回答にもなると考えてい
る。

第1節

本章の検討課題

　これまで第2章ではミクロレベルの調査として犯罪を起こした知的障がい者へのインタビュー調査を行い、当事者の人生の過程において自尊感情の浮沈と犯罪志向性との関係や生活自立に必要な要件を明らかにした。また第3章では当事者が就労を通して犯罪からの離脱を経る過程として、就労準備期−就労開始に伴う変容期−就労維持期の3段階を示し、それらの促進要因および阻害要因を提示した。そして第4章、第5章ではメゾレベルの調査として、当事者の受け入れ側である福祉事業所への質問紙調査をもとに、当事者の受け入れ開始から継続に至る過程の促進要因および阻害因子を提示した。

　そこで第6章では実際に当事者を継続的に受け入れている一般企業および福祉事業所が、当事者を受け入れてから継続するまでの流れを促進する取り組みの特徴を比較検討し、それらを踏まえて今後の当事者の就労支援方策への示唆を得ることを目的とした。

　福祉の支援が必要な矯正施設出所者である触法高齢者・障がい者が、地域生活を円滑に送ることができるようにするための要因として、長谷川ら（2016）は地域における多職種のネットワークの形成と中心となる団体の存在、企業を含めて困難事例に取り組む団体の必要性を指摘している。また社会福祉法人岡山県社会福祉協議会によれば、矯正施設退所後の障がい者の福祉施設入所における理想的なネットワークとして、入所施設を中心に相談支援事業所・地域生活定着支援センター・保護観察所・行政担当課を挙げている（岡山県社会福祉協議会 2015）。

　このように矯正施設退所後の障がい者の支援に関する文献等は、序章にて示した長崎県地域生活定着支援センターの活動のように、ほとんどが福祉施設へ入所するまでのネットワークに重点が置かれている。

しかし特に軽度の知的障がい者については、矯正施設を退所した後、いち早く就労につなげる必要があることから、矯正施設から出所後の就労の受け入れ側となる一般企業や福祉事業所には有効な支援に関する知見を得ることが求められている。

　そこで当事者の就労の受け入れ開始から就労の継続を見据え、本章のリサーチクエスチョン（RQ）を以下の4つに設定し、当事者の就労を受け入れている先駆的な一般企業や福祉事業所へインタビュー調査を行った。

　　RQ1：管理者が当事者の就労を受け入れることの意義は何か。

　　RQ2：当事者の就労を受け入れるきっかけとなった出来事と受け入れる時の当事者への共感的理解は何か。

　　RQ3：当事者の就労継続を可能にするために管理者はどのような対応をしているか。

　　RQ4：今後、さらに就労の受け入れを促進するために必要となる対応や制度等は何と考えているか。

第2節

本章の調査に関する方法

| 1. 調査対象者

　今回のインタビュー調査の対象は、当事者を受け入れしている一般企業および福祉事業所である。それらは犯罪を起こした知的障がい者を概ね5人以上支援した経験を有し、講演会やシンポジウム等で複数回以上登壇した実績のある一般企業および福祉事業所を中心に選定し

表6-1.調査対象とした団体の種別と仕事の内容

	調査対象とした団体の種別	仕事の内容
一般就労	一般企業	建設業
	一般企業	サービス業
福祉的就労	就労継続支援A型事業所	サービス業
	就労継続支援A型事業所	サービス業
	就労継続支援B型事業所	清掃
	就労継続支援B型事業所	農業
	障害者就業・生活支援センター	清掃

た。ここで調査対象とした一般企業と福祉事業所を表6-1に示す。

　内訳は一般企業が2か所（建設業、サービス業：各1か所）、福祉事業所が5か所（就労継続支援A型：2か所、就労継続支援B型2か所、障害者就業・生活支援センター[1]：1か所）の合計7か所である。

　調査対象の一般企業・福祉事業所の所在地は、関東と関西地方の政令指定都市および中核都市である。またインタビュー調査の対象者は管理者の方（一般企業は社長2名、福祉事業所は施設長およびセンター長5名）全7名とした。

2.調査・解析方法

⑴インタビュー調査の考え方とインタビューガイド

　前章までの調査結果の確認および受け入れを促進する施策を探るためのインタビューガイドを考える上で、インタビューを以下のステップで実施することとした。すなわち当事者を受け入れた後、継続して就労を可能とし、さらに受け入れが促進するための過程である（図6-1参照）。その時、当事者を受け入れた一般企業および福祉事業所の管理

者に対しインタビューガイドとして以下を用いた。

・RQ1に相当する質問1：

　　あなたの会社・事業所において、当事者が就労することに関し、受け入れ側にとっての意義を教えてください。

・RQ2に相当する質問2：

　　あなたの会社・事業所において、当事者の就労を受け入れるきっかけとなった出来事とその時にどのような思いで受け入れしたか教えてください。

・RQ3に相当する質問3：

　　あなたの会社・事業所において、当事者が就労を継続できるためにどのような対応をしているか教えてください。

・RQ4に相当する質問4：

　　あなたの会社・事業所において、今後、就労の受け入れを促進するために必要と考えられる対応や制度等について教えてください。

の4点について聞き取った。インタビュー時間は1か所あたり1.5〜2時間で、インタビューの内容は対象者である管理者の了解を得てICレコーダーに録音した。調査は2016（平成28）年10月から2017（平成29）年4月にかけて実施した。

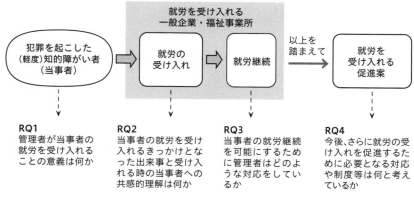

図6-1.当事者の就労を受け入れる流れをもとに作成したインタビューガイド

⑵インタビュー結果の解析

　インタビュー結果の解析については、録音した内容を逐語録に起こし、逐語録を繰り返し読み全体を把握した上で、佐藤（2008）の方法を参考にコーディングを行いカテゴリー化した。また分析した結果について客観性をもたせるため、質的研究に精通した教員からスーパーバイズを受けた。加えて、対象者に分析結果を示すことにより、修正等の有無を確認し、分析の精度を担保する配慮を行った。ここで、コーディングした結果について、カテゴリーを【　　】、サブカテゴリーを〈　　〉、コードを「　　」、さらにインタビューした際の対象者の言葉を『　　』で示した。

第3節

先駆的な一般企業と
福祉事業所の取り組みとは

1. インタビュー調査の結果

⑴RQ1：「管理者が当事者の就労を受け入れることの意義は何か」についての結果

　RQ1に関するインタビュー調査について、コーディングを行った結果を表6-2に示す。ここでは3つのカテゴリーおよび一般企業と福祉事業所を合わせて8つのサブカテゴリーが得られた。表6-2ではサブカテゴリーを〈　　〉で示し、その下にコードをまとめた。これ以降の質問

の結果を示す表においても同様の形式にて整理した。

　3つのカテゴリーは【当事者の困難な境遇の理解】【当事者の受け入れで得られる達成感】【当事者のエンパワメント】である。

　まず【当事者の困難な境遇の理解】において、一般企業のコード「当事者の親代わりや身元引受人になる」等からは、当事者の親代わりや身元引受人といった通常ではなかなか手が出せないことに踏み込んでいたことが示され、〈身内と同じ意識をもった支援の意識〉がうかがえた。また福祉事業所では「性善説にもとづき当事者の前科は問題視しない」「犯罪を起こしたことよりも働く能力があることを重視する」等、就労能力があればほぼ無条件に就労機会を提供することが述べられ、〈ありのままの当事者の受け入れ〉が得られた。

　次に【当事者の受け入れで得られる達成感】において、一般企業では「障害者雇用促進法を遵守することにより、CSR（企業の社会的責任）を果たすことができる」のように企業が地域に貢献することで企業と地域が一体となった嬉しさが述べられ、〈地域社会へ貢献することで得られる達成感〉が示された。また福祉事業所では「当事者が更生され変わってくれたことに対する達成感が生まれる」「当事者の心の悩みを自分のことのように受け止められる」等、職員の喜びや達成感に重点が置かれていたことから〈支援者側が抱く達成感〉がうかがえた。

　そして【当事者のエンパワメント】において、一般企業では「当事者を認めてくれる環境を整えれば活躍の場が広がり、社会の戦力になる」といったように〈成長や能力向上への強い信念〉をもっていた。一方、福祉事業所では「障がいのある人がこんなに働けるなんて思ってなかった」ように〈就労能力の再認識〉にとどまったが、両者ともに知的障がいのある人は就労能力をもっているという認識では一致していた。また両者ともに〈成功体験による自尊心の植えづけ〉が示され、一般企業では「仕事を真剣に打ち込むことで人間は変わることができる」、福祉事業所では「当事者が困難を乗り越えていくことで自尊心を保つことができる」ように、就労が当事者の変革につながることを述べていた。

表 6-2. RQ1：「管理者が当事者の就労を受け入れることの意義は何か」に関する一般企業と福祉事業所の意識

カテゴリー	一般企業	福祉事業所
当事者の困難な境遇の理解	〈身内と同じ意識をもった支援の意識〉 ・当事者の親代わりや身元引受人になる。 ・当事者を24時間受け止めている。 ・誰でも犯罪者になり得る。	〈ありのままの当事者の受け入れ〉 ・性善説にもとづき当事者の前科は問題視しない。 ・犯罪を起こしたことよりも働く能力があることを重視する。 ・人の価値を測るいろいろな物差しを大事にしている。 ・当事者が社会に債務があるのではなく社会が当事者に債務がある。
当事者の受け入れで得られる達成感	〈地域社会へ貢献することで得られる達成感〉 ・犯罪を起こした者でも地域社会に認めてもらえる。 ・障害者雇用促進法を遵守することにより、CSR（企業の社会的責任）を果たすことができる。	〈支援者側が抱く達成感〉 ・当事者が更生され変わってくれたことに対する達成感が生まれる。 ・当事者の心の悩みを自分のことのように受け止められる。 ・就労の機会を提供することで支援側の心も救われる。
当事者のエンパワメント	〈成長や能力向上への強い信念〉 ・常に「施設内でトップになれ！」と励ましている。 ・当事者を認めてくれる環境を整えれば活躍の場が広がり、社会の戦力になる。 ・当事者が誉められると自分の子どものことのように嬉しい感覚になる。	〈就労能力の再認識〉 ・障がいのある人がこんなに働けるなんて思ってなかった。 ・罪を犯した人も社会では必要とされると考える。 ・就労を通して当事者が困難を乗り越えていくことができる。
	〈成功体験による自尊心の植えづけ（当事者自身の変革）〉 ・仕事を真剣に打ち込むことで人間は変わることができる。 ・自己有用感を上げないといけない。	〈成功体験による自尊心の植えづけ（職場環境の変革）〉 ・当事者が困難を乗り越えていくことで自尊心を保つことができる。 ・当事者を認めてくれる環境により活躍の場が広がる。

⑵ RQ2：「当事者の就労を受け入れるきっかけとなった出来事と受け入れる時の当事者の共感的理解は何か」についての結果

　RQ2に関するインタビュー調査について、コーディングを行った結果を表6-3に示す。表6-3は当事者を受け入れるきっかけとなった出来事やその時に感じた思いについて聞き取った内容をまとめた。ここで

は３つのカテゴリー、一般企業と福祉事業所を合わせて９つのサブカテゴリーが得られた。

　３つのカテゴリーは【支援者のつらい経験にもとづく当事者支援】【当事者の現状を受け入れるための改革】【外部から依頼された受け入れ経験の蓄積】である。

　まず【支援者のつらい経験にもとづく当事者支援】において、一般企業では「若い頃に不良行為や反社会的行動をしていたことへの反省の気持ちがある」等から当事者を支援することによる社会に対する贖罪である〈支援者が若い頃に犯した悪事への償い〉や、「当事者は社会の戦力になれる」等から企業経営者として人材育成を行う意思である〈当事者の能力を活かす使命感〉が得られた。また福祉事業所では「自分も当事者と同様に犯罪者になっていたかもしれない」等から〈福祉に関わる者がもつ当事者への共感力〉を示していた。

　次に【当事者の現状を受け入れるための改革】において、一般企業では「一番大事なのは仕事。仕事をするからこそ安定した生活ができる」ことが述べられ、仕事ができることが最優先であることが示された。また「生活習慣を社会の中で徹底的に治す場所」として「住む場所と道徳観を身につける中間的な場所」の必要性が示され、当事者が世の中にも受け入れられるための教育を受けるために、〈住まいだけでなく生活習慣を見直す場の提供〉が得られた。

　また福祉事業所では「働ける障がい者を優遇する法制度」の必要性が示され、〈社会保障制度の改変〉が得られた。そして『犯罪を起こした者への怒りだけでは世の中は変わらない』と述べた一般企業の経営者がいた。この経営者は犯罪被害者であり、以前は犯罪を起こした者を憎んでいたが、犯罪がなくなれば犯罪被害者も出ないと考えを変えて、刑務所から出所した者が再犯を起こさないために彼らを積極的に雇用していた。このように〈当事者への怒りから受け入れる認知への意識改革〉もみられた。また「住まいだけがあっても本人の役割である仕事がないと再犯してしまう」から〈再犯防止に向けた就労の役割への認識〉という就労の効果が得られた。

表6-3. RQ2「当事者の就労を受け入れるきっかけとなった出来事と受け入れる時の当事者の共感的理解は何か」に関する一般企業と福祉事業所の意識

カテゴリー	一般企業	福祉事業所
当事者支援 支援者のつらい経験にもとづく	〈支援者が若い頃に犯した悪事への償い〉 ・若い頃に不良行為や反社会的行動をしていたことへの反省の気持ちがある。 ・親や社会に対する懺悔の気持ちをもっている。 〈当事者の能力を活かす使命感〉 ・このままではもったいない。当事者は社会の戦力になれる。 ・まずはともあれ当事者を雇用してみようと思うことが重要である。	〈福祉に関わる者がもつ当事者への共感力〉 ・当事者の"悪さ"に対して共感できる。 ・当事者は助けられるどころか逆に踏みつけられていたたまれない。 ・自分も当事者と同様に犯罪者になっていたかもしれない。 ・子どもの頃から障がい者が周りにいて偏見はない。 ・事業所内の仕事はできると思い受け入れたところ働ける能力を再認識した。
当事者の現状を受け入れるための改革	〈住まいだけでなく生活習慣を見直す場の提供〉 ・一番大事なのは仕事。仕事をするからこそ安定した生活ができる。 ・生活習慣を社会の中で徹底的に治す場所が必要である。そのために住む場所と道徳観を身につける中間的な場所が必要である。 〈当事者への怒りから受け入れる認知への意識改革〉 ・障がい者が犯罪を起こすことがなければ被害者も出ない。犯罪を起こした者への怒りだけでは世の中は変わらない。	〈社会保障制度の改変〉 ・働ける障がい者を優遇する法制度があってもよいのではないだろうか。 〈再犯防止に向けた就労の役割への認識〉 ・住まいも必要であるが、住まいだけがあっても本人の役割である仕事がないと再犯してしまう。
外部から依頼された受け入れ経験の蓄積	〈理想とする支援方法の実現〉 ・犯罪防止プロジェクトへの参加を要請され、自分が思い描いていた中間的な場所と共同で起業することになった。 ・就労の受け入れがうまくいくと更に刑務所からの依頼が増えた。	〈支援方法に関する責任感・重圧感の軽減〉 ・支援当初から犯罪者支援の専門職であり、かつ信頼できる保護司と連携することで安心できた。 ・行政から当事者を支援するように依頼され、当事者の支援のやり方はすべて任されたので好きなやり方で支援することができた。

　そして【外部から依頼された受け入れ経験の蓄積】について、一般企業では外部からの依頼に対して「自分が思い描いていた中間的な場所と

共同で起業する」ことで、雇用がうまくいったこと等から〈理想とする支援方法の実現〉が挙げられ、福祉事業所からは「当事者の支援のやり方はすべて任されたので好きなやり方で支援することができた」ことの結果として〈支援方法に関する責任感・重圧感の軽減〉が得られた。

(3)RQ3：「当事者の就労継続を可能にするために管理者はどのような対応をしているか」についての結果

　RQ3に関するインタビュー調査について、コーディングを行った結果を表6-4に示す。

　ここでは当事者の就労の受け入れを行う一般企業・福祉事業所において、当事者が就労を継続できるために、どのような対応をしているかについて聞き取った内容をまとめた。ここでは4つのカテゴリー、一般企業と福祉事業所を合わせて15のサブカテゴリーが得られた。

　4つのカテゴリーは、【当事者の居場所となる職場】【当事者の就労の意識を変革する場】【受け入れ側の特徴を活かしたチーム支援】【チーム支援を通したメンバーの役割意識の改革】である。

　まず【当事者の居場所となる職場】において、一般企業では「仕事のレベルを高くして本人に意味をもった忙しさを与える」等から〈当事者に合わせた成功例の付与〉が挙げられ、「マンツーマン教育」や「当事者が住み込みで支援を受ける」が示すように、企業内においても当事者を生活面から密に教育する〈企業就労を継続させるための中間的な場所の設置〉が得られた。

　また福祉事業所では「当事者が逃げても再び戻って来られるような支援」等から〈最後まで見捨てることのない支援〉、「仕事を通して、認められなかった自分のことも認められる気づき」等から〈自己有用感を感じられる仕事〉や「「お疲れさん」という言葉を分かち合える仲間がいる」等から〈当事者同士のコミュニケーションの醸成〉、「性格に適した対応」や「能力アップを無理強いしない」ことから〈ストレスのない仕事〉が得られた。

次に【当事者の就労の意識を変革する場】について、一般企業では「今までの成育歴中で欠如した愛情を植えつける」等からモチベーションを上げることによる〈当事者への現状認識と期待の伝達〉や「自分にできることでよいから社会に恩返し（納税する、健康になる等）する必要」を教えることによる〈就労を通じた再教育〉が示された。また福祉事

表6-4. RQ3「当事者の就労継続を可能にするために管理者はどのような対応をしているか」に関する一般企業と福祉事業所の意識

カテゴリー	一般企業	福祉事業所
当事者の居場所となる職場	〈当事者に合わせた成功例の付与〉 ・仕事を真剣に打ち込むことで人間は変わる。 ・就労定着率を上げるため、仕事のレベルを高くして本人に意味をもった忙しさを与える。 〈企業就労を継続させるための中間的な場所の設置〉 ・企業実習とマンツーマン教育を受けさせたり、カウンセリングを受ける施設が必要である。 ・当事者が住み込みで支援を受ける。	〈最後まで見捨てることのない支援〉 ・当事者とは1～2年間かけて実の親以上の信頼関係を構築し、その後は親代わりとなって支援する。 ・当事者が逃げても再び戻って来られるような支援が必要である。 〈自己有用感を感じられる仕事〉 ・仕事を通して、認められなかった自分のことも認められる気づきが得られる。 〈当事者同士のコミュニケーションの醸成〉 ・一緒に働いてやり切ったという大変さや「お疲れさん」という言葉を分かち合える仲間がいる。 〈ストレスのない仕事〉 ・当事者の性格に適した対応ができている。 ・当事者に能力アップを無理強いしない。
当事者の就労の意識を変革する場	〈当事者への現状認識と期待の伝達〉 ・コミュニケーションを絶やさずにモチベーションを上げる。 ・今までの成育歴中で欠如した愛情を植えつける。 〈就労を通じた再教育〉 ・障害年金を受給する人は、自分にできることでよいから社会に恩返し（納税する、健康になる等）する必要があると教える。	〈一般就労時の業務に対する厳しさの再認識〉 ・かつて一般就労していた時に身についた「仕事は頑張らなくてはいけない」という意識を再確認させる。 ・自分の業務分担が終わっても指示があるまで休まずに緊張感を自覚させる。 ・職場に着き、業務時間になった瞬間から意識を仕事モードに変えて、自分勝手な業務判断を禁止する。

カテゴリー	一般企業	福祉事業所
受け入れ側の特徴を活かしたチーム支援	〈アウトリーチ型人材派遣と企業チームとの連携〉 ・当事者の最適な就労先を連携企業内で探す。 ・支援を必要とする当事者にオンタイムで就労先をマッチングさせ、ハローワークのように要支援者を待ってはいない。	〈相談支援事業所を中心とした役割の明確化〉 ・日中事業所系、グループホーム、保護司、地域生活定着支援センター、行政などの関係機関に役割を担ってもらう。 ・保護司に再犯防止の役割を担ってもらうことで福祉職は福祉の果たすべき職務に専念できる安心感がある。
	〈福祉の知識をもつ人材の不足〉 ・連携企業の中には雇用した当事者の障がいに関する知識が乏しく、ケース会議等の対策が必要である。	〈当事者の詳細な行動等の情報の早期共有化〉 ・当事者の様子がおかしいと思ったら、同日中に保護司等に連絡する。 ・当事者支援は職人技に近いので、字面の情報だけでなく早期のケース会議で検討能力を磨く必要がある。
チーム支援を通したメンバーの役割意識の改革	〈企業出身者が福祉施設にて支援を行う意義〉 ・当事者を働く「エース」に育てるためには企業の中で支援するべき。 ・入所施設の職員には企業においてサービス業の経験者でかつ対人スキルの高い人が必要である。	〈チーム支援によるメンバーの意識改革〉 ・多職種が応援団となって支援すれば、当事者が困難を乗り越えていくことができる。 ・働くことが積み重なり徐々に支援員間の信頼関係も深まっていく。 ・チームで支援すれば、当事者が再犯しても「そんなこともあるわな」と言える雰囲気に変わっていく。

業所では「かつて一般就労していた時に身についた「仕事は頑張らなくてはいけない」という意識を再確認させる」等による〈一般就労時の業務に対する厳しさの再認識〉が得られた。

　また【受け入れ側の特徴を活かしたチーム支援】において、一般企業では当事者を雇用する意向のある企業が連携し、人材派遣の担当企業が各企業の雇用したい人材の条件をもとに矯正施設等に働きかけ、当事者の志向や能力に応じて条件に合う人材を積極的に採用する方法として「当事者の最適な就労先を連携企業内で探す」等による〈アウトリーチ型人材派遣と企業チームとの連携〉や「障がいに関する知識が乏しく、ケース会議等の対策が必要」等による〈福祉の知識をもつ

人材の不足〉が示された。

　また福祉事業所では、相談支援事業所を中心にした「関係機関に役割を担ってもらう」や「保護司に再犯防止の役割を担ってもらうことで、福祉職は福祉として本来果たすべき職務に専念できる安心感がある」等による〈相談支援事業所を中心とした役割の明確化〉、「早期のケース会議で検討能力を磨く必要がある」等による〈当事者の詳細な行動等の情報の早期共有化〉が示された。

　そして【チーム支援を通したメンバーの役割意識の改革】において、一般企業では「入所施設の職員には企業においてサービス業の経験者でかつ対人スキルの高い人が必要である」等から〈企業出身者が福祉施設にて支援を行う意義〉や、福祉事業所では「当事者が再犯しても「そんなこともあるわな」と言える雰囲気に変わっていく」のように当事者への寛容な気持ちが更に深まることを示す〈チーム支援によるメンバーの意識改革〉が得られた。

⑷RQ4：「今後、さらに就労の受け入れを促進するために必要となる対応や制度等は何と考えているか」についての結果

　RQ4に関するインタビュー調査について、コーディングを行った結果を表6-5に示す。表6-5は当事者の就労の受け入れを行う一般企業・福祉事業所において、今後、受け入れを促進するために必要と考えられる対応や制度等について聞き取った内容をまとめた。ここでは2つのカテゴリー、一般企業と福祉事業所を合わせて7つのサブカテゴリーが得られた。

　2つのカテゴリーは、【就労の継続を促進する現行制度の補完】、【就労の継続を促進する新規制度案】である。

　まず【就労の継続を促進する現行制度の補完】について、一般企業では「当事者を雇用する企業に対する補助金制度」「優先的な入札制度」「法定雇用率の算定におけるダブルカウント」「最低賃金保障」等から〈雇用するインセンティブ〉が示された。補助金や優先的な入札制度に関

して、インタビューした企業の管理者の一人は「JC（青年会議所）の経営者を100人集めて、実際どうやったらこういう人たちを雇うのかって聞いたら、『お金もらわんと、そんなやばい奴、よう雇わんわっていう、正直な気持ちやないですか…いつ犯罪起こすかわからへんような奴をリスク背負って、よう雇わんわ、企業側にメリット感じないと邪魔くさいなあという企業がほとんどなんですよ』と述べ、当事者を更生させようと本気で取り組んでいる企業以外では受け入れは難しいと語っていた。

　また「協力雇用主や就労継続支援A型事業所に対して、最低賃金を補填する代わりに、強制的に当事者を受け入れる制度も必要」から〈福祉事業所への強制的な受け入れ措置〉が示された。ここでは『犯罪を

表6-5. RQ4「今後、さらに就労の受け入れを促進するために必要となる対応や制度等は何と考えているか」に関する一般企業と福祉事業所の意識

カテゴリー		一般企業	福祉事業所
就労の継続を促進する / 現行制度の補完		〈雇用するインセンティブ〉 ・当事者を雇用する企業に対する補助金制度や優先的な入札制度（従来の制度）や法定雇用率の算定におけるダブルカウント、最低賃金保障（新たな制度）。 〈福祉事業所への強制的な受け入れ措置〉 ・協力雇用主や就労継続支援A型事業所に対して、最低賃金を補填する代わりに、強制的に当事者を受け入れる制度も必要と思われる。	〈就労の機会を提供するインセンティブ〉 ・当事者を受け入れる事業所に対する補助金制度（従来の制度）や各種加算制度（就労の機会を提供する際の加算、専門の職員を雇用する際の加算、犯罪を起こした障がい者の単価を上げる障害福祉区分の改訂など）を充実させる（新たな制度）。
就労の継続を促進する新規制度案		〈当事者のニーズと雇用を希望する企業とをつなぐシステム〉 ・全国の当事者の就労に関する情報をデータベース化して雇用側の企業が探しやすくする。 ・雇用する企業に必要な情報（就労能力、資格、思い等）を企業にプレゼンする。 〈当事者を就労に再挑戦させるシステム〉 ・当事者が一旦就労した後、仕事が合わなくなった時に新たな職場を探す企業集団を立ち上げる。	〈新たな施設保険〉 ・当事者に就労の機会を提供する施設内でトラブルが発生した場合の損失分を保障する保険等を創設する。 〈世の中への啓発活動〉 ・就労の機会を提供している福祉事業所等についてマスコミが世の中に啓発することが必要である。 ・全国を回り当事者の就労の機会を提供することは決して難しくないことを話したい。

起こした障がい者の受け入れに努力し成果が上がるにつれ、次々と矯正施設や地域生活定着支援センターなどから受け入れを依頼されるようになってきた。本来は当事者を受け入れするべき福祉事業所の努力が不足しているのではないか』と述べる管理者がいた。

　一方、福祉事業所では「当事者を受け入れる事業所に対する補助金制度」や「各種加算制度（就労の機会を提供する際の加算、専門の職員を雇用する際の加算、犯罪を起こした障がい者の単価を上げる障害福祉区分の改訂など）を充実させる」から一般企業と同様に〈就労の機会を提供するインセンティブ〉が示され、当事者を受け入れたことに対する優遇措置が述べられた。

　そして【就労の継続を促進する新規制度案】について、一般企業では「全国の当事者の就労に関する情報をデータベース化して雇用側の企業が探しやすくする」等から〈当事者のニーズと雇用を希望する企業とをつなぐシステム〉が示され、「仕事が合わなくなった時に新たな職場を探す企業集団を立ち上げる」から〈当事者を就労に再挑戦させるシステム〉が得られた。

　一方、福祉事業所では「当事者に就労の機会を提供する施設内でトラブルが発生した場合の損失分を保障する保険等」から〈新たな施設保険〉が示され、「全国を回り当事者の就労の機会を提供することは決して難しくないことを話したい」からは〈世の中への啓発活動〉が示された。

2.当事者の受け入れ実績の多い先駆的な一般企業および福祉事業所の特徴

(1)一般企業

　インタビューを実施した一般企業の一つは、現在、少年院出院者や刑務所出所者に就労体験を提供することで、円滑な社会復帰を支援するとともに再犯率の低下をめざして設立されたグループに属している。

受け入れる者は知的障がい者とは限らないが、実際は知的障がいや発達障がいのあると思われる者がいるとのことであった。

　就労を受け入れてもらう対象者は、通常は矯正施設から各都道府県の地域生活定着支援センターを通じ、グループに参画する企業に依頼されてくる。そして就労を受け入れる企業は、仕事とともに対象者が生活できるように社員寮などの住居も提供する。その後、対象者は与えられた仕事に従事しながら仕事を覚え、同僚とのコミュニケーションを図り、賃金を貯金しながら自立した生活ができることをめざしていく。

　仮に当事者が一つの企業で継続的に就労できなくなった場合、図6-2に示すように、グループ企業の中から対象者により適した企業を探し、引き継いで受け入れることにより継続的に就労できるような仕組みができている。グループ企業同士は受け入れた当事者について常に情報交換をしている。この活動から「離職は決して支援の敗北ではなく生活の再構築を行ううえで重要な要素」という姿勢が見て取れた（日本社会福祉士会 2010）。

　しかしながらインタビューを実施した管理者は、現状では対象となる者の就労を含めた社会生活のニーズと受け入れる企業のニーズが合致するかどうか確信できないと述べていた。知的障がい者が企業で働くことで生活環境が大きく変わり、生活リズムや収入の管理に課題を抱えて退職するパターンが少なくない（全国手をつなぐ育成会連合会 2017）。また当事者の自立生活を支援するためには、福祉的な視点から助言をする専門家が不足していることである。

　例えば受け入れた者が、知的障がいを有していた場合や発達障がいを有していた場合、受け入れ企業の担当職員の中には、本人への適切な業務指導や生活指導ができないこともあり得ると考えられる。その際、福祉や医療の専門家や行政等からタイムリーに助言や支援が受けられない。結果的に受け入れた者が無断欠勤や逃亡してしまうこともめずらしくなく、ただ仕事を与えるだけでなく生活の振り返りを繰り返すことで受け入れた者の気持ちに寄り添う必要があると言える。

また管理者はインタビューにて、①矯正施設にいる者は自分がどんな仕事に向いているのかわからないかもしれないので、自分が直接面接して本人の特性を見極めたいこと、②就労先の企業から逃亡したら再犯する可能性が高いので、企業の職員は福祉の知識をもち、絶対に当事者に就労を継続させないといけないこと、③当事者は相手に認められたいといった承認の欲求を全く満たされていないことが多く、働けるようになって周囲から認められるような成功例が必要であること、④当事者個人に合わせた更生プログラムが必要であること等を強調していた。

　そして表6-4に示した【受け入れ側の特徴を活かしたチーム支援】の特徴は「教育担当企業」と福祉や司法などの「外部の支援機関との連携」である。対象者は必要があれば、教育担当企業が主催する生活スキルや日常の常識や学力を身につける活動に参加することができる。刑務所出所者等を雇用する協力雇用主に対するアンケート（法務省

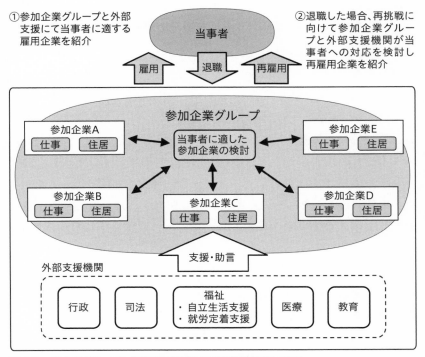

図6-2.一般企業グループと外部支援機関との就労継続支援システム

2011）によれば、当事者に身につけて欲しい能力・知識の中で最も高かったものは「社会常識」であった。

　教育担当企業ではSST（ソーシャル・スキル・トレーニング）、基礎学力やコミュニケーション力の向上、メンタルケア、外部講師の講話などの教育が行われる。また対象者が何らかの障がいがある場合や、受け入れ企業における人間関係などが適切に構築されなかった場合など、離職につながりやすい状況であっても外部の支援からの助言や本人へのカウンセリング等により、離職を防ぐ活動をすることであった。

　広田・伊藤（2011）は犯罪を起こしてしまった少年が社会に受け入れられていくためには、①構造的に「逸脱者」を作り出さないような社会福祉からの支援や雇用のシステムが必要であること、②非行少年を「逸脱者」として適切な教育・訓練を受けさせること、③少年の変化や立ち直りの過程を社会の多数の人々がもっと理解することの3つの課題に取り組む必要性を指摘している。先駆的な一般企業の活動は、これらの課題を解決する施策として有効に機能することが期待される。

(2)福祉事業所

　次にインタビューを実施した福祉事業所の一つは、当事者の困難な状況を理解し、過去に起こした犯罪にかかわらず働くことができれば、ありのままの本人を受け入れていることを特徴としている。時に福祉事業所の職員は「障がいのある人がこんなに働けるなんて思ってなかった」と驚くこともあった。それは当事者が更生されて変わったことに対する達成感や福祉関係者がもつ当事者への共感力を示していた（表6-2、6-3）。

　また特徴の二つ目は、RQ3「当事者の就労継続を可能にするために管理者はどのような対応をしているか」について、チーム支援の必要性が指摘され、相談支援事業所を中心とした支援チームのメンバーである各機関の役割を明確化し、当事者の詳細な行動等の情報を早期に共有化していた。その基本となる支援の考え方は「地域全体で当事

者の生活を支えること」である。しかし最初から当事者を支援することに前向きであった地域はほとんどないであろう。今回、インタビューした福祉事業所の管理者は、地域でゼロから今の支援体制を確立するまでに8年かかったと述べていた。その活動の一端について、管理者の2つのエピソードを交えて説明する（全国就業支援ネットワーク 2014）。

①働きたいという当事者を地域で受け入れるための活動

　数年前、管理者は一般企業で働いていたが恐喝事件を起こした当事者の支援を担当した。当事者は中程度の知的障がいを有しており、幼少の頃から両親や身内の者から虐待を受け、万引きを強要され、嘘をつき怒られながら育ってきた。そのため常に周囲の顔色を覗いながら生きてきた。

　一方、働く能力はあったため、企業では真面目に働き、重要な戦力となっていた。しかし半年にわたって同僚の男性から数百万を恐喝し、その後、警察に捕まり起訴されようとしていた。そのような状況の中、管理者は裁判を回避し、当事者が入所施設に送られようとする前に地域で支援することに決めた。それは当事者が再び地域で働きたいと願ったからであった。

管理者：相手の弁護士とやり取りをする中で、彼が一生かかって取ったお金を返していきますと、示談してもらって、裁判を取り下げてもらうという作業をしていく中で…ただ、なかなか彼のような裁判になるという人を受け入れるという法人はなくて…更生相談所の人は、社会性の適応ができるかどうかという点を考えると、彼は入所施設の対象であると…行政も弁護士もみんな入所施設という方向性やったんです。その時にこの人が私に言いはったんですわ。「もう一回、働きたいです」と言ったんですわ。この言葉聞いてね…ひっくり返したんですよ、全部を。嘘をついて誰も信用してなかったし、怒られる生活しかしてこなかったので、彼にとって入所は違うと思ったんですよ。だから彼は絶対地域で生活するべきだと思ったので全部入所施設の話をひっくり返してしまったんですよ。

そして、もう彼には応援団をつくるしかないと思ったんです。

　最初はホームがなかったので、入所施設の職員の独身寮が1室空いていたので、そこに所長に頼み込んで、ただ日中の作業所とか、障害年金とか、身内のとこから戻さなくてはならないので、権利擁護とかをする時にとても悲しいなって思ったのが、どこも決定がなかった。社協の権利擁護も彼の印鑑では無理だった。やっぱり捕まっているという…犯罪で。

　裁判を取り消すかどうかの最終判断として…私が後見人やって、私が今のところすべてを決定するというふうに、だから私が福祉サービスの利用と権利擁護と高額購入は私の名前ですべての契約をやってますね。

②前例にとらわれない考えをもつ事業所の管理者の巻き込み

　次に管理者は当事者を受け入れてくれる企業や福祉事業所に協力を依頼していた当時の様子について、以下のように話してくれた。

管理者：障がいの重い人が作業所に来ることが当たり前であるように、犯罪を起こした知的障がい者が、この事業所（就労継続支援B型）を使って働く練習して育てることが当たり前という考えを法人にもってほしいと思っていました。でも、この法人は保護者会から立ち上がったような法人なので、最初はそんな保護者会にも入ってなくて全然違う所で犯罪を起こした人が来るというので、なんでや！という声も当然、法人内でもあった。

　　　　その時、法人の若い管理者が「いやいや、うちらの使命は何やったんや」と法人の中で言い続けてくれて。後見人がいて、地域の生活支援センターがいる、法人で彼を受け止めるんじゃなくて、地域でこんな人たちを受け止めるんやという考え方を結構、事業所の人たちが言ってくれて。

筆　者：でもね、そういう考え方って一般的じゃないような気がしていますが…。

管理者：まだまだこの法人の中には、事業所の「使命」ということが、どういうことなのかを認識せずにやっているところもあります。8年かかってます。でも、そういう中でも当事者たちが職員の意識を変えてくれる。彼らは仕事ができるけども、いろいろな課題があるということを事業所が理解し、法人全体が考えるやり方を共有してくれると後に続く人が出てくる。彼らによって法人は考え方を変えてくれたので、法人の受け止めというよりも個人の職員さんの受け止めからです。そこから始まるのです。

　第4章にて、就労継続支援B型の管理者は受け入れ経験人数が増えることと受け入れの意向が高くなることとの間に関連がみられなかったが、支援員には関連がみられたことを考えると、上記の「個人の職員さんの受け止めから始まる」ことが理解できる。このように、この管理者は地域の事業所の犯罪を起こした者に対する意識を一歩ずつ変えていった。また地域の企業に対しても当事者の就労実習の場を開拓する活動を進めた。

　例えば図6-3に示すように、地域の産業の企業や個人から当事者に実習場所として提供可能な場を集め、当事者本人に合致した実習プログラムを作成・実施することで将来の雇用につなげていた。この活動

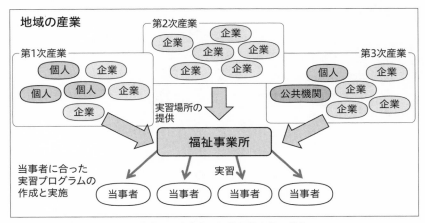

図6-3.実習場所として地域の産業から当事者に提供可能な場の構築

を通して当事者の能力や実習態度等に応じてそのまま雇用されることもあり、当事者と企業の両者にメリットがあると考えられる。加えて地域の中において、当事者は働くことができることを示す上でも意義のある活動と言えよう。

その結果、福祉事業所を中心にして支援チーム間の信頼関係が構築され、図6-4のように地域にある種々の支援機関や企業を巻き込むことで当事者の詳細な行動等の情報共有化が容易になり、地域住民にとって当事者に必要な「働く」「住む」という基本的な生活や障がい者雇用に対する意識も高まり、障がい者が社会に貢献できることを期待させていると思われる。

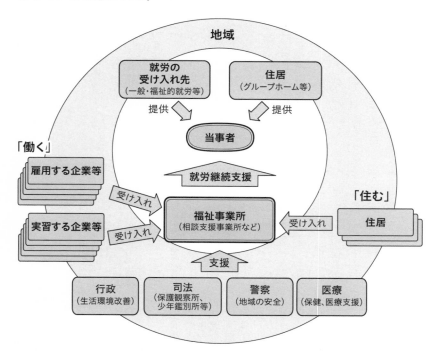

図6-4.地域の種々の支援機関により当事者を支援する活動の全体図

第4節

先駆的な一般企業と福祉事業所の
取り組みから得られる支援方策

　ここではRQ1からRQ4に関する一般企業と福祉事業所の特徴をもとに、当事者を受け入れることやその継続を促進するための支援方策について述べる。

RQ1：管理者が当事者の就労を受け入れることの意義は何か。

　今回、調査した先駆的な一般企業の管理者は、当事者の身元引受人になって親代わりの対応をしていたこと、当事者の就労能力向上により社会の戦力になれるという強い信念をもっていた。これは一般企業の管理者は、陳（2007）が述べているように、当事者を受け入れる意味づけとして"就労は成長発達をもたらすという信念"を当事者に対してもっていることを示し、その結果、当事者のコンピテンス（本能的もしくは生得的かつ学習的に、環境を自らの選択によって効果性を有する方向へと操作する能力）が触発され続けたと考えられる。

　また特徴的な点として、一般企業は犯罪を起こした当事者を家族メンバー同士が互いにもっている有用なリソースを活用しながら守ることで、当事者に贖罪の念を想起させ、人生課題を解決する過程で、喜びや励ます経験を働きかける"家族内エンパワメント"（佐々木2017）を当事者の就労生活の中で実施している事例もあった。当事者の中には家族との縁が切れてしまった者が少なくないことから、家族との絆を想起させるような対応は有効であると考えられる。

　一方、福祉事業所は〈ありのままの当事者の受け入れ〉が示すように、知的障がい者への「パターナリズムにもとづいた障害観」（花崎 1999）

を排除していることであった。また今回の福祉事業所は、受け入れた当事者の再犯による社会的信用の失墜のリスクがあるにもかかわらず、社会福祉法人の使命の一つであるセーフティネットと意味づけて当事者を受け入れていた（全国社会福祉法人経営者協議会 2014）。

　以上を踏まえて、当事者を受け入れることやその継続を促進するための支援方策への示唆について考えてみる。

　まず行政または当事者の受け入れに関して成果を上げている団体が支援主体となり、受け入れに消極的な一般企業や福祉事業所に対し、受け入れまでの過程と必要なノウハウおよびメリット・デメリットを丁寧に説明し、理解を得ていく活動が必要であると考えられる。その後、受け入れを決めた一般企業や福祉事業所は、職員や利用者の家族、保護者等にその旨を説明し、内部における理解獲得の活動も進める必要があるだろう。また福祉事業所では、職場の同僚による当事者間のピアサポートが自然に計画的になされること、そして行政等は当事者が働き手として期待をもたせることで犯罪への不安を払拭する等の丁寧な説明を行う必要があると考えられる。

RQ2：当事者の就労を受け入れるきっかけとなった出来事と受け入れる時の当事者への共感的理解は何か。

　若い頃のつらい経験や悪事を働いていた経験が、一般企業の管理者を当事者支援へ向かわせていた。例えば一人の管理者は、反社会的組織に所属していたため社会に対する償いとして当事者支援を始めた。その結果、「当事者は社会の戦力になれる」と当事者の就労の可能性に気づき、まずはともあれ雇用することの重要性を認識したと考えられる。福祉事業所においても「働ける能力を再認識した」と述べられ、両者ともに当事者を受け入れた後に彼らの就労能力に関する可能性を認識していた。また生活習慣を社会の中で徹底的に治す中間的な場所の必要性も述べられた。そして仕事ができることが最優先であることが示されたが、これは一般企業が当事者を雇用する上で大きな促進要因となり得ると考えら

れる。

　インタビューで聞き取った事例の知的障がい者には、一般就労の経験のある方等、職業準備性[2]における「職業適性」、特に体力、器用さ、作業速度などの作業力に関して、一般就労のレベルに近い方もいたことを考えると、個別就労支援プログラム（Individual Placement and Support　以後、IPSという）の考え方にもとづいていると考えられる（内閣府 2010）。IPSでは本人が「働きたい」という希望があれば、一般の職に就けるという強い信念にもとづき、ケアマネジメントの手法を用いて、本人の好みや長所に注目した求職活動と同伴的な支援を継続する「place-then-train：早く現場に出て仕事に慣れる」方法を取っている。吉開（2014）も就職後に労働者として成長していくことを考えれば、「就職してから訓練」という考えは実際の雇用につながりやすく、就労の継続もしやすくなると指摘している。

　また福祉事業所の管理者は、福祉に関わる者は犯罪を起こした者に対しても共感する力をもつことを示した。しかし研究の背景で述べたように、「他の利用者への影響の心配」（小野ら 2011）のために就労機会の提供に踏み込めずにいた。その対策として〈支援方法に関する責任感・重圧感の軽減〉において、支援当初から信頼できる保護司と連携できたことで安心感が増し、支援のやり方をすべて任されたことで、主体的に支援に踏み出すためのきっかけとなったと考えられる。

　以上を踏まえて、当事者を受け入れることやその継続を促進するための支援方策への示唆として、一般企業や福祉事業所は当事者が犯罪を起こしたという先入観にとらわれずに、就労支援という視点をもとにまずは働く能力を重視することが求められると思われる。そのためには、職員にはサービス業経験者や対人スキルの高い人、企業における仕事を理解している人材も必要であろう。そして当事者に対して日常の生活習慣の見直しや道徳観を身につける場や司法関係機関等、従来の障がい者よりも高度な支援機関との連携が求められると考えられる。

RQ3：当事者の就労継続を可能にするために管理者はどのような対応をしているか。

　ここでの管理者の対応の特徴は、当事者の居場所となる職場とチーム支援を実現することであると考えられる。すなわち当事者の居場所となる職場を実現するため、一般企業の管理者は当事者に合わせた成功例と彼らへの期待を表明することを強調していた。特に「仕事のレベルを高くして本人に意味をもった忙しさを与える」ことで、当事者が担っている仕事の重要性を積極的に認識させ仕事へ打ち込む姿勢を確立させていたと考えられる。それに対して、福祉事業所では本人を最後まで見捨てず、仲間とのコミュニケーションを醸成しつつストレスのない職場を実現していた。またチーム支援では、一般企業は図6-2に示すように、雇用したい人材の条件をもとに当事者の雇用を希望している企業グループを形成し、当事者の志向や能力に応じて条件に合う人材を積極的に採用する方法を重視していた。

　この活動により、現状の就労支援や住まいの確保だけでは当事者が働き続けることは困難であり、一般企業は就労前や就労中の当事者に対し、日常生活に必要な教育の場も同時に提供しなければ就労は継続しないことがわかった。それは奥田ら（2014）が述べているような社会的就労、つまり即座に一般就労に従事することができない場合の訓練や社会参加に重点を置いた就労に相当するであろう。

　今回の一般企業では、当事者の教育・訓練やカウンセリングを行う中間的な場を設けている点において社会的就労の考えが含まれていると言えよう。そして福祉事業所には、相談支援事業所を中心にした関係支援機関に明確な役割を担ってもらい、情報共有しながら就労を継続させることを重視していた。

　以上を踏まえて、当事者を受け入れることやその継続を促進するための支援方策への示唆は、当事者の能力を活用できる仕事や成長を促す仕事が与えられる職場とすることである。そのためには、受け入れ側の一般企業や福祉事業所は当事者に向けて当事者の強みや弱みを把握し、本

人の将来に向けた志向や性格を考慮した業務の目標を設定することが必要であると思われる。また当事者には、住まいと就労を同時に提供し、企業の職員が仕事の指導だけでなく当事者の日常生活や教育の世話を担当することで、再犯防止と就労継続の両立に近づくことができると考えられる。

RQ4：今後、さらに就労の受け入れを促進するために必要となる対応や制度等は何と考えているか。

　一般企業と福祉事業所ともに当事者を受け入れする際のインセンティブ（補助金制度、入札制度、受け入れる時や専門職員を雇用する際の加算、法定雇用率の算定方法等）の必要性を挙げていた。また当事者を受け入れるための新たな促進案について、一般企業と福祉事業所との間で、就労継続に対する考え方に違いがみられた。そのため当事者の受け入れに限定した新たな施設保険制度などのリスクマネジメントを重視していた。

　したがって当事者を受け入れることやその継続を促進するための支援方策への示唆として、一般企業では個々の企業の求める当事者を雇用しやすいシステムの構築が必要であると考えられる。ただし企業側の都合のみで決められることなく、あくまで当事者の能力や意思を反故にするものであってはならない。また福祉事業所では、当事者を受け入れる際の安心感が得られる施策等が求められるであろう。

　以上、4つのRQを通して本書では序章で述べた不安定な就労が再犯リスクとなっている調査結果をもとに、敢えて積極的に就労を住まいの確保と同時期、つまり第1段階から始めることが当事者の就労に結びつくと考えた。そして効果的な就労継続支援を提供することで、当事者の生活自立と再犯防止の両立につながると思われる。

第5節

先駆的な一般企業および
福祉事業所の対応に関する評価

　本章にて取り上げた先駆的な支援を行う一般企業および福祉事業所について、第2章から第5章で提言した促進要因および阻害要因に対する対応状況をそれぞれ表6-6、表6-7にまとめた。表に示す評価（○△×）は、本章におけるインタビュー調査をもとに促進要因および阻害要因について、一般企業・就労継続支援A型・就労継続支援B型がどこまで対応できているかについて判定した結果の平均を示した。ここで表6-6には主な促進要因として11個、表6-7には主な阻害要因として5個を取り上げた。

　まず表6-6をみると、促進要因ついての対応状況の特徴として「犯罪歴のある人を受容する職場であること」「当事者の受け入れ経験が多いこと」「相談できる専門機関との連携が確立されていること」「当事者に対して常に愛情や関心をもってくれる人がいること」「安心できる居場所としての職場であること」について、一般企業・福祉事業所のすべてで満たしていた。

　のぞみの園（2014）は犯罪を起こした知的障がい者を支援する上で、福祉関係者が必要とする研修に関する調査を行い、「触法障がい者を支援する意義」に関する研修が必要であると述べていたが、今回、一般企業が当事者への偏見をもっていないことは特筆するに値するであろう。それは当事者の就労を受け入れる企業にとって、当事者の就労を受け入れることが、単に障がい者に対する法定雇用率を達成することのみが目的ではないことを示していると思われる。

　また今回の一般企業は、ほぼすべてが中小企業であることや当事者の住まいとして社員寮などの住まいを提供しているため、企業内で当

表6-6. 第2章から第5章において提言した促進要因について、本章で取り上げた一般企業および就労系福祉事業所の対応状況に関する評価

○：ほぼ満たしている　△：一部を満たしている　×：ほとんど満たしていない

第2章から第5章において提示した主な促進要因	一般企業	就労系福祉事業所	
		就労継続支援A型事業所	就労継続支援B型事業所
犯罪歴のある人を受容する職場であること	○ ほぼ偏見なし	○ ほぼ偏見なし	○ ほぼ偏見なし
当事者の受け入れ経験が多いこと	○ 5人以上	○ 5人以上	○ 5人以上
仕事ができることが最優先であること	○ 仕事ができることが受け入れの必須条件。	○△ 仕事ができることを重視する。	○ 仕事ができることが受け入れの必須条件。
相談できる専門機関との連携が確立されていること	○ 当事者を受け入れる企業同士でグループを構成し、情報交換会や専門家との勉強会を定期開催している。	○ 当事者を受け入れる始めた当初から保護司との連携を密にし、異変時には情報を共有している。	○ 当事者の受け入れを始めた当初から相談支援やGH等との連携を密にし、異変時には情報を共有している。
事業所における現場の支援員の専門性の向上および安全が確保されていること	△ 職場には相談できる担当者（上司）を配置しているが、安全確保ができるかどうかはわからない。	△ 当事者には支援員全体で関わっているが、安全確保ができるかどうかはわからない。	△ 当事者には支援員全体で関わっているが、安全確保ができるかどうかはわからない。
自分の能力を活用できる仕事を与えられること	△ 就労当初は、当事者に無理に業務をさせず、欠勤も許されている等の配慮があるが、仕事のマッチング重視。	○△ 業務が限定され、本人が成長できる仕事があるとは限らないが、管理者は適才の切り出しに努力している。	△ 本人の資質に合った仕事の与え方をしている。少し負荷をかけてやる気を出すよう工夫している。
自分の成長を促す仕事が与えられること	△ 上記と同様に、仕事のマッチングを重視し、成長を促す仕事は慎重に与えている。	○ 当事者が自ら一人前に成長できるような仕事の与え方をしている。	○ 本人の資質に合った仕事の与え方をしている。成長を促す仕事を与えるまでに至っていない。
当事者に対して常に愛情や関心をもってくれる人がいること	○ 管理者（社長クラス）が当事者への関心をもって接している。	○ 管理者が当事者への関心をもって接している。	○ グループホームの管理人が本人の支援を行っている。
安心できる居場所としての職場であること	○ 職場には相談できる担当者（上司）がいる。また、教育を目的とした企業も利用できる。	○ 当事者に少しでも普段と異なる様子があれば、保護司とはじめ関係者同士で連絡している。	○ グループホームの管理人が本人の支援を行っている。
地域住民の理解を得る活動を行い認められていること	△ 地域住民との信頼関係は一部であるが、現在構築中である。	○ 当事者を地域の社会活動に参加させる等、地域住民に受け入れられている。	○ 当事者を地域の社会活動に参加させる等、地域住民に受け入れられている。
当事者がやり直しのできる体制が整っていること	○△ 離職した当事者を再雇用するはあるが、企業の信用を重視することから再犯を起こした者は受け入れられない。	○ 基本的には逃亡したり再犯したりしても再び受け入れる用意は整えている。	○ 基本的には逃亡したり再犯したりしても再び受け入れる用意は整えている。

事者を支援する担当の従業員が常に本人と密にコミュニケーションを取り、生活状況等を把握しやすい等の細やかな支援が可能であったと考えられる。加えて今回の一般企業・福祉事業所では、相談できる専門機関との連携が確立されており、当事者を一つの一般企業・福祉事業所が抱え込むことなく、グループを構成する企業や関係機関を巻き込んだ相談体制ができていた。

　そして促進要因として一部を満たしている項目が多かったものとして、「事業所における現場の支援員の専門性の向上および安全が確保されていること」「自分の成長を促す仕事が与えられること」の2点が挙げられた。この結果は第4章の調査において全国の就労系福祉事業所から得られた結果と同じ傾向にあった。

　今回の一般企業・福祉事業所では、これらの要因を満足するための人員は配置されているが、確実に効果が得られるわけではなくリスクは常にあると考えている。それでも当事者の就労を受け入れる原動力は「当事者に対して常に愛情や関心をもっている」という考え方が基本であると考えられる。特に福祉事業所の事例をみると、当事者を支援する担当の従業員は、当事者の「もう一回、働きたいです」という言葉を大切にしていた。そして当事者が人から信用されず怒られてきた今までの生活を働くことで立て直そうとして、支援員自ら後見人となり当事者の福祉サービスや権利擁護の利用を支援していた。第3章のインタビュー調査においても、就労をきっかけに当事者の生活の楽しさが急激に上昇し、再犯を起こしてもチャンスを与えられることで生活が立ち直っていく過程を示したが、先駆的な事業所では正にこの過程が再現されていた。

　次に促進要因の一部を満たしているものとして、「自分の能力を活用できる仕事を与えられること」「地域住民の理解を得る活動を行い認められていること」が挙げられた。特に一般企業では「相談できる専門機関との連携が確立されていること」の内容として、社長自ら当事者の職場の様子や生活の状況について現場に出向いて確認し、時々、当事者と食事をしながらつらかった過去を聞くことで心を開かせてスト

レスを発散させる等の地道な対応をしていた。

　ただし一般企業の短所として、再犯を起こした者を基本的に受け入れないことである。福祉事業所は再犯を起こしてもチャンスを与えてくれるが、企業にとって世の中に対する信用は事業の存続の生命線である。再犯を起こした者は再び犯罪を起こす可能性があり、何人もの当事者に逃げられた経験をもち、企業として当事者への対応が難しいとのことであった。それがかえって、当事者に対する企業の管理者の言葉として「就労先の企業から逃亡したら再犯する可能性が高いので、企業の職員は福祉の知識をもち、絶対に当事者に就労を継続させないといけない」に表れていると思われる。

　また地域住民の理解を得る活動に関して、一般企業では地域のイベントに積極的に当事者を参加させることで、住民との信頼関係を構築

表6-7. 第2章から第5章において提言した阻害要因について、本章で取り上げた一般企業および就労系福祉事業所の対応状況に関する評価

第2章から第5章にて提示した主な阻害要因	一般企業		就労系福祉事業所	
			就労継続支援A型事業所	就労継続支援B型事業所
支援者側に犯罪歴のある人に対する先入観があること	○	ほぼ先入観なし	○ ほぼ先入観なし	○ ほぼ先入観なし
当事者に適する作業が事業所にないこと	○	当事者を受け入れる企業同士で本人に合った仕事（企業）にマッチングする仕組みがある。	法人内で当事者のレベルに合った業務を与えてくれる。	法人内で当事者のレベルに合った業務を与えてくれる。
当事者に関する必要な情報が提供されていないこと	○	当事者を受け入れる際に、刑務所等へ出かけて直接、本人や担当者から情報を得ている。	当事者を受け入れる際に、保護司や関係者から情報を得ている。情報がなければ受け入れできない。	△ 当事者に働く能力があれば受け入れる。情報が十分提供されているとは限らない。
起こりうる困難への対策がなされていないこと	△	職場には相談できる担当者（上司）を配置しているが、悪影響を防止できるかどうかはわからない。	△ 不測の事態時には保護司と情報を共有しているが、悪影響を防止できるかどうかはわからない。	△ グループホームの管理人が本人の支援を行っているが、悪影響を防止できるかどうかはわからない。
職場内で相談できる体制が整っていないこと	○	職場には相談できる担当者（上司）がいる。また、教育を目的とした企業も利用できる。生活の面については社員寮の同僚が支援している。	○ 当事者に少しでも普段と異なる様子があれば、保護司をはじめ関係者同士で連絡している。	グループホームの管理人が本人の支援を行っている。

しつつあること、就労継続支援Ｂ型では地域の企業に実習生として当事者を送り込み、10年近くかけて働く能力のあることを理解してもらう活動を続けていた。そして就労継続支援Ａ型では、地域の特性として障がい者に対する理解のある土地柄であり、住民が事業所の利用者に対する関心が高く当事者は住民から見守られていた。

　次に表6-7をみると、阻害要因の対応状況の特徴として、5つの要因の中で「支援者側に犯罪歴のある人に対する先入観があること」「当事者に適する作業が事業所にないこと」「職場内で相談できる体制が整っていないこと」の要因については対応できていた。例えば「職場内で相談できる体制が整っていないこと」については、職場には相談できる担当者（上司）が決められており、また教育を目的としたグループ企業も利用できる体制が整っていた。また生活の面については社員寮に住んでいる同僚が支援し、当事者の様子を見守っていた。しかしながら「起こりうる困難への対策がなされていないこと」については、先駆的な支援を行っている一般企業・福祉事業所においても一部しか対応できていないという結果が得られた。

　一方「当事者に関する必要な情報が提供されていないこと」に関して、就労継続支援Ａ型では、普段から当事者の生活態度や異変があった時の内容等を保護司と連絡し合い、信頼関係を密にすることで必要な情報を得ていた。第4章の調査では就労継続支援Ａ型は外部の専門機関との連携が弱い特徴があったが、本章の調査を通して先駆的な就労継続支援Ａ型では逆に連携が強いという特徴が示された。これらの活動は一朝一夕で構築されたわけではなく、何人もの当事者に支援の途中で逃げられる等の失敗を繰り返しながら、管理者の強い思いとリーダーシップにより、支援のノウハウが蓄積・継続されてきたと思われる。

　受け入れ経験人数が増えることと当事者の受け入れ可能性が高くなることの関連性は、今回の事例からも理解できるものであった。しかし就労継続支援Ｂ型では十分ではなかった。第4章の結果から、就労継続支援Ｂ型ではビニエット2（傷害）とビニエット3（売春）において、

受け入れ経験人数が増えることと当事者の受け入れ可能性が高くなることの関連性は、管理者と支援員との間で傾向が異なっていたことから、本章でも両者で当事者に関する必要な情報が十分に共有されていないことがうかがえた。

　以上、先駆的な支援をしている一般企業および福祉事業所では、第2章から第5章で提言した就労の受け入れに関する促進要因および阻害要因に関して、一部を除きほぼ満足する支援がなされていたと考えられる。

【注】
1) 本研究で調査対象とした障害者就業・生活支援センターは、行政から障がい者を清掃作業に従事する委託業務を受けており、事業所の種別として福祉事業所に含めた。
2) 令和2年度版 就業支援ハンドブック（障害者職業総合センター 2020）によれば、職業準備性とは職業生活を開始するにあたって要件を準備すること。 例えば職業生活をはじめていくのに必要な身体条件、体力、仕事に対する意識、上司や同僚とコミュニケーションしていくための能力、必要な技術、技能の獲得等。

【文献】
陳 麗婷（2007）「知的障害者の一般就労に影響を及ぼす要因の解明」『社会福祉学』48 (1),68-80
佐々木政人（2017）「家族ソーシャルワークを再考する：エンパワメント理論を基礎に」『愛知淑徳大学論集. 福祉貢献学部篇』7, 79-96
花崎三千子（1999）「動き出した本人活動」松友 了編著『知的障害者の人権』明石書店,149-150
全国社会福祉法人経営者協議会（2014）『地域から信頼される社会福祉法人となるために』
内閣府（2010）「ユースアドバイザー養成プログラム（改訂版）」
吉開多一（2014）「犯罪・非行をした者に対する就労支援の現状と課題 (独立行政法人日本学術振興会科学研究費助成事業基盤研究(C)「子どもの非行・虐待防止のための地域社会ネットワークの実証的研究』報告)」『早稲田大学社会安全政策研究所紀要』7, 281-300
小野隆一・木下大生・水藤昌彦（2011）「福祉の支援を必要とする矯正施設等を退所した知的障害者等の地域生活移行を支援する職員のための研修プログラム開発に関する調査研究（その1）障害者支援施設における矯正施設等を退所した知的障害者等の受入れ・支援の実態及び職員研修についての調査研究」『国立のぞみの園研究紀要』4,1-14
長谷川真司・高石 豪・岡村英雄ほか（2016）「多職種・多機関連携による触法高齢者・障

　　害者の地域生活支援の現状と課題——Ａ県Ｂ地域生活定着支援センターの事例から」『山
　　口県立大学学術情報』9,125-133

広田照幸・伊藤茂樹（2011）「社会の変化と日本の少年矯正（課題研究 少子・高齢化社
　　会における犯罪・非行対策——持続可能な刑事政策を目指して）」『犯罪社会学研究』
　　36,28-41

法務省（2011）『刑務所出所者等を雇用することに関するアンケート調査』平成23年5月

日本社会福祉士会編（2010）『ソーシャルワーク視点に基づく就労支援実践ハンドブック』中
　　央法規

のぞみの園（2014）「福祉の支援を必要とする矯正施設を退所した知的障害者等の地域生活
　　を支える相談支援を中心とした取り組みに関する調査・研究報告書」独立行政法人 国立
　　重度知的障害者総合施設のぞみの園

岡山県社会福祉協議会（2015）「触法障がい者の受け入れに向けて（障がい福祉施設等編）」
　　社会福祉法人岡山県社会福祉協議会・岡山県地域生活定着支援センター,15-16

奥田知志・稲月 正・垣田裕介ほか（2014）『生活困窮者への伴走型支援——経済的困窮と
　　社会的孤立に対応するトータルサポート』明石書店

佐藤郁哉（2008）『質的データ分析法——原理・方法・実践』新曜社

障害者職業総合センター（2020）「令和2年度版 就業支援ハンドブック」独立行政法人高齢・
　　障害・求職者雇用支援機構

瀧川賢司（2020）「犯罪を起こした知的障がい者を受け入れる職場における管理者の意識
　　——先駆的な一般企業と福祉事業所の比較を通して」『司法福祉学研究』20,77-98

全国就業支援ネットワーク（2014）『全国就業支援ネットワーク——定例研究・研修会』86-
　　87

全国手をつなぐ育成会連合会（2017）『手をつなぐ』No.729,8-19

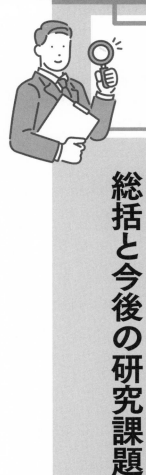

終章

犯罪を起こした障がい者の
就労を軸にした支援方策の
総括と今後の研究課題

第1節

犯罪を起こした障がい者の就労を軸にした
支援方策の総括

1. 研究の背景と動機 (序章および第1章)

　本研究の動機をまとめると、矯正施設に収容されている受刑者の中に20数％の知的障がい者がいることや再犯を起こして刑務所へ再入する者の75％以上は無職である事実をもとに、これらの知的障がい者は就労経験や就労能力があったとしても、「社会的障壁」は依然として高く、雇用機会に恵まれなくなるという考えに不条理を感じたからである。すなわち障害者差別解消法が施行されたとはいえ、現状では犯罪を起こした知的障がい者を採用する上でそもそも就労能力があったとしても、「犯罪を起こした」ことは障がいの有無に関係ないことから法律の要件に合わない。加えて障害者雇用促進法に鑑みれば、当事者を採用する際、事業主に対して過重な負担を及ぼす場合には採用されない可能性もある。このように、障がい者であっても「犯罪を起こした」ことで差別され、彼らの「働く権利」は救済されない状況に陥ることを指摘した。本研究の当事者は、かつて一般就労の中において自分の与えられた役割を全うすることの嬉しさや達成感、また時には仕事の厳しさも少なからず感じていた。そのような彼らが就労することをアマルティア・セン (1999) の言う「価値をおく理由のある生」であると選択しても、それを実現する機能をもつ就労の受け入れ側が圧倒的に不足している現状や支援者側がもつ「犯罪を起こした知的障がい者を受け入れることはできない」というパターナリズムを変革しなければならないと考えた。現実に犯罪を起こした者を雇用する協力雇用主制度における雇用状況は、協力雇用主の登録企業全体の約4％程度 (法務省 2015) にとどまり、制度として十分な成果を示していない。その解

決のために、支援の開始時点から「当面の住居・医療・福祉サービスの利用申請等」と同時に「就労」という場を提供するという現状の制度にこだわらない施策が生活の自立につながり、結果として再犯防止に資すると考えた。以上、述べたように、犯罪を起こした（軽度）知的障がい者の就労機会の不平等の原因となっている「社会的障壁」を打破したいという思いが本研究の根本となった動機である。

2.犯罪を起こした（軽度）知的障がい者の生活自立向けて「就労を軸」とした意義

　まず「労働（就労）」には、ヘーゲル・マルクスの言う「人間にとっての自己実現の場」であるように労働を積極的な意味を見出している面とアーレントの言う「労働は必要性による奴隷化」であるように、労働は人間から自由を奪うことに着目したように積極的とは言えない面の二つの考えを確認した(宇野 2011)。その上で当事者にとって「就労」という自由すら得られていない現状を鑑みると、「就労」は「人間にとっての自己実現の場」であるように積極的な意味をもつものと考えた。すなわち自分が就きたい仕事に就労し報酬を得ることは、社会の一員として社会とのつながりがもてること（関谷 2007）、他者から認められているという感覚が自己への信頼感を支え、自己確証を得るための重要な契機となり（長島 1989）、自己効力感や自己肯定感といった心理的要素と、資源へのアクセス、ニーズ充足、個人の行動、参加といった社会的要素が融合する（津田 2005）。その結果、犯罪志向から離脱が可能になると考えた。その基本となる理論は、当事者にとって実際に「価値をおく理由のある生」としての「就労」の機会がどれだけ与えられているかというアマルティア・セン (1999) の「潜在能力」である。センは、経済は資源や財を利用して、人の厚生を高めるだけでなく、人の自由に資するものでなければならないと述べている。センによる自由とは「本人が価値をおく理由のある生を生きられる」ことを意味し、

当事者にとって「就労」は自由の一つと考えられるからである。

　本研究で取り上げた「就労を軸とした」生活自立を実現することは職業リハビリテーションの分野の考えであるが、本来の「リハビリテーション」の意味は、「人間にふさわしい権利、資格の回復」を意味し、「誤審の取消し」や「犯罪者の再教育や社会復帰」などにも使われる（肥後 2003）。したがって本研究のような働く能力があるにもかかわらず就労ができない状況を余儀なくされている当事者の就労の機会を広げることは、障がい者の自立において、とかく経済的自立に目が向きがちである中で、それにも増して当事者が受けた社会的不正義からの「名誉回復」または「社会復帰」を実現することにつながると考えている。

▌3. 当事者の生活自立に向けた犯罪志向性の変化・就労の継続に関わる要因と支援方策（第2章＆第3章）

　第2章および第3章の目的は、「犯罪を起こした知的障がい者」へ直接インタビュー調査を行うことにより、就労生活の過程において当事者の「いきいき」就労生活を実現する要因および犯罪志向から離脱する要因の解明とその支援方策の示唆を得ることである。先行研究において知的障がい者へインタビューする場合、対象者が所属する事業所の支援員などの専門家を選ぶことが多く、特に「犯罪を起こした知的障がい者」はほとんどインタビュー調査の対象とされなかった。しかし当事者のニーズを判断する上で専門家が常に正しいとは限らないこと、当事者は第三者よりも正確な情報をもっていたりすること、専門家だけの判断では権力的な支配が蔓延しかねないことや（岡本 2017）、「当事者主権」の考え（上野・中西 2008）にもとづき当事者へ直接インタビューを行った。すなわち当事者の「社会生活の基本的要求」を理解することが、現代社会における生活上の問題点とその解決に向けた支援方法を引き出す重要な立ち位置と考えられる（岡本 2017）。

　そして当事者への新規なインタビュー調査の方法として、従来では

福祉分野の研究に用いられることがほとんどなかったライフ・ライン・メソッドを用いた。ライフ・ライン・メソッドの利点は、自己の感情表現が容易にできる、第三者間にて結果の共有を簡便に促す、当事者の調査への参加意向を刺激しやすい、人生の全体像を把握できる、人生行路のダイナミクスをとらえることができる、人生経験の量的および質的データを集約できることである（Clausen1998, Takkinen & Ruoppila 2001, Schroots 2003, 平野 2009）。特に本研究では、知的障がい者にも簡便に表現しやすく、対象者・現場の実践者・研究者との間で情報を共有化でき、ライフ・ライン・メソッドのグラフの傾きを用いて量的および質的データを集約することができると考え採用した。

調査の結果、当事者の犯罪志向性の変化（第2章）では、グラフの傾きの正負をもとに定量的に評価することにより「犯罪を起こした知的障がい者」に関する知見として、当事者の「犯罪志向性」が上昇する時には「楽しく生活を送れていること」を感じることが少なくないこと、ストレスの感覚の欠如の状態における「衝動的行動」が特徴的であることを明らかにすることができた。

就労の継続（第3章）については、当事者の生活の過程において「犯罪歴のある人を受容する職場」が犯罪志向からの離脱という大きな変容のターニングポイントとなったことや、逆に「支援者側に犯罪歴のある人に対する先入観があること」が当事者に立ちふさがる「社会的障壁」として存在することを確認し、就労が犯罪志向性の低下に関連することを明らかにできた。また当事者の就労を維持するため、かつて就労経験のある当事者に対して仕事の厳しさを再認識させることで仕事への責任感を思い起こさせることが重要であることがわかった。語り手にとってインタビューを受けることは、自己の経験を表現する場であるだけでなく、その表現した経験を確かに聴いてくれる人が存在する場があることでもある（福永 2011）。今回、当事者がインタビューにおいて自らのライフストーリーを語る際、当事者は時として雄弁であり、笑い、反省し、時には涙しながら懸命に話す内容には一貫性があり信頼できるものであった。当事者は過去の出来事を一つひとつ思

い出し、その意味を考えながら自らの言葉で話していた。そして、ほぼすべての当事者はインタビューを通じて、桜井ら（2005）の言う「自己理解が自己の行為に還元していく力を得る可能性」を生み出しているようであった。その表情はとても「いきいき」したものであり、インタビューが終わった後、彼らの何人からは感謝の言葉をもらうことができた。またライフ・ライン・メソッドを用いることにより、従来のインタビュー調査の逐語録のみにもとづく質的解析に加えて量的解析も同時に行い、混合研究法の新たな可能性を提示することができたとともに、インタビューという行為が当事者をエンパワメントすることにつながることが示された。

4.就労系福祉事業所における当事者の就労の受け入れ・継続に関わる要因と必要な連携およびそれらの支援方策について（第4章＆第5章）

　第4章および第5章の目的は、全国の就労系福祉事業所において当事者の受け入れ・継続に関わる要因を明らかにして支援方策の示唆を得ることである。

　本章における新規性は架空事例によるビニエット法を用いた質問紙調査を実施したことである。ビニエット法の利点には、回答者によって想起される場面を、ある程度一定にコントロールできる可能性があること等が挙げられている（北野 2002）。ここでは知的障がい者が起こした犯罪種別の違いにより、受け入れに対する意向が異なると考え、3つの犯罪の架空事例（窃盗、傷害、売春）とした。またビニエットに登場する当事者の特徴は、仕事をする能力や意欲があること、犯罪を起こしたことを反省していること、福祉の支援を受けていることとし、犯罪を起こしたという不利な条件以外はできるだけ就労をめざす知的障がい者と同じ条件とすることとした。従来の研究において、ここまで詳細な事例を用いた全国調査はなく、回答者に負担がかかる可能性も

あったが十分な数の調査データ（回収率は約30%）が得られたことから本研究の関心の高さがうかがえた。

　調査の結果、当事者の受け入れ（第4章）に関し、以下の主な3点が明らかになった。①事業所のタイプ別について就労移行支援は、就労継続支援A型や同B型と比べての管理者と支援員ともに当事者を受け入れる意向が有意に高かった。②事業所の受け入れ経験人数が増えることと受け入れる意向が高くなることとの関連がみられた。すなわち、障がい者に対する偏見や誤解について、障がい者との接触経験の多さを主因として肯定的態度を示すことが考えられた（立石 2002）。ただし就労継続支援A型や同B型において、最初の一人目を受け入れた経験が以後の受け入れに影響することもわかった。③3つの事業所ともにビニエットの犯罪種別が窃盗、売春、傷害の順に事業所が当事者の就労を受け入れる意向が弱くなった。人々は高い頻度で発生する窃盗のような財産犯罪については、発生件数を低く見積もり、専門家が考えているよりも低い不安しか抱いていない一方、発生頻度の低い傷害のような身体犯罪については、専門家が考えている以上に強い不安を感じているためと考えられた（中谷内 2008）。

　次に当事者の就労の継続に必要な連携（第5章）に関し、就労継続支援A型において、当事者を受け入れた経験がある管理者は経験のない管理者に比べ、職員の人員確保や障がいとその対応に関する専門知識の向上といった自部署の人材育成の改革を指摘した。これは就労継続支援A型の43%が営利法人であり、世間に対する信用が失墜するリスクを少しでも下げるため、事業所体制の改善に関する施策を重視しているものと思われた。また就労継続支援B型の管理者は、障がい者に対する地域の見守りの推進など、自部署よりも社会資源を充実する必要性を指摘し、事業所間で差がみられた。したがって当事者の受け入れを促進するため、就労継続支援A型と同B型では異なる施策が必要であることがわかった。また自由記述にて必要性が高いとして指摘された施策には、当事者を受け入れた後に仕事等のミスマッチが生じても再チャレンジできる連携、当事者が再犯した時の警察に介入しても

らうこと、当事者の個人情報を扱う重要性と支援する上での関係者間における個人情報の周知の必要性についてのジレンマが指摘されていた。特に生活保護係や保護司から情報を得ることが難しい現状が述べられていた。

　このように詳細な事例によるビニエット法を用いることにより、就労系福祉事業所別や当事者の受け入れ経験人数別など、受け入れ側の条件にもとづき、具体的な支援方策の立案ができると考えられた。

5.当事者への先駆的な支援に関する事例をもとにした今後の支援方策（第6章）

　本章の目的は、当事者の就労受け入れを継続している先駆的な一般企業や福祉事業所が第2章から第5章で明らかにした要因について、現場で実践されているかについて確認し、さらに先駆的な実践の知見を得ることである。

　その結果、一般企業の主たる取り組みとして、①犯罪を起こした知的障がい者の就労能力向上への期待が大きく、本人が変化し成長することにより社会の戦力になれるという強い信念をもっていたこと、②そのためには当事者が離職して新たな就労先である企業のニーズを最適につなぐ仕組みづくり、就労を継続するための道徳観や基礎学力を身につける機能をもった施設の設置が必要なこと、③企業の求める当事者を雇用しやすいシステムおよび働く能力がある当事者には仕事に打ち込めるための目標の設定が必要なことなどがあった。それに比べて福祉事業所の主たる取り組みは、①当事者のストレスがなく、お互いのコミュニケーションが醸成される就労環境への配慮があること、②地域における相談支援事業所や入所施設などの明確な役割をもった支援機関がチームを組み、責任を押し付けることなくチーム全体で責任をもつ体制が構築されていること、③世の中に向けて、チーム支援により当事者の就労の受け入れは難しくなくなる旨の啓発活動を行って

いることなどがあった。また一般企業・福祉事業所ともに当事者の支援に関わる機関の間で情報共有できる仕組みの必要性を強調していた。

　そして、これらの先駆的な取り組みは就労の促進要因および阻害要因に対してほぼ対応ができていることを明らかにした。ただし福祉事業所における現場の支援員の専門性の向上および安全が確保されていること、起こりうる困難への対策がなされていないこと、自分の成長を促す仕事が与えられることについての対応が不十分であった。

　さらに本章では、今後の支援方策の参考とするため先駆的な２つの事例を取り上げた。一つ目の事例の特徴は、「当事者のニーズと雇用を希望する企業とを最適につなげるシステム」である。それは仮に当事者が一つの企業で継続的に就労できなくなった場合、グループの参加企業の中から対象者により適した企業を探し、引き継いで受け入れることにより継続的に就労できるような仕組みであった。それは一か所で就労し続けることだけが「就労の継続」ではなく、当事者にとって就労が適切ではなかった場合には、当事者本人の適正に合致した他の「就労の場」に移ることでより良い就労が実現できるという新たな「就労の継続」の考え方がうかがえた。そして二つ目の事例の特徴は、働くことができれば犯罪歴があっても当事者を受け入れる事業所の理念、そして前例にとらわれずに当事者の詳細な行動等の情報を支援機関同士で早期共有化する支援チームを形成するとともに地元の企業に対して啓発活動を地道に進めて「働く」「住む」という基本的な社会資源の数を増やした活動であった。

　これら先駆的な２つの事例は、従来の福祉の考え方から良い意味で逸脱したいわゆる「ポジティブ・デビエンス・アプローチ」の好例であると考えられる。「ポジティブ・デビエンス・アプローチ」とは、人の行動変容をめざす時に通常と異なった行動をする人の長所を見出し全体に展開する手法である（神馬 2013）。すなわち地域の福祉力として非営利協同による事業の推進の必要性からみれば（岡崎 2008）、従来の福祉的就労に依存していた障がい者就労に対し、一般企業の事例は営利事業体である企業を積極的に巻き込んだ活動である。巻き込まれた

企業は受け入れた当事者の仕事ぶりを通して働く能力の可能性を確信していった。このように企業が居場所となることで、「経済的自立」と「社会的自立」の両方を同時に実現できる点において本人の生活自立につながることを示している。　企業はその経営戦略が世の中の景気動向に影響を受けることにより、受け入れが停滞する可能性や当事者の支援を行う上で障がいの専門性に乏しいというデメリットがある。しかしながら、経営陣の判断や企業理念にもとづき受け入れる条件は自由に決めることができ、福祉的就労のように受け入れる定員などの制度の規定もなく、それが当事者の受け入れを断る理由とはならない。そして企業には多様な業種があるため、当事者の能力や志向に合致した仕事につなぎやすいことや、経営陣からのトップダウンにより素早く受け入れを決定できる「速さ」というメリットがある。このように企業の中には、経営者や従業員の意識が当事者への偏見や特別視を一掃する力をもった上で当事者のエンパワメントを重視し、彼らの自立を促進することができることを示した。重要な点は「営利か非営利か」という枠組みにとらわれずに、両者の長所・短所を理解した上で、各々の特長を活かして当事者の「潜在能力（ケイパビリティ）」を実現しようとする考え方であろう。

　そして福祉事業所の事例は、従来の業務に「職場開拓」（もしくは「職場創出」）という新たな業務を加え、地域の困りごとを解決する仕事の場を周りの企業と共同でつくり出していた。その仕事は薪割りや草取り等のようにほとんど失敗のない作業であることから、社会で受け入れられなくなった当事者にとって、再度、就労生活を始めるための作業として取り組みやすく有効であった。その結果、当事者の就労の継続につながり、受け入れ側や地域住民にとって障がい者就労に対する意識を好転し得る活動となったと考えられる。

第2節

本研究で得られた促進要因と阻害要因および支援方策への示唆

1. 促進要因と支援方策への示唆

〈就労の受け入れ〉

　当事者の受け入れに関する促進要因として、「犯罪歴のある人を偏見なく受容する職場であること」「仕事ができることが最優先であること」について、先駆的な一般企業・福祉事業所ではすべてで満たしていた。これを一般企業や福祉事業所において満たしていくためには、当事者の受け入れを啓蒙するとともに受け入れ経験を重ねて当事者を受け入れる意義を見出していくことが必要である。例えば当事者の受け入れに消極的な企業に対しては、行政から企業に就労移行支援事業所などを通して当事者の働く能力の評価結果を伝えて、企業の必要とする人材評価に合致させることが重要と考えられる。それに加えて、初めて受け入れた経験がその後の支援の継続に大きく影響することや、受け入れ経験のない事業所は警察や保護司などの司法関係機関と連携し不測の事態も考慮した対応が不可欠と考えられる。そのために、あらかじめ支援体制として、相談支援事業所、入所施設、生活・就業支援事業所、就労支援事業所、保護観察所、警察、医療機関等がチームを組んだシステムを取ることが重要と考えられる。

〈就労の継続〉

　就労の継続に関する促進要因として、「自分の能力を活用できる仕事を与えられること」については、本人の職歴や希望、当事者の働く能力の評価結果等をもとに、あらかじめ受け入れ側の準備としてジョブ

コーチと協働して当事者に合致した業務の切り分けをしておくことが求められる。また当事者が将来、「自分の成長を促す仕事が与えられること」については更生に向けた支援計画を作成することが重要である。この支援計画には支援者と当事者が共同で作成し当事者が納得し達成感が得られるように、目標は具体的で客観的に数値化することが必要であると考えられる。そして「当事者に対して常に愛情や関心をもってくれる人がいること」については、受け入れ側の支援員だけではなく当事者の家族の重要性も示されたことから、受け入れ前から家族と連絡を取り、就労を継続するために必要な情報交換が重要と考えられる。また当事者はストレスの感覚や発散方法が欠如していることが一つの特徴であることから、犯罪を起こす時のきっかけとなるストレスの有無やそれが何であるのか理解できないことがあるため、受け入れ側が職場と住まいの両方において、当事者の楽しく生活を送れていることの良し悪しにかかわらず常にコミュニケーションを継続しストレスを低減する必要があると考えられる。

2.阻害要因と支援方策への示唆

〈就労の受け入れ〉

犯罪歴のある人を支援する上で「支援者側に犯罪歴のある人に対する先入観があること」に関して、先駆的な一般企業・福祉事業所では管理者たちは当事者を支援の入り口段階で拒絶することはなくほぼ先入観はなかった。一方、支援員が先入観をもっているために受け入れが進まない時の対策として、一般企業の事例では当事者の業務指導や生活の世話を担当する従業員には給与面で厚遇するとともに、当事者への指導のやり方は一任していた。さらに、もし当事者が逃亡したり再犯を起こしたりしても責任は負わせないこととしていた。このように担当の従業員が当事者への指導に対してストレスを抱くことなく従

事できる人事制度を運用していた。

〈就労の継続〉
　「当事者の障がい特性について相談できる専門機関との連携が弱いこと」については、役割を明確にした支援機関同士でグループを構成して支援する方法が有効であると考えられる。例えばハローワーク等の公的機関が中心となり、受け入れ側となる複数の協力雇用主と保護観察所とともに就労移行支援などの福祉事業所を加えたグループを構成して支援する方策も考えられる。
　また「起こりうる困難への対策がなされていないこと」は先駆的な一般企業・福祉事業所においても満たしていなかった。これらの対応として、①まずは受け入れ側の不安を軽減するために対象者を窃盗などの軽微な犯罪を起こした当事者とすることがよいであろう。また②当事者と密にコミュニケーションを取ることができる支援員を配置し、普段から定期的な生活の振り返りが必要であることが考えられる。それは犯罪を詰問する振り返りではなく、本人の考えや様子をうかがいながら今後は犯罪をしなくてもよいことを言い聞かせて安心させる振り返りを行うことである。そして③不測の事態において即時に相談できる関係機関（警察、保護司等）との連携を確立した上で、現状では地道に支援のノウハウを蓄積することで対応能力を向上していくことが必要であると考えられる。特に就労継続支援Ａ型では、外部の関係機関との連携を強化して、現場の支援員の人員および安全の確保の他にも自部署の支援体制の強化するために障がい特性に関する専門性の向上などが求められている。
　以上、本書で述べた研究の結論として、調査結果をもとに提言した促進要因および阻害要因をまとめて表7に示した。

表7.本研究の調査結果をもとに提言した促進要因および阻害要因

促進要因および阻害要因			
インタビュー調査から得られた要因	「いきいき」就労生活	促進要因	・将来の目標が与えられること
		阻害要因	・周囲の人とのコミュニケーションが不足していること
			・不適切なストレス発散をしていること
	犯罪からの離脱	促進要因	・出所直後から支援を受けられること
			・当事者と家族・周囲の者との愛着関係があること
		阻害要因	・金銭的不自由への不安があること
			・愛着が不足していること
			・組織から疎外感を受けること
	就労の継続	促進要因	・自分の能力を活用できる仕事を与えられること
			・犯罪歴のある人を受容する職場であること
			・安心できる居場所としての職場であること
			・当事者に対して常に愛情や関心をもってくれる人がいること
			・地域住民の理解を得る活動を行い認められていること
			・自分の成長を促す仕事が与えられること
		阻害要因	・支援者側に犯罪歴のある人に対する先入観があること
			・職場内で相談できる体制が整っていないこと
質問紙調査から得られた要因	就労の受け入れ	促進要因	・当事者の受け入れ経験が多いこと
		阻害要因	・当事者に適する作業が事業所にないこと
			・支援者側に犯罪歴のある人に対する先入観があること
			・当事者の障がい特性について相談できる専門機関との連携が弱いこと
	就労の継続	促進要因	・相談できる専門機関との連携が確立されていること
			・事業所における現場の支援員の専門性向上および安全が確保されていること
			・事業所が地域住民の理解を得る活動を行っていること
			・当事者がやり直しのできる体制が整っていること
		阻害要因	・起こりうる困難への対策がなされていないこと
			・支援者側に犯罪歴のある人に対する先入観があること
			・当事者に関する必要な情報が提供されていないこと

第3節

本研究の意義

1.犯罪を起こした知的障がい者は依然として就労の面で差別を受け救済されない可能性を指摘したこと。

　まず先行研究をもとにあらためて人にとって「就労」「働くこと」の意義として、働くことは単に収入を得るだけでなく、自己を成長させ、周囲からの期待に応え、社会参加も実現するための最も重要な活動であることを確認した。しかしながら犯罪を起こした知的障がい者の有する「働く」権利について、憲法・条約等・国内の法令の内容を検討した結果、犯罪を起こした知的障がい者には、「働きたい」という幸福追求の権利や雇用条件という社会から排除されない権利を有しているが、現状では障害者差別解消法や障害者雇用促進法による保護は受けられない可能性があることを述べた。

　このように働ける能力があるにもかかわらず適切な機会が与えられないという境遇は、人間としての成長を阻害させられる状態になるのと同じであると考えられる。社会の多様性を広げるという点においても、「社会的障壁」の定義を拡大し「障がい者が生活を営む上で障壁となる社会における事物、制度、慣行、観念その他一切のもの」にある「観念」の範囲を広げるなどの制度の谷間をつくらない改革が必要であると考えている。

2. 犯罪を起こした知的障がい者は、障害レベルが軽度であるが故に開始時点から「当面の住居」「医療・福祉サービスの利用」「就労」の3つの場を『同時』に提供することにより、結果として再犯防止に資するという考え方を提示したこと。

　矯正施設を出所した者の52.2％が1年未満に再犯を起こしていること、特に出所直後（3か月以内）に再犯を起こす者が突出して多いことから、住居や他の福祉サービスが整う前に再犯に至る可能性が高いと考えられたため、出所直後の支援として住居の整備だけでは不十分であり、「同時」に就労の場を提供することが必要であると考えた。序章で述べたように、就労は当事者の生活自立のほぼすべての要素を満たすことができる、すなわち当事者の生活自立のニーズを満たすものと言えるであろう。例えば、第3章では、当事者は就労することによって楽しく生活できるように変容すること、また第6章では、先駆的な一般企業や福祉事業所は住まいと就労を同時に提供する事例が多いことから、今回の支援の考え方が有効であると思われる。

3. 当事者の語りと当事者に支援を提供する人々の声をライフ・ライン・メソッドを用いて可視化することで、就労を軸とした生活自立の過程における促進要因および阻害要因をきめ細かく明らかにし、支援方策の示唆も得たこと。

　当事者へのインタビュー調査においてライフ・ライン・メソッドを用いることにより、ラインの形状に関して上下の傾向とその回数に着目することで、生活および暮らし向きの程度と犯罪を起こす際の要因の関係性が数値として可視化することが可能となった。それにより当事者の生活自立に向けた過程における「犯罪志向性」「楽しく生活を送れて

いること」「暮らし向き」と変化の関連を連続的・視覚的に表現し、第三者にも理解しやすい効果を示すことができた。その結果、従来指摘されていた要因が第三者に対して説得力をもつデータとして明らかにでき、今後の対策への指針が得られたことである。また全国の就労系福祉事業所への質問紙調査を行う時期として、当事者の就労の「受け入れ開始」と「継続」の2点に着目し、当事者が就労を進める上での課題と支援方策を就労生活全体の流れの中で検討できたと言える。

4.全国の就労系福祉事業所の種別、受け入れ経験別、犯罪別、職位別について、当事者の就労の受け入れと就労の継続に関する具体的な意向を把握できたこと。

この結果を踏まえ、受け入れ側である就労系福祉事業所（就労移行支援事業所、就労継続支援A型事業所、同B型事業所）において、受け入れ時の課題が明らかになり、支援方策を立案するための知見となり得ると考えられる。

5.犯罪を起こした知的障がい者の就労に関する現状の課題だけでなく雇用の受け皿まで調査できたこと。

今回の研究では、犯罪を起こした知的障がい者の就労に関する現状の課題を提示することだけに終わらせたくはなかった。もちろん課題を明らかにすることは重要であるが、本書を読む方は必ずどうしたら犯罪を起こした知的障がい者の就労が促進されるのかという「方策」を期待するからである。この考えは第1章で浜井（2013）を引用したように就労の受け皿を用意する重要性に通じる。本書を読んだ方が、もし犯罪を起こした知的障がい者の就労を受け入れようとした場合にも参考になるように、研究者であっても要因解明にとどまらずに具体的

な支援方策に関する考えを提示することはその責務であると考えている。

6.犯罪を起こした知的障がい者の雇用の受け皿として福祉事業所のみならず一般企業を対象としたこと。

　日本理化学工業の元会長である大山泰弘氏の言葉に「働く幸せ‐導師は人間の究極の幸せは、人に愛されること、人に褒められること、人の役に立つこと、人から必要とされること、の四つと云われた。働くことによって愛以外の三つの幸せは得られるのだ。私はその愛までも得られると思う」とある。また「福祉施設で大事に面倒をみてもらうことが幸せではなく、働いて役に立つ会社こそが人間を幸せにするのです」とも述べている。今回、犯罪を起こした知的障がい者の雇用の受け皿として一般企業の団体を取り上げた理由は「働く」ことの意義を問い直すことでもあった。これは筆者の経歴と無関係ではない。筆者は一般企業に24年間勤務し、時流に先んじた技術開発、顧客のニーズへの対応、それらを実現するためにスピードと効率を両立させる働き方などを通して多くのことを学んできた。また当時の部下の中には知的障がい者はいなかったが、発達障がいを有していると思われる者が数名おり、組織の中で自分の能力を発揮しきれずに苦労している姿をみてきた。これらの経験は決して社会福祉と相いれない考え方ではなく、犯罪を起こした知的障がい者の就労に対して、むしろ一般企業が受け入れることのメリットは当事者にとっても大きいと感じている。まずは当事者への対応の速さである。障がいがありながら障害者手帳を有しない者が就労する場合、社会福祉制度に沿って支援を行う限りでは障害者手帳の取得が必須であり喫緊の対応が難しくなることが予想される。しかし企業には福祉制度に則る必要がなく、緊急事態における素早い対応ができるため、必要があればその後の対応も可能である。次に当事者のニーズに合わせた職種が選べることである。一般企

業は福祉事業所に比べて職種が豊富であることから当事者の就労能力やニーズに合わせた職種を選ぶことができる可能性が高い。また今回、インタビューした就労継続支援Ｂ型では、グループホームの職員は全員が一般企業で顧客対応の経験がある者であった。顧客対応のできる者は福祉事業所の利用者への対応もできるとのことであった。このように福祉にとって、営利か非営利かという枠組みで考えるよりも、両者のメリット・デメリットを勘案し、最適な組み合わせを取り入れていくことが当事者の幸せのためには必要であることを強調した。

第4節

研究の限界と今後の課題

┃ 1. 研究の限界

　本書では当事者の主体性に焦点を当てたため、地域生活定着支援センター、障害者生活・就労支援センター、基幹相談支援センターが連携して当事者を支援していく中で、ソーシャルワーカーの役割については、序章において長崎県の南高愛隣会の地域生活定着支援センターの伊豆丸氏の活動、また第6章において先駆的な一般企業・福祉事業所の取り組みの中でわずかに触れただけである。本来、当事者の生活自立を実現するためには、仕事や住まいといった場を与えられるだけでなく、彼らを支えるソーシャルワーカーの取り組みの影響は大きい。今後はより的確な支援方策の示唆が得られるように、当事者を支援するソーシャルワーカーへの調査も行っていく必要がある。

　また第2章および第3章の当事者へのインタビュー調査では、人数も

8名と少数であったため、今回の結果は一般化することは難しいかもしれない。今後は人数も増やしていくことが必要と考えている。そして当事者へのインタビュー調査の内容について第三者へ確認する必要があったことである。今回、当事者へのインタビューは一人最低二回行い、二回目の調査では一回目に質問した内容を織り交ぜながら同じ回答が得られるかどうかで回答の信頼性を確認し、ほぼ同じ回答が得られたため、信頼性は高いと判断した。今後はインタビュー調査で得られた結果について家族を含めた第三者へ確認し信頼性を高めつつ進めていく。

　そして本書は主に福祉従事者の視点を基本としているため、司法的視点の考察が甘い。今後は、保護司など実務者や地域生活定着支援センターの支援員への聞き取り、PFI刑務所等への訪問を通して刑務所の中での処遇改善プログラムと出所後の福祉との連携、司法の視点から当事者をどう更生し受け入れていくかについても調査する必要があると考えている。

2.今後の課題

　今後の課題は先駆的な一般企業と福祉事業所の事例に似た取り組みをいかにして他の地域にも増やすことができるかにかかっている。そもそもなぜ合理的配慮を提供しなければならないのか、配慮に要する負担を社会全体が負うべきなのか等について、今まで当事者の就労を受け入れてこなかった企業や福祉事業所に対して、犯罪を起こした知的障がい者の権利とともに支援の必要性の根拠を論理的に提示しなければならないだろう。そして当事者の受け入れの拡大につなげるためには、日本の各地において彼らの就労を受け入れることにより、受け入れ側にもメリットがあること、もしくは受け入れを躊躇する意識を和らげる方策が必要であると考えている。そのためには当事者と就労を受け入れる側の両者にとってWin-Winの関係が構築されることが好ましい。現状の法定雇用率を例に取ってみても、半強制的に当事者の就労を受け入れる制

度を創設したところで、受け入れる側が本心で彼らに対する寛容な意識が生まれるとは限らないからである。このように受け入れ側の立場も考えなければ、犯罪を起こした者への差別意識という「社会的障壁」の一つである「観念」を本質的に崩すことはできないだろう。

　そのために、今後は以下の2つの対応が求められると考えている。

(1)就労を受け入れる側に当事者の就労能力を知ってもらうことで受け入れ意識を高めるために、犯罪を起こした知的障がい者の本来の就労の力を客観的に評価し、就労を受け入れる側のメリットを積極的にアピールしていくこと。

(2)そして、当事者の個々のニーズと(1)で評価した就労能力を常に受け入れ側に伝えて当事者を受け入れるメリットを伝えることである。

　障害者雇用促進法第36条の2に「障害者からの申し出」という文言があるように、当事者は就労を受け入れる事業主へ申し出をすることができるため、就労の受け入れに関する当事者の希望を積極的に伝えることがますます重要になってくると思われる。この役目を果たす機関としては、自立支援協議会などの行政やハローワーク、および就労移行支援事業所が適切であろう。就労移行支援の就労訓練を通じて当事者の作業能力や仕事に対する適性を客観的に判断できるはずである。本書では、主に就労を受け入れる側の役割について述べてきたが、今後は当事者を送り出す側も、その情報を受け入れ側にわかりやすく伝えるために、当事者の仕事を継続するための能力を企業の目線に立って論理的にアピールすることで当事者を受け入れるメリットを理解してもらう活動がより一層重要になると考えている。

【文献】

アマルティア・セン (1999) 池本幸生・野上裕生・佐藤 仁訳『不平等の再検討 潜在能力と自由』岩波書店

Clausen, J. A. (1998) Life Reviews and Life Stories. In Giele, J. Z. & Elder, G. H. (eds.) . Methods of Life Course Research Qualitative and Quantitative Approaches, 189-212. Sage Publication, CA

福永佳也（2011）「生きる術としての支援の獲得体験――罪を犯した知的障害者の語り」『司法福祉学研究』11,39-60

浜井浩一（2013）『罪を犯した人を排除しないイタリアの挑戦――隔離から地域での自立支援へ』現代人文社

肥後祥治（2003）「地域社会に根ざしたリハビリテーション（CBR）からの日本の教育への示唆」『特殊教育学研究』41⑶,345-355

平野優子（2009）「時間軸を含む病い経験把握のための参考理論と方法および概念――先行文献による検討から」『聖路加看護大学紀要』35, 8-16

法務省（2015）「『協力雇用主』を募集しています（パンフレット）」（http://www.moj.go.jp/content/001146723.pdf, 2016.10.01）

神馬征峰（2013）「行動変容のためのポジティブ・デビエンス・アプローチ」『日健教誌』21⑶,253-261

北野和代（2002）「ターミナル期の患者を持つ家族に対する看護職の「共感」に関する研究」『平成14年度（2002年）研究報告』日本財団図書館

長島 正（1989）「成人期の課題と生きがい」ハイメカスタニエダ・長島 正編『ライフサイクルと人間の意識』金子書房,193-215

中谷内一也（2008）「犯罪リスク認知に関する一般人―専門家間比較――学生と警察官の犯罪発生頻度評価」『社会心理学研究』24⑴,34-44

岡本英生（2017）「地域生活支援に携わる人々から見た現状――立場による意識の違い、そして社会に送り出す側から見えるもの」生島 浩編著『触法障害者の地域生活支援――その実践と課題』』金剛出版,44-54

岡崎祐司（2008）「地域生活の構造と地域福祉の理論課題」『佛教大学社会福祉学部論』4,37-53

桜井 厚・小林多寿子（2005）『ライフストーリー・インタビュー――質的研究入門』せりか書房

Schroots, J. J. F.(2003)Life-course Dynamics. European Psychologist, 8⑶,192-199.

関谷真澄（2007）「「障害との共存」の過程とその転換点―精神障害を抱える人のライフストーリーからみえてくるもの」『社会福祉学』47⑷,84-97

相馬大祐・大村美保・志賀利一ほか（2015）「障害福祉サービスによる矯正施設退所者の受入れ・支援に関する研究II―― 聞き取り調査の結果より」『国立のぞみの園紀要 第8号』113-119

Takkinen, S., & Ruoppila, I.（2001）Meaning in life as an important component of functioning in old age. International Journal of Aging & Human Development, 53⑶,211-231

立石宏昭（2002）「社会福祉教育現場における価値観の変容――精神障害者観の意識調査と実践教育」『職業リハビリテーション』15,45-51

津田英二（2005）「知的障害者のエンパワーメント実践における当事者性」『神戸大学発達科学部研究紀要』13⑴,59

上野千鶴子・中西正司（2008）『ニーズ中心の福祉社会へ――当事者主権の次世代福祉戦略』医学書院

宇野重規（2011）「労働と格差の政治哲学」『社會科學研究』62（3・4）,153-172

管理者

巻末 1-1.　管理者について事業所種別およびビニエット別に当事者の就労を受け入れる意向

ビニエット	就労移行支援 (n=59)	就労継続支援A型 (n=81)	就労継続支援B型 (n=89)	p
	中央値 四分位範囲 (25%, 75%)			
（ビニエット1）Aさんの就労を受け入れる意向	3.0 (3.0, 4.0)	3.0 (2.0, 4.0)	3.0 (2.0, 4.0)	**
（ビニエット2）Bさんの就労を受け入れる意向	3.0 (2.0, 3.0)	2.0 (1.75, 3.0)	2.0 (2.0, 3.0)	**
（ビニエット3）Cさんの就労を受け入れる意向	3.0 (3.0, 4.0)	3.0 (2.0, 3.0)	3.0 (2.0, 3.0)	**

有意確率 (Kruskal Wallis検定)：†p＜0.10，*p＜0.05，**p＜0.01　　　4件法：1. 可能性なし，2. あまり可能性なし，3. やや可能性あり，4. 可能性あり

巻末 1-2-a.　就労を受け入れる際の質問項目に関する事業所種別の意向　ビニエット1（窃盗）

質問項目	就労移行支援 (n=59)	就労継続支援A型 (n=82)	就労継続支援B型 (n=90)	p
	中央値 四分位範囲 (25%, 75%)			
1. 作業能力は高い	3.0 (2.0, 4.0)	3.0 (2.0, 3.0)	3.0 (3.0, 4.0)	†
2. 継続して作業ができる	3.0 (2.0, 4.0)	3.0 (2.0, 3.0)	3.0 (2.0, 4.0)	
3. 適する作業が事業所にある	3.0 (2.0, 4.0)	3.0 (2.0, 3.25)	3.0 (2.0, 3.0)	*
4. 障がい特性を相談できる専門機関との連携がある	4.0 (3.0, 4.0)	3.0 (2.0, 4.0)	3.0 (2.0, 4.0)	**
5. 犯罪は事業所として受け入れできる	3.0 (2.0, 4.0)	3.0 (2.0, 4.0)	3.0 (2.0, 4.0)	**
6. 他の利用者に悪影響を及ぼさない	3.0 (2.0, 4.0)	3.0 (2.0, 4.0)	3.0 (2.0, 4.0)	
7. 再犯を起こす可能性が低い	3.0 (2.0, 3.0)	3.0 (2.0, 4.0)	3.0 (2.0, 3.0)	
8. 利用者は受け入れに反対しない	3.0 (2.0, 4.0)	3.0 (2.0, 3.0)	3.0 (2.0, 3.0)	
9. 地域社会で受け入れられる	3.0 (2.0, 4.0)	3.0 (2.0, 3.0)	3.0 (2.0, 3.0)	
10. 地域には受け入れる事業所がある	3.0 (2.0, 4.0)	3.0 (2.0, 3.0)	3.0 (2.0, 3.0)	†

有意確率 (Kruskal Wallis検定)：†p＜0.10，*p＜0.05，**p＜0.01　　　4件法：1. そう思わない，2. あまりそう思わない，3. ややそう思う，4. そう思う

巻末 1-2-b.　就労を受け入れる際の質問項目に関する事業所種別の意向　ビニエット2（傷害）

質問項目	就労移行支援 (n=96)	就労継続支援A型 (n=82)	就労継続支援B型 (n=88)	p
	中央値 四分位範囲 (25%, 75%)			
1. 作業能力は高い	4.0 (3.0, 4.0)	3.0 (3.0, 4.0)	4.0 (3.0, 4.0)	
2. 継続して作業ができる	3.0 (3.0, 4.0)	3.0 (2.0, 3.0)	3.0 (3.0, 4.0)	†
3. 適する作業が事業所にある	2.5 (2.0, 4.0)	2.0 (2.0, 3.0)	2.0 (1.5, 3.0)	†
4. 障がい特性を相談できる専門機関との連携がある	3.0 (2.0, 4.0)	2.0 (2.0, 4.0)	3.0 (2.0, 4.0)	*
5. 犯罪は事業所として受け入れできる	3.0 (2.0, 4.0)	2.0 (1.0, 3.0)	2.0 (1.0, 3.0)	†
6. 他の利用者に悪影響を及ぼさない	2.0 (2.0, 3.0)	2.0 (2.0, 3.0)	2.0 (1.0, 3.0)	
7. 再犯を起こす可能性が低い	3.0 (2.0, 3.0)	2.0 (2.0, 3.0)	2.0 (2.0, 3.0)	
8. 利用者は受け入れに反対しない	2.0 (2.0, 3.0)	2.0 (2.0, 3.0)	2.0 (2.0, 3.0)	
9. 地域社会で受け入れられる	2.0 (2.0, 3.0)	2.0 (2.0, 3.0)	2.0 (2.0, 3.0)	*
10. 地域には受け入れる事業所がある	2.0 (2.0, 3.0)	2.0 (2.0, 3.0)	3.0 (2.0, 3.0)	

有意確率 (Kruskal Wallis検定)：†p＜0.10，*p＜0.05，**p＜0.01　　　4件法：1. そう思わない，2. あまりそう思わない，3. ややそう思う，4. そう思う

巻末 1-2-c.　就労を受け入れる際の質問項目に関する事業所種別の意向　ビニエット3（売春）

質問項目	就労移行支援 (n=61)	就労継続支援A型 (n=82)	就労継続支援B型 (n=89)	p
	中央値 四分位範囲 (25%, 75%)			
1. 作業能力は高い	3.0 (3.0, 4.0)	3.0 (2.0, 3.0)	3.0 (3.0, 4.0)	**
2. 継続して作業ができる	3.0 (2.0, 3.0)	3.0 (2.0, 3.0)	2.0 (2.0, 4.0)	†
3. 適する作業が事業所にある	3.0 (2.0, 4.0)	3.0 (2.0, 3.0)	2.0 (2.0, 3.0)	**
4. 障がい特性を相談できる専門機関との連携がある	3.0 (3.0, 4.0)	2.0 (2.0, 4.0)	3.0 (2.0, 4.0)	**
5. 犯罪は事業所として受け入れできる	3.0 (3.0, 4.0)	3.0 (2.0, 4.0)	3.0 (2.0, 4.0)	*
6. 他の利用者に悪影響を及ぼさない	2.0 (2.0, 3.0)	2.0 (2.0, 3.0)	2.0 (2.0, 3.0)	
7. 再犯を起こす可能性が低い	2.0 (2.0, 3.0)	2.0 (2.0, 3.0)	2.0 (2.0, 3.0)	
8. 利用者は受け入れに反対しない	3.0 (2.0, 3.0)	3.0 (2.0, 3.0)	2.0 (2.0, 3.0)	
9. 地域社会で受け入れられる	3.0 (3.0, 4.0)	3.0 (2.0, 3.0)	3.0 (2.0, 3.0)	*
10. 地域には受け入れる事業所がある	3.0 (2.25, 3.75)	3.0 (2.0, 3.0)	3.0 (2.0, 3.0)	*

有意確率 (Kruskal Wallis検定)：†p＜0.10，*p＜0.05，**p＜0.01　　　4件法：1. そう思わない，2. あまりそう思わない，3. ややそう思う，4. そう思う

支援員

巻末1-3. 支援員について事業所種別およびビニエット別に当事者の就労を受け入れる意向

ビニエット	就労移行支援 (n=67)	就労継続支援A型 (n=54)	就労継続支援B型 (n=107)	p
	中央値 四分位範囲 (25%, 75%)			
(ビニエット1) Aさんの就労を受け入れる意向	3.0 (3.0, 4.0)	3.0 (2.0, 4.0)	3.0 (2.0, 4.0)	*
(ビニエット2) Bさんの就労を受け入れる意向	3.0 (2.0, 3.0)	2.0 (1.75, 3.0)	2.0 (2.0, 3.0)	*
(ビニエット3) Cさんの就労を受け入れる意向	3.0 (3.0, 4.0)	3.0 (2.0, 3.0)	3.0 (2.0, 3.0)	**

有意確率 (Kruskal Wallis検定)：†p＜0.10、*p＜0.05、**p＜0.01　　　4件法：1．可能性なし、2．あまり可能性なし、3．やや可能性あり、4．可能性あり

巻末1-4-a. 就労を受け入れる際の質問項目に関する事業所種別の意向　ビニエット1（窃盗）

質問項目	就労移行支援 (n=67)	就労継続支援A型 (n=54)	就労継続支援B型 (n=107)	p
	中央値 四分位範囲 (25%, 75%)			
1．作業能力は高い	3.0 (3.0, 4.0)	3.0 (2.0, 3.0)	3.0 (2.0, 4.0)	
2．継続して作業ができる	3.0 (3.0, 3.0)	3.0 (2.0, 3.0)	3.0 (2.0, 3.0)	
3．適する作業が事業所にある	3.0 (2.0, 4.0)	3.0 (2.75, 4.0)	3.0 (2.0, 3.0)	
4．障がい特性を相談できる専門機関との連携がある	3.0 (3.0, 4.0)	3.0 (2.0, 4.0)	3.0 (2.0, 4.0)	†
5．犯罪は事業所として受け入れできる	3.0 (3.0, 4.0)	3.0 (2.0, 3.0)	3.0 (3.0, 4.0)	
6．他の利用者に悪影響を及ぼさない	3.0 (3.0, 4.0)	3.0 (2.0, 3.0)	3.0 (2.0, 3.0)	
7．再犯を起こす可能性が低い	3.0 (2.0, 3.0)	3.0 (2.0, 3.0)	3.0 (2.0, 3.0)	
8．利用者は受け入れに反対しない	3.0 (2.25, 4.0)	3.0 (2.0, 3.0)	3.0 (2.0, 3.0)	
9．地域社会で受け入れられる	3.0 (2.5, 4.0)	3.0 (2.0, 3.0)	3.0 (2.0, 3.0)	
10．地域には受け入れる事業所がある	3.0 (2.0, 3.0)	3.0 (2.0, 3.0)	3.0 (2.0, 3.0)	

有意確率 (Kruskal Wallis検定)：†p＜0.10、*p＜0.05、**p＜0.01　　　4件法：1．そう思わない、2．あまりそう思わない、3．ややそう思う、4．そう思う

巻末1-4-b. 就労を受け入れる際の質問項目に関する事業所種別の意向　ビニエット2（傷害）

質問項目	就労移行支援 (n=67)	就労継続支援A型 (n=54)	就労継続支援B型 (n=107)	p
	中央値 四分位範囲 (25%, 75%)			
1．作業能力は高い	3.0 (3.0, 4.0)	3.5 (3.0, 4.0)	4.0 (3.0, 4.0)	
2．継続して作業ができる	3.0 (3.0, 4.0)	3.0 (3.0, 3.5)	3.0 (3.0, 4.0)	
3．適する作業が事業所にある	3.0 (2.0, 3.0)	2.0 (2.0, 3.0)	2.0 (2.0, 3.0)	
4．障がい特性を相談できる専門機関との連携がある	3.0 (2.0, 3.0)	2.0 (2.0, 3.0)	3.0 (2.0, 3.0)	*
5．犯罪は事業所として受け入れできる	3.0 (2.0, 3.0)	2.0 (2.0, 3.0)	2.0 (2.0, 3.0)	
6．他の利用者に悪影響を及ぼさない	2.0 (2.0, 3.0)	2.0 (1.75, 3.0)	2.0 (2.0, 3.0)	
7．再犯を起こす可能性が低い	3.0 (2.0, 3.0)	2.0 (2.0, 3.0)	2.0 (2.0, 3.0)	*
8．利用者は受け入れに反対しない	3.0 (2.0, 3.0)	2.0 (2.0, 3.0)	2.0 (2.0, 3.0)	
9．地域社会で受け入れられる	3.0 (2.0, 3.0)	2.0 (2.0, 3.0)	2.0 (2.0, 3.0)	
10．地域には受け入れる事業所がある	2.0 (3.0, 3.0)	2.0 (2.0, 3.0)	2.0 (2.0, 3.0)	

有意確率 (Kruskal Wallis検定)：†p＜0.10、*p＜0.05、**p＜0.01　　　4件法：1．そう思わない、2．あまりそう思わない、3．ややそう思う、4．そう思う

巻末1-4-c. 就労を受け入れる際の質問項目に関する事業所種別の意向　ビニエット3（売春）

質問項目	就労移行支援 (n=67)	就労継続支援A型 (n=54)	就労継続支援B型 (n=107)	p
	中央値 四分位範囲 (25%, 75%)			
1．作業能力は高い	3.0 (2.0, 3.0)	3.0 (2.0, 4.0)	3.0 (2.25, 4.0)	
2．継続して作業ができる	3.0 (2.0, 3.0)	3.0 (2.0, 3.0)	3.0 (2.0, 3.0)	
3．適する作業が事業所にある	3.0 (2.0, 3.5)	3.0 (2.0, 3.0)	2.0 (2.0, 3.0)	*
4．障がい特性を相談できる専門機関との連携がある	3.0 (2.0, 3.5)	2.0 (2.0, 3.0)	3.0 (2.0, 3.75)	**
5．犯罪は事業所として受け入れできる	3.0 (3.0, 3.0)	3.0 (2.0, 3.0)	3.0 (2.0, 3.0)	
6．他の利用者に悪影響を及ぼさない	3.0 (2.0, 3.0)	2.0 (1.0, 3.0)	2.0 (2.0, 3.0)	*
7．再犯を起こす可能性が低い	2.0 (2.0, 3.0)	2.0 (2.0, 3.0)	2.0 (2.0, 3.0)	†
8．利用者は受け入れに反対しない	3.0 (2.0, 3.0)	3.0 (2.0, 3.0)	3.0 (2.0, 3.0)	
9．地域社会で受け入れられる	3.0 (3.0, 3.0)	3.0 (2.0, 3.0)	3.0 (2.0, 3.0)	*
10．地域には受け入れる事業所がある	3.0 (2.0, 3.0)	3.0 (2.0, 3.0)	3.0 (2.0, 3.0)	†

有意確率 (Kruskal Wallis検定)：†p＜0.10、*p＜0.05、**p＜0.01　　　4件法：1．そう思わない、2．あまりそう思わない、3．ややそう思う、4．そう思う

管理者

巻末2-1. 管理者について受け入れ経験人数別およびビニエット別に当事者の就労を受け入れる意向

ビニエット	受け入れ：0人 (n=154)	受け入れ：1人 (n=65)	受け入れ：2人以上 (n=38)	p
	中央値 四分位範囲 (25%, 75%)			
(ビニエット1) Aさんの就労を受け入れる意向	3.0 (2.0, 3.0)	3.0 (3.0, 4.0)	4.0 (3.0, 4.0)	**
(ビニエット2) Bさんの就労を受け入れる意向	2.0 (2.0, 3.0)	2.5 (2.0, 3.0)	3.0 (3.0, 4.0)	**
(ビニエット3) Cさんの就労を受け入れる意向	3.0 (2.0, 3.0)	3.0 (2.0, 4.0)	3.0 (3.0, 4.0)	**

有意確率 (Kruskal Wallis検定)：†p＜0.10、*p＜0.05、**p＜0.01　　4件法：1. 可能性なし、2. あまり可能性なし、3. やや可能性あり、4. 可能性あり

巻末2-2-a. 就労を受け入れる際の質問項目に関する受け入れ経験人数別にみた意向　ビニエット1（窃盗）

質問項目	受け入れ：0人 (n=154)	受け入れ：1人 (n=65)	受け入れ：2人以上 (n=38)	p
	中央値 四分位範囲 (25%, 75%)			
1. 作業能力は高い	3.0 (3.0, 3.0)	3.0 (2.0, 4.0)	3.0 (2.5, 4.0)	
2. 継続して作業ができる	3.0 (2.0, 3.0)	3.0 (2.0, 3.0)	3.0 (2.0, 4.0)	
3. 適する作業が事業所にある	3.0 (2.0, 3.0)	3.0 (3.0, 4.0)	4.0 (3.0, 4.0)	**
4. 障がい特性を相談できる専門機関との連携がある	3.0 (2.0, 3.5)	3.0 (2.0, 4.0)	3.0 (3.0, 4.0)	**
5. 犯罪は事業所として受け入れできる	3.0 (2.0, 3.0)	3.0 (2.0, 3.0)	4.0 (3.0, 4.0)	**
6. 他の利用者に悪影響を及ぼさない	3.0 (2.0, 3.0)	3.0 (2.0, 3.0)	3.0 (2.5, 4.0)	**
7. 再犯を起こす可能性が低い	3.0 (2.0, 3.0)	3.0 (2.0, 3.0)	3.0 (2.0, 3.0)	
8. 利用者は受け入れに反対しない	3.0 (2.0, 3.0)	3.0 (2.0, 3.0)	4.0 (3.0, 4.0)	**
9. 地域社会で受け入れられる	3.0 (2.0, 3.0)	3.0 (2.0, 3.0)	3.0 (3.0, 4.0)	†
10. 地域には受け入れる事業所がある	3.0 (2.0, 3.0)	3.0 (2.0, 4.0)	3.0 (3.0, 4.0)	**

有意確率 (Kruskal Wallis検定)：†p＜0.10、*p＜0.05、**p＜0.01　　4件法：1. そう思わない、2. あまりそう思わない、3. ややそう思う、4. そう思う

巻末2-2-b. 就労を受け入れる際の質問項目に関する受け入れ経験人数別にみた意向　ビニエット2（傷害）

質問項目	受け入れ：0人 (n=154)	受け入れ：1人 (n=65)	受け入れ：2人以上 (n=38)	p
	中央値 四分位範囲 (25%, 75%)			
1. 作業能力は高い	3.0 (3.0, 4.0)	3.5 (3.0, 4.0)	4.0 (3.0, 4.0)	
2. 継続して作業ができる	3.0 (2.0, 4.0)	3.0 (2.0, 3.5)	3.0 (3.0, 4.0)	
3. 適する作業が事業所にある	3.0 (2.0, 3.0)	3.0 (2.0, 3.0)	2.0 (2.0, 3.0)	
4. 障がい特性を相談できる専門機関との連携がある	3.0 (2.0, 3.0)	2.0 (2.0, 3.0)	3.0 (2.0, 3.0)	*
5. 犯罪は事業所として受け入れできる	3.0 (2.0, 3.0)	2.0 (2.0, 3.0)	2.0 (2.0, 3.0)	
6. 他の利用者に悪影響を及ぼさない	2.0 (2.0, 3.0)	2.0 (1.75, 3.0)	2.0 (2.0, 3.0)	
7. 再犯を起こす可能性が低い	3.0 (2.0, 3.0)	2.0 (2.0, 3.0)	2.0 (2.0, 3.0)	
8. 利用者は受け入れに反対しない	3.0 (2.0, 3.0)	2.0 (2.0, 3.0)	2.0 (2.0, 3.0)	
9. 地域社会で受け入れられる	3.0 (2.0, 3.0)	2.0 (2.0, 3.0)	2.0 (2.0, 3.0)	
10. 地域には受け入れる事業所がある	2.0 (2.0, 3.0)	2.0 (2.0, 3.0)	2.0 (2.0, 3.0)	*

有意確率 (Kruskal Wallis検定)：†p＜0.10、*p＜0.05、**p＜0.01　　4件法：1. そう思わない、2. あまりそう思わない、3. ややそう思う、4. そう思う

巻末2-2-c. 就労を受け入れる際の質問項目に関する受け入れ経験人数別にみた意向　ビニエット3（売春）

質問項目	受け入れ：0人 (n=154)	受け入れ：1人 (n=65)	受け入れ：2人以上 (n=38)	p
	中央値 四分位範囲 (25%, 75%)			
1. 作業能力は高い	3.0 (3.0, 4.0)	3.0 (2.0, 4.0)	3.0 (3.0, 4.0)	
2. 継続して作業ができる	3.0 (2.0, 3.0)	3.0 (2.0, 3.0)	3.0 (2.0, 3.25)	
3. 適する作業が事業所にある	3.0 (2.0, 3.0)	2.5 (2.0, 3.75)	3.0 (2.0, 4.0)	†
4. 障がい特性を相談できる専門機関との連携がある	3.0 (2.0, 3.0)	3.0 (2.0, 4.0)	3.0 (2.0, 4.0)	*
5. 犯罪は事業所として受け入れできる	3.0 (2.0, 3.0)	3.0 (3.0, 4.0)	3.0 (2.75, 4.0)	**
6. 他の利用者に悪影響を及ぼさない	2.0 (2.0, 3.0)	2.0 (2.0, 3.0)	2.0 (2.0, 3.0)	
7. 再犯を起こす可能性が低い	3.0 (2.0, 3.0)	3.0 (2.0, 3.0)	3.0 (2.0, 3.0)	
8. 利用者は受け入れに反対しない	3.0 (2.0, 3.0)	3.0 (2.0, 4.0)	3.0 (2.75, 4.0)	*
9. 地域社会で受け入れられる	3.0 (2.0, 3.0)	3.0 (3.0, 4.0)	3.0 (2.75, 4.0)	*
10. 地域には受け入れる事業所がある	3.0 (2.0, 3.0)	3.0 (2.0, 4.0)	3.0 (3.0, 4.0)	**

有意確率 (Kruskal Wallis検定)：†p＜0.10、*p＜0.05、**p＜0.01　　4件法：1. そう思わない、2. あまりそう思わない、3. ややそう思う、4. そう思う

巻末2-1．管理者について受け入れ経験人数別およびビニエット別に当事者の就労を受け入れる意向

ビニエット	受け入れ：0人 (n=133)	受け入れ：1人 (n=50)	受け入れ：2人以上 (n=51)	p
	中央値 四分位範囲（25%, 75%)			
（ビニエット1）Aさんの就労を受け入れる意向	3.0 (2.0, 3.0)	3.0 (2.75, 4.0)	4.0 (3.0, 4.0)	**
（ビニエット2）Bさんの就労を受け入れる意向	2.0 (2.0, 3.0)	2.0 (2.0, 3.0)	3.0 (2.75, 4.0)	**
（ビニエット3）Cさんの就労を受け入れる意向	3.0 (2.0, 3.0)	3.0 (2.0, 4.0)	4.0 (3.0, 4.0)	**

有意確率（Kruskal Wallis検定）：†p＜0.10、*p＜0.05、**p＜0.01　　　4件法：1．可能性なし、2．あまり可能性なし、3．やや可能性あり、4．可能性あり

巻末2-4-a．就労を受け入れる際の質問項目に関する受け入れ経験人数別にみた意向　ビニエット1（窃盗）

質問項目	受け入れ：0人 (n=133)	受け入れ：1人 (n=50)	受け入れ：2人以上 (n=51)	p
	中央値 四分位範囲（25%, 75%)			
1．作業能力は高い	3.0 (2.0, 4.0)	3.0 (2.0, 4.0)	3.0 (2.0, 3.0)	
2．継続して作業ができる	3.0 (2.0, 3.0)	3.0 (2.0, 3.0)	3.0 (3.0, 3.0)	
3．適する作業が事業所にある	3.0 (2.0, 3.5)	3.0 (2.0, 3.75)	3.0 (3.0, 4.0)	
4．障がい特性を相談できる専門機関との連携がある	3.0 (2.0, 4.0)	3.0 (2.0, 4.0)	3.0 (3.0, 4.0)	*
5．犯罪は事業所として受け入れできる	3.0 (2.0, 4.0)	3.0 (2.0, 3.0)	4.0 (3.0, 4.0)	**
6．他の利用者に悪影響を及ぼさない	3.0 (2.0, 3.0)	3.0 (2.0, 3.0)	3.0 (3.0, 3.0)	
7．再犯を起こす可能性が低い	3.0 (2.0, 3.0)	3.0 (2.0, 3.0)	3.0 (3.0, 3.0)	
8．利用者は受け入れに反対しない	3.0 (2.0, 3.0)	3.0 (2.0, 3.0)	3.0 (2.0, 4.0)	†
9．地域社会で受け入れられる	3.0 (2.0, 3.0)	3.0 (2.0, 3.0)	3.0 (3.0, 3.0)	
10．地域には受け入れる事業所がある	3.0 (2.0, 3.0)	3.0 (2.0, 3.0)	3.0 (3.0, 4.0)	*

有意確率（Kruskal Wallis検定）：†p＜0.10、*p＜0.05、**p＜0.01　　　4件法：1．そう思わない、2．あまりそう思わない、3．ややそう思う、4．そう思う

巻末2-4-b．就労を受け入れる際の質問項目に関する受け入れ経験人数別にみた意向　ビニエット2（傷害）

質問項目	受け入れ：0人 (n=133)	受け入れ：1人 (n=50)	受け入れ：2人以上 (n=51)	p
	中央値 四分位範囲（25%, 75%)			
1．作業能力は高い	3.0 (3.0, 4.0)	4.0 (3.0, 4.0)	3.0 (3.0, 4.0)	
2．継続して作業ができる	3.0 (2.0, 4.0)	3.0 (3.0, 4.0)	3.0 (3.0, 4.0)	
3．適する作業が事業所にある	2.0 (2.0, 3.0)	3.0 (2.0, 3.0)	3.0 (3.0, 4.0)	
4．障がい特性を相談できる専門機関との連携がある	3.0 (2.0, 3.0)	2.0 (2.0, 3.0)	3.0 (2.0, 4.0)	*
5．犯罪は事業所として受け入れできる	2.0 (2.0, 3.0)	2.0 (2.0, 3.0)	3.0 (2.0, 3.25)	**
6．他の利用者に悪影響を及ぼさない	2.0 (2.0, 2.0)	2.0 (1.5, 3.0)	3.0 (2.0, 3.0)	**
7．再犯を起こす可能性が低い	2.0 (2.0, 3.0)	2.0 (2.0, 3.0)	3.0 (2.0, 3.0)	*
8．利用者は受け入れに反対しない	2.0 (2.0, 3.0)	2.0 (2.0, 3.0)	3.0 (2.0, 3.0)	**
9．地域社会で受け入れられる	2.0 (2.0, 3.0)	2.0 (2.0, 3.0)	3.0 (2.0, 3.0)	**
10．地域には受け入れる事業所がある	2.0 (2.0, 3.0)	2.0 (2.0, 3.0)	3.0 (2.0, 3.0)	

有意確率（Kruskal Wallis検定）：†p＜0.10、*p＜0.05、**p＜0.01　　　4件法：1．そう思わない、2．あまりそう思わない、3．ややそう思う、4．そう思う

巻末2-4-c．就労を受け入れる際の質問項目に関する受け入れ経験人数別にみた意向　ビニエット3（売春）

質問項目	受け入れ：0人 (n=133)	受け入れ：1人 (n=50)	受け入れ：2人以上 (n=51)	p
	中央値 四分位範囲（25%, 75%)			
1．作業能力は高い	3.0 (2.0, 4.0)	3.0 (2.0, 4.0)	3.0 (3.0, 4.0)	
2．継続して作業ができる	3.0 (2.0, 3.0)	3.0 (2.0, 4.0)	3.0 (3.0, 4.0)	
3．適する作業が事業所にある	2.0 (2.0, 3.0)	3.0 (2.0, 3.0)	3.0 (2.0, 3.0)	
4．障がい特性を相談できる専門機関との連携がある	3.0 (2.0, 3.0)	3.0 (2.0, 3.0)	3.0 (2.0, 4.0)	
5．犯罪は事業所として受け入れできる	3.0 (2.0, 3.0)	3.0 (2.0, 3.0)	3.0 (2.0, 4.0)	**
6．他の利用者に悪影響を及ぼさない	2.0 (2.0, 3.0)	2.0 (2.0, 3.0)	3.0 (2.0, 3.0)	*
7．再犯を起こす可能性が低い	2.0 (2.0, 3.0)	2.0 (2.0, 3.0)	2.0 (2.0, 3.0)	
8．利用者は受け入れに反対しない	3.0 (2.0, 3.0)	3.0 (2.0, 3.0)	3.0 (2.0, 4.0)	
9．地域社会で受け入れられる	3.0 (2.0, 3.0)	3.0 (2.75, 3.0)	3.0 (2.0, 4.0)	
10．地域には受け入れる事業所がある	3.0 (2.0, 3.0)	3.0 (2.0, 3.0)	3.0 (2.0, 4.0)	

有意確率（Kruskal Wallis検定）：†p＜0.05、*p＜0.05、**p＜0.01　　　4件法：1．そう思わない、2．あまりそう思わない、3．ややそう思う、4．そう思う

就労移行支援事業所の管理者

巻末3-1. 就労移行の管理者について受け入れ経験人数別およびビニエット別に当事者の就労を受け入れる意向

ビニエット	受け入れ：0人 (n=29)	受け入れ：1人 (n=16)	受け入れ：2人以上 (n=9)	p
	中央値 四分位範囲（25%, 75%）			
（ビニエット1）Aさんの就労を受け入れる意向	3.0 (3.0, 4.0)	4.0 (3.0, 4.0)	4.0 (3.0, 4.0)	*
（ビニエット2）Bさんの就労を受け入れる意向	2.0 (2.0, 3.0)	3.0 (3.0, 4.0)	3.0 (3.0, 4.0)	**
（ビニエット3）Cさんの就労を受け入れる意向	3.0 (2.0, 3.75)	3.0 (3.0, 4.0)	4.0 (3.0, 4.0)	*

有意確率（Kruskal Wallis検定）：†p＜0.10、*p＜0.05、**p＜0.01　　4件法：1. 可能性なし、2. あまり可能性なし、3. やや可能性あり、4. 可能性あり

巻末3-2-a. 就労を受け入れる際の質問項目に関する受け入れ経験人数別にみた意向　ビニエット1（窃盗）

質問項目	受け入れ：0人 (n=29)	受け入れ：1人 (n=16)	受け入れ：2人以上 (n=9)	p
	中央値 四分位範囲（25%, 75%）			
1.作業能力は高い	3.0 (2.5, 3.0)	3.0 (2.0, 4.0)	3.5 (2.75, 4.0)	
2.継続して作業ができる	3.0 (2.0, 3.0)	3.0 (2.0, 3.0)	3.0 (2.0, 4.0)	
3.適する作業が事業所にある	3.0 (2.0, 4.0)	3.0 (3.0, 4.0)	4.0 (3.0, 4.0)	*
4.障がい特性を相談できる専門機関との連携がある	3.0 (3.0, 4.0)	4.0 (2.5, 4.0)	4.0 (3.0, 4.0)	
5.犯罪は事業所として受け入れできる	3.0 (2.0, 3.0)	4.0 (3.0, 4.0)	4.0 (3.0, 4.0)	*
6.他の利用者に悪影響を及ぼさない	3.0 (2.0, 3.0)	3.0 (2.0, 3.5)	3.5 (2.75, 4.0)	
7.再犯を起こす可能性が低い	3.0 (2.0, 3.0)	3.0 (3.0, 4.0)	3.0 (2.0, 3.25)	
8.利用者は受け入れに反対しない	3.0 (3.0, 3.5)	4.0 (3.0, 4.0)	4.0 (2.75, 4.0)	*
9.地域社会で受け入れられる	3.0 (2.0, 4.0)	3.0 (3.0, 4.0)	3.0 (3.0, 4.0)	
10.地域には受け入れる事業所がある	3.0 (2.0, 3.0)	2.5 (2.0, 3.0)	3.0 (2.0, 4.0)	

有意確率（Kruskal Wallis検定）：†p＜0.10、*p＜0.05、**p＜0.01　　4件法：1. そう思わない、2. あまりそう思わない、3. ややそう思う、4. そう思う

巻末3-2-b. 就労を受け入れる際の質問項目に関する受け入れ経験人数別にみた意向　ビニエット2（傷害）

質問項目	受け入れ：0人 (n=29)	受け入れ：1人 (n=16)	受け入れ：2人以上 (n=9)	p
	中央値 四分位範囲（25%, 75%）			
1.作業能力は高い	3.0 (3.0, 4.0)	4.0 (3.0, 4.0)	3.5 (2.75, 4.0)	
2.継続して作業ができる	3.0 (2.25, 3.75)	3.0 (2.0, 4.0)	3.5 (2.75, 4.0)	
3.適する作業が事業所にある	2.0 (1.0, 3.0)	3.0 (3.0, 4.0)	3.0 (2.0, 4.0)	†
4.障がい特性を相談できる専門機関との連携がある	3.0 (2.0, 4.0)	3.0 (3.0, 4.0)	4.0 (2.0, 4.0)	
5.犯罪は事業所として受け入れできる	2.0 (1.0, 3.0)	3.0 (3.0, 4.0)	3.0 (2.0, 4.0)	**
6.他の利用者に悪影響を及ぼさない	2.0 (2.0, 3.0)	3.0 (2.0, 3.0)	3.0 (2.75, 4.0)	
7.再犯を起こす可能性が低い	2.0 (2.0, 3.0)	2.0 (2.0, 3.0)	2.0 (1.75, 3.25)	
8.利用者は受け入れに反対しない	2.0 (1.0, 3.0)	2.0 (2.0, 3.5)	3.5 (2.0, 4.0)	*
9.地域社会で受け入れられる	2.0 (2.0, 3.0)	3.0 (2.0, 4.0)	3.0 (2.0, 4.0)	
10.地域には受け入れる事業所がある	2.0 (1.5, 3.0)	3.0 (2.0, 3.0)	3.0 (3.0, 4.0)	†

有意確率（Kruskal Wallis検定）：†p＜0.10、*p＜0.05、**p＜0.01　　4件法：1. そう思わない、2. あまりそう思わない、3. ややそう思う、4. そう思う

巻末3-2-c. 就労を受け入れる際の質問項目に関する受け入れ経験人数別にみた意向　ビニエット3（売春）

質問項目	受け入れ：0人 (n=29)	受け入れ：1人 (n=16)	受け入れ：2人以上 (n=9)	p
	中央値 四分位範囲（25%, 75%）			
1.作業能力は高い	3.0 (3.0, 3.5)	3.0 (2.0, 4.0)	4.0 (3.0, 4.0)	
2.継続して作業ができる	3.0 (2.0, 3.0)	3.0 (2.5, 3.5)	3.0 (2.0, 4.0)	
3.適する作業が事業所にある	3.0 (2.0, 4.0)	3.0 (3.0, 4.0)	3.0 (3.0, 4.0)	
4.障がい特性を相談できる専門機関との連携がある	3.0 (2.0, 4.0)	3.0 (2.5, 4.0)	4.0 (3.0, 4.0)	
5.犯罪は事業所として受け入れできる	3.0 (2.0, 3.0)	3.0 (3.0, 4.0)	4.0 (3.0, 4.0)	**
6.他の利用者に悪影響を及ぼさない	2.0 (2.0, 3.0)	2.0 (2.0, 3.0)	3.0 (2.0, 4.0)	
7.再犯を起こす可能性が低い	2.0 (2.0, 3.0)	2.0 (2.0, 3.0)	2.0 (2.0, 3.0)	
8.利用者は受け入れに反対しない	3.0 (2.0, 3.0)	3.0 (3.0, 4.0)	3.0 (3.0, 4.0)	*
9.地域社会で受け入れられる	3.0 (3.0, 4.0)	3.0 (3.0, 4.0)	3.0 (3.0, 4.0)	†
10.地域には受け入れる事業所がある	3.0 (2.0, 3.0)	3.0 (3.0, 4.0)	3.0 (3.0, 4.0)	**

有意確率（Kruskal Wallis検定）：†p＜0.10、*p＜0.05、**p＜0.01　　4件法：1. そう思わない、2. あまりそう思わない、3. ややそう思う、4. そう思う

就労移行支援事業所の管理者

巻末3-1. 就労移行の管理者について受け入れ経験人数別およびビニエット別に当事者の就労を受け入れる意向

ビニエット	受け入れ：0人 (n=34)	受け入れ：1人 (n=15)	受け入れ：2人以上 (n=14)	p
	中央値 四分位範囲（25%，75%）			
（ビニエット1）Aさんの就労を受け入れる意向	3.0 (3.0, 4.0)	4.0 (3.0, 4.0)	4.0 (3.75, 4.0)	**
（ビニエット2）Bさんの就労を受け入れる意向	2.5 (2.0, 3.0)	3.0 (2.0, 4.0)	4.0 (3.0, 4.0)	*
（ビニエット3）Cさんの就労を受け入れる意向	3.0 (2.0, 4.0)	3.5 (2.75, 4.0)	4.0 (3.75, 4.0)	*

有意確率（Kruskal Wallis検定）：†p＜0.10，*p＜0.05，**p＜0.01　　4件法：1．可能性なし，2．あまり可能性なし，3．やや可能性あり，4．可能性あり

巻末3-2-a. 就労を受け入れる際の質問項目に関する受け入れ経験人数別にみた意向　ビニエット1（窃盗）

質問項目	受け入れ：0人 (n=34)	受け入れ：1人 (n=15)	受け入れ：2人以上 (n=14)	p
	中央値 四分位範囲（25%，75%）			
1. 作業能力は高い	3.0 (2.0, 3.0)	3.0 (2.0, 3.0)	3.0 (3.0, 3.0)	
2. 継続して作業ができる	3.0 (2.75, 3.0)	3.0 (2.0, 4.0)	3.0 (2.0, 3.0)	
3. 適する作業が事業所にある	3.0 (2.0, 4.0)	3.0 (2.75, 3.25)	3.0 (2.0, 3.0)	
4. 障がい特性を相談できる専門機関との連携がある	3.0 (3.0, 4.0)	3.0 (3.0, 4.0)	3.5 (3.0, 4.0)	
5. 犯罪は事業所として受け入れできる	3.0 (2.75, 4.0)	4.0 (3.0, 4.0)	3.0 (2.0, 3.0)	
6. 他の利用者に悪影響を及ぼさない	3.0 (2.0, 3.0)	2.0 (2.0, 3.0)	3.0 (2.0, 3.0)	
7. 再犯を起こす可能性が低い	3.0 (2.0, 3.0)	2.0 (2.0, 3.0)	3.0 (2.75, 3.0)	
8. 利用者は受け入れに反対しない	3.0 (2.0, 3.5)	2.0 (2.0, 3.0)	3.0 (2.0, 3.0)	
9. 地域社会で受け入れられる	3.0 (3.0, 3.25)	2.0 (2.0, 3.0)	3.0 (2.75, 3.0)	
10. 地域には受け入れる事業所がある	3.0 (2.0, 3.0)	2.0 (2.0, 3.0)	3.0 (2.0, 4.0)	

有意確率（Kruskal Wallis検定）：†p＜0.10，*p＜0.05，**p＜0.01　　4件法：1．そう思わない，2．あまりそう思わない，3．ややそう思う，4．そう思う

巻末3-2-b. 就労を受け入れる際の質問項目に関する受け入れ経験人数別にみた意向　ビニエット2（傷害）

質問項目	受け入れ：0人 (n=34)	受け入れ：1人 (n=15)	受け入れ：2人以上 (n=14)	p
	中央値 四分位範囲（25%，75%）			
1. 作業能力は高い	3.0 (3.0, 4.0)	3.0 (3.0, 4.0)	3.0 (3.0, 4.0)	
2. 継続して作業ができる	3.0 (3.0, 4.0)	3.0 (3.0, 4.0)	3.0 (2.0, 4.0)	
3. 適する作業が事業所にある	2.0 (2.0, 3.0)	3.0 (2.0, 4.0)	3.0 (2.0, 3.5)	
4. 障がい特性を相談できる専門機関との連携がある	3.0 (2.0, 4.0)	3.0 (3.0, 4.0)	3.0 (2.5, 4.0)	
5. 犯罪は事業所として受け入れできる	2.5 (2.0, 4.0)	2.0 (2.0, 4.0)	3.0 (2.0, 3.0)	
6. 他の利用者に悪影響を及ぼさない	2.0 (2.0, 3.0)	2.0 (2.0, 3.0)	3.0 (1.5, 3.0)	
7. 再犯を起こす可能性が低い	2.5 (2.0, 3.0)	2.0 (2.0, 3.0)	3.0 (2.0, 3.0)	
8. 利用者は受け入れに反対しない	2.0 (2.0, 3.0)	2.0 (2.0, 3.0)	3.0 (2.5, 3.5)	*
9. 地域社会で受け入れられる	2.0 (2.0, 3.0)	2.0 (2.0, 3.0)	3.0 (2.0, 3.0)	
10. 地域には受け入れる事業所がある	3.0 (2.0, 3.0)	2.0 (2.0, 3.0)	3.0 (2.0, 3.0)	

有意確率（Kruskal Wallis検定）：†p＜0.10，*p＜0.05，**p＜0.01　　4件法：1．そう思わない，2．あまりそう思わない，3．ややそう思う，4．そう思う

巻末3-2-c. 就労を受け入れる際の質問項目に関する受け入れ経験人数別にみた意向　ビニエット3（売春）

質問項目	受け入れ：0人 (n=34)	受け入れ：1人 (n=15)	受け入れ：2人以上 (n=14)	p
	中央値 四分位範囲（25%，75%）			
1. 作業能力は高い	3.0 (2.0, 3.0)	3.0 (3.0, 3.0)	3.0 (2.0, 4.0)	
2. 継続して作業ができる	3.0 (3.0, 3.0)	3.0 (3.0, 4.0)	3.0 (2.0, 3.0)	
3. 適する作業が事業所にある	3.0 (2.0, 4.0)	3.0 (2.0, 4.0)	3.0 (2.0, 3.25)	
4. 障がい特性を相談できる専門機関との連携がある	3.0 (3.0, 4.0)	3.0 (3.0, 4.0)	3.0 (2.75, 4.0)	
5. 犯罪は事業所として受け入れできる	3.0 (2.0, 4.0)	3.0 (2.0, 4.0)	3.0 (3.0, 3.25)	†
6. 他の利用者に悪影響を及ぼさない	2.0 (2.0, 3.0)	3.0 (2.0, 3.0)	3.0 (2.0, 3.0)	
7. 再犯を起こす可能性が低い	3.0 (2.0, 3.0)	3.0 (2.0, 3.0)	2.0 (2.0, 3.0)	
8. 利用者は受け入れに反対しない	3.0 (2.0, 3.0)	3.0 (2.0, 4.0)	3.0 (3.0, 4.0)	*
9. 地域社会で受け入れられる	3.0 (2.0, 3.0)	3.0 (2.0, 4.0)	3.0 (2.0, 3.25)	
10. 地域には受け入れる事業所がある	3.0 (2.0, 3.0)	3.0 (2.0, 3.0)	3.0 (2.0, 3.25)	

有意確率（Kruskal Wallis検定）：†p＜0.10，*p＜0.05，**p＜0.01　　4件法：1．そう思わない，2．あまりそう思わない，3．ややそう思う，4．そう思う

就労継続支援Ａ型事業所の管理者

巻末4-1. 就労継続Ａ型の管理者について受け入れ経験人数別およびビニエット別に当事者の就労を受け入れる意向

ビニエット	受け入れ：0人 (n=49)	受け入れ：1人 (n=20)	受け入れ：2人以上 (n=11)	p
	中央値 四分位範囲 (25%, 75%)			
(ビニエット1) Aさんの就労を受け入れる意向	3.0 (2.0, 3.0)	3.0 (2.0, 3.0)	4.0 (3.0, 4.0)	**
(ビニエット2) Bさんの就労を受け入れる意向	2.0 (1.0, 2.5)	2.5 (2.0, 3.75)	3.0 (2.0, 3.0)	*
(ビニエット3) Cさんの就労を受け入れる意向	3.0 (2.0, 3.0)	3.0 (2.0, 4.0)	3.0 (2.0, 3.0)	

有意確率 (Kruskal Wallis検定)：†p＜0.10、*p＜0.05、**p＜0.01　　　4件法：1. 可能性なし、2. あまり可能性なし、3. やや可能性あり、4. 可能性あり

巻末4-2-a. 就労を受け入れる際の質問項目に関する受け入れ経験人数別にみた意向　ビニエット1（窃盗）

質問項目	受け入れ：0人 (n=49)	受け入れ：1人 (n=20)	受け入れ：2人以上 (n=11)	p
	中央値 四分位範囲 (25%, 75%)			
1.作業能力は高い	3.0 (2.0, 3.0)	3.0 (2.0, 3.0)	3.0 (3.0, 4.0)	
2.継続して作業ができる	3.0 (2.0, 3.0)	3.0 (2.0, 3.0)	3.0 (2.0, 3.0)	
3.適する作業が事業所にある	3.0 (2.0, 3.0)	3.0 (3.0, 3.75)	3.0 (3.0, 4.0)	†
4.障がい特性を相談できる専門機関との連携がある	3.0 (2.0, 4.0)	3.0 (2.25, 4.0)	3.0 (2.0, 4.0)	
5.犯罪は事業所として受け入れできる	3.0 (2.0, 3.0)	3.0 (2.25, 4.0)	4.0 (3.0, 4.0)	**
6.他の利用者に悪影響を及ぼさない	3.0 (2.0, 3.0)	3.0 (2.0, 3.0)	3.0 (2.0, 3.0)	
7.再犯を起こす可能性が低い	3.0 (2.0, 3.0)	3.0 (2.0, 3.0)	3.0 (2.0, 3.0)	
8.利用者は受け入れに反対しない	3.0 (2.0, 3.0)	3.0 (2.0, 3.0)	4.0 (3.0, 4.0)	*
9.地域社会で受け入れられる	3.0 (2.0, 3.0)	3.0 (2.0, 3.0)	3.0 (2.0, 3.0)	
10.地域には受け入れる事業所がある	2.0 (2.0, 3.0)	2.5 (2.0, 4.0)	3.0 (3.0, 3.0)	

有意確率 (Kruskal Wallis検定)：†p＜0.10、*p＜0.05、**p＜0.01　　　4件法：1. そう思わない、2. あまりそう思わない、3. ややそう思う、4. そう思う

巻末4-2-b. 就労を受け入れる際の質問項目に関する受け入れ経験人数別にみた意向　ビニエット2（傷害）

質問項目	受け入れ：0人 (n=49)	受け入れ：1人 (n=20)	受け入れ：2人以上 (n=11)	p
	中央値 四分位範囲 (25%, 75%)			
1.作業能力は高い	3.0 (3.0, 4.0)	4.0 (3.0, 4.0)	4.0 (3.0, 4.0)	†
2.継続して作業ができる	3.0 (2.0, 3.0)	3.0 (3.0, 3.75)	3.0 (2.0, 4.0)	
3.適する作業が事業所にある	2.0 (2.0, 3.0)	2.0 (2.0, 4.0)	2.0 (1.0, 4.0)	
4.障がい特性を相談できる専門機関との連携がある	2.0 (2.0, 3.0)	3.0 (2.0, 3.0)	2.0 (2.0, 3.0)	
5.犯罪は事業所として受け入れできる	2.0 (1.0, 3.0)	2.0 (2.0, 3.0)	2.0 (2.0, 3.0)	
6.他の利用者に悪影響を及ぼさない	2.0 (1.0, 3.0)	2.0 (1.25, 3.0)	2.0 (1.0, 3.0)	
7.再犯を起こす可能性が低い	2.0 (2.0, 3.0)	3.0 (2.25, 3.75)	2.0 (2.0, 3.0)	**
8.利用者は受け入れに反対しない	2.0 (2.0, 3.0)	2.0 (1.25, 3.0)	2.0 (2.0, 3.0)	
9.地域社会で受け入れられる	2.0 (1.5, 2.0)	2.0 (2.0, 3.0)	2.0 (2.0, 3.0)	
10.地域には受け入れる事業所がある	2.0 (2.0, 3.0)	2.0 (2.0, 3.75)	2.0 (2.0, 3.0)	†

有意確率 (Kruskal Wallis検定)：†p＜0.10、*p＜0.05、**p＜0.01　　　4件法：1. そう思わない、2. あまりそう思わない、3. ややそう思う、4. そう思う

巻末4-2-c. 就労を受け入れる際の質問項目に関する受け入れ経験人数別にみた意向　ビニエット3（売春）

質問項目	受け入れ：0人 (n=49)	受け入れ：1人 (n=20)	受け入れ：2人以上 (n=11)	p
	中央値 四分位範囲 (25%, 75%)			
1.作業能力は高い	3.0 (2.0, 3.0)	3.0 (2.0, 3.0)	3.0 (2.0, 4.0)	
2.継続して作業ができる	3.0 (2.0, 3.0)	3.0 (2.0, 3.0)	3.0 (2.0, 3.0)	
3.適する作業が事業所にある	2.0 (2.0, 3.0)	2.0 (1.0, 3.0)	3.0 (2.0, 3.0)	
4.障がい特性を相談できる専門機関との連携がある	2.0 (2.0, 3.0)	2.5 (1.25, 4.0)	2.0 (2.0, 3.0)	
5.犯罪は事業所として受け入れできる	3.0 (2.0, 3.0)	3.0 (2.0, 4.0)	3.0 (2.0, 3.0)	
6.他の利用者に悪影響を及ぼさない	2.0 (2.0, 3.0)	2.0 (1.25, 3.0)	2.0 (1.0, 2.0)	
7.再犯を起こす可能性が低い	2.0 (2.0, 3.0)	2.5 (2.0, 3.0)	2.0 (2.0, 3.0)	
8.利用者は受け入れに反対しない	3.0 (2.0, 3.0)	3.0 (2.0, 3.75)	2.0 (2.0, 3.0)	
9.地域社会で受け入れられる	3.0 (2.0, 3.0)	3.0 (2.0, 3.0)	2.0 (2.0, 3.0)	
10.地域には受け入れる事業所がある	3.0 (2.0, 3.0)	3.0 (2.0, 3.0)	3.0 (2.0, 3.0)	

有意確率 (Kruskal Wallis検定)：†p＜0.10、*p＜0.05、**p＜0.01　　　4件法：1. そう思わない、2. あまりそう思わない、3. ややそう思う、4. そう思う

巻末4-3. 就労継続Ａ型の管理者について受け入れ経験人数別およびビニエット別に当事者の就労を受け入れる意向

ビニエット	受け入れ：0人 (n=34)	受け入れ：1人 (n=8)	受け入れ：2人以上 (n=9)	p
	中央値 四分位範囲 (25%, 75%)			
(ビニエット1) Aさんの就労を受け入れる意向	3.0 (2.0, 4.0)	3.0 (2.25, 4.0)	4.0 (3.0, 4.0)	
(ビニエット2) Bさんの就労を受け入れる意向	2.0 (1.5, 3.0)	3.0 (1.25, 3.0)	3.0 (2.0, 4.0)	*
(ビニエット3) Cさんの就労を受け入れる意向	3.0 (2.0, 3.0)	3.0 (1.25, 3.0)	3.0 (2.0, 4.0)	

有意確率 (Kruskal Wallis検定)：†p<0.10、*p<0.05、**p<0.01　　　4件法：1. 可能性なし、2. あまり可能性なし、3. やや可能性あり、4. 可能性あり

巻末4-4-a. 就労を受け入れる際の質問項目に関する受け入れ経験人数別にみた意向　ビニエット1（窃盗）

質問項目	受け入れ：0人 (n=34)	受け入れ：1人 (n=8)	受け入れ：2人以上 (n=9)	p
	中央値 四分位範囲 (25%, 75%)			
1. 作業能力は高い	3.0 (3.0, 3.0)	3.0 (2.0, 4.0)	3.0 (1.5, 3.0)	
2. 継続して作業ができる	3.0 (2.0, 3.0)	3.0 (2.0, 3.0)	3.0 (2.5, 3.0)	
3. 適する作業が事業所にある	3.0 (2.0, 3.0)	4.0 (3.0, 4.0)	3.0 (3.0, 3.5)	*
4. 障がい特性を相談できる専門機関との連携がある	3.0 (2.0, 4.0)	3.0 (2.0, 4.0)	2.0 (2.0, 4.0)	
5. 犯罪は事業所として受け入れできる	3.0 (2.0, 4.0)	3.0 (2.25, 4.0)	3.0 (2.0, 3.5)	
6. 他の利用者に悪影響を及ぼさない	3.0 (2.0, 3.0)	2.0 (1.75, 3.25)	3.0 (2.5, 3.5)	
7. 再犯を起こす可能性が低い	3.0 (2.0, 3.0)	3.0 (2.25, 3.0)	3.0 (2.5, 3.0)	
8. 利用者は受け入れに反対しない	3.0 (2.0, 3.25)	3.5 (3.0, 4.0)	3.0 (2.5, 3.5)	*
9. 地域社会で受け入れられる	3.0 (2.0, 3.0)	3.0 (2.0, 3.0)	3.0 (2.5, 3.5)	
10. 地域には受け入れる事業所がある	3.0 (2.0, 3.0)	2.0 (2.0, 3.0)	3.0 (2.5, 3.5)	

有意確率 (Kruskal Wallis検定)：†p<0.10、*p<0.05、**p<0.01　　　4件法：1. そう思わない、2. あまりそう思わない、3. ややそう思う、4. そう思う

巻末4-4-b. 就労を受け入れる際の質問項目に関する受け入れ経験人数別にみた意向　ビニエット2（傷害）

質問項目	受け入れ：0人 (n=34)	受け入れ：1人 (n=8)	受け入れ：2人以上 (n=9)	p
	中央値 四分位範囲 (25%, 75%)			
1. 作業能力は高い	3.0 (3.0, 4.0)	4.0 (3.25, 4.0)	3.0 (3.0, 3.5)	
2. 継続して作業ができる	3.0 (2.0, 3.0)	3.0 (3.0, 3.0)	2.0 (2.0, 3.0)	
3. 適する作業が事業所にある	2.0 (2.0, 3.0)	3.0 (2.0, 4.0)	2.0 (1.0, 3.0)	
4. 障がい特性を相談できる専門機関との連携がある	2.0 (2.0, 3.0)	3.0 (2.0, 4.0)	2.0 (2.0, 2.5)	
5. 犯罪は事業所として受け入れできる	2.0 (1.0, 3.0)	3.0 (2.0, 3.0)	2.0 (2.0, 3.5)	†
6. 他の利用者に悪影響を及ぼさない	2.0 (1.0, 3.0)	3.0 (1.25, 3.0)	2.0 (2.0, 3.0)	†
7. 再犯を起こす可能性が低い	2.0 (2.0, 2.5)	3.0 (2.0, 3.0)	3.0 (2.0, 3.0)	
8. 利用者は受け入れに反対しない	2.0 (1.5, 3.0)	3.0 (2.0, 4.0)	3.0 (2.0, 3.0)	†
9. 地域社会で受け入れられる	2.0 (1.5, 3.0)	2.5 (2.0, 3.0)	3.0 (2.0, 3.0)	
10. 地域には受け入れる事業所がある	2.0 (2.0, 3.0)	2.0 (1.25, 2.75)	3.0 (2.0, 3.0)	

有意確率 (Kruskal Wallis検定)：†p<0.10、*p<0.05、**p<0.01　　　4件法：1. そう思わない、2. あまりそう思わない、3. ややそう思う、4. そう思う

巻末4-4-c. 就労を受け入れる際の質問項目に関する受け入れ経験人数別にみた意向　ビニエット3（売春）

質問項目	受け入れ：0人 (n=34)	受け入れ：1人 (n=8)	受け入れ：2人以上 (n=9)	p
	中央値 四分位範囲 (25%, 75%)			
1. 作業能力は高い	3.0 (2.0, 4.0)	3.5 (2.25, 4.0)	3.0 (2.0, 3.5)	
2. 継続して作業ができる	3.0 (2.0, 3.0)	3.0 (2.0, 3.0)	3.0 (2.0, 3.0)	
3. 適する作業が事業所にある	3.0 (2.0, 3.0)	3.0 (2.0, 3.75)	3.0 (1.5, 3.5)	
4. 障がい特性を相談できる専門機関との連携がある	2.0 (2.0, 3.0)	2.5 (1.25, 3.0)	2.0 (2.0, 2.5)	
5. 犯罪は事業所として受け入れできる	3.0 (2.0, 3.0)	3.0 (1.5, 3.75)	3.0 (2.0, 3.5)	
6. 他の利用者に悪影響を及ぼさない	2.0 (1.25, 3.0)	2.0 (1.25, 3.0)	2.0 (1.0, 3.0)	
7. 再犯を起こす可能性が低い	2.0 (2.0, 3.0)	2.0 (1.0, 2.0)	3.0 (2.0, 3.0)	†
8. 利用者は受け入れに反対しない	3.0 (2.0, 3.0)	3.0 (2.25, 4.0)	3.0 (2.5, 3.5)	
9. 地域社会で受け入れられる	3.0 (2.0, 3.0)	3.0 (2.25, 3.0)	3.0 (2.5, 3.5)	
10. 地域には受け入れる事業所がある	3.0 (2.0, 3.0)	2.5 (2.0, 3.0)	3.0 (2.5, 3.5)	

有意確率 (Kruskal Wallis検定)：†p<0.10、*p<0.05、**p<0.01　　　4件法：1. そう思わない、2. あまりそう思わない、3. ややそう思う、4. そう思う

就労継続支援Ｂ型事業所の管理者

巻末5-1. 就労継続B型の管理者について受け入れ経験人数別およびビニエット別に当事者の就労を受け入れる意向

ビニエット	受け入れ：0人 (n=58)	受け入れ：1人 (n=20)	受け入れ：2人以上 (n=10)	p
	中央値 四分位範囲 (25%, 75%)			
(ビニエット1) Aさんの就労を受け入れる意向	3.0 (2.0, 4.0)	3.0 (3.0, 4.0)	3.0 (3.0, 4.0)	
(ビニエット2) Bさんの就労を受け入れる意向	2.0 (2.0, 3.0)	2.0 (2.0, 3.0)	2.0 (1.75, 3.25)	
(ビニエット3) Cさんの就労を受け入れる意向	3.0 (2.0, 3.0)	3.0 (2.0, 3.0)	3.0 (3.0, 4.0)	†

有意確率 (Kruskal Wallis検定)：†p<0.10、*p<0.05、**p<0.01　　4件法：1. 可能性なし、2. あまり可能性なし、3. やや可能性あり、4. 可能性あり

巻末5-2-a. 就労を受け入れる際の質問項目に関する受け入れ経験人数別にみた意向　ビニエット1（窃盗）

質問項目	受け入れ：0人 (n=58)	受け入れ：1人 (n=20)	受け入れ：2人以上 (n=10)	p
	中央値 四分位範囲 (25%, 75%)			
1. 作業能力は高い	3.0 (3.0, 4.0)	3.0 (2.0, 4.0)	3.5 (2.75, 4.0)	
2. 継続して作業ができる	3.0 (3.0, 4.0)	3.0 (2.0, 3.75)	3.0 (2.75, 3.0)	
3. 適する作業が事業所にある	2.0 (2.0, 3.0)	3.0 (2.0, 3.0)	4.0 (2.0, 4.0)	*
4. 障がい特性を相談できる専門機関との連携がある	3.0 (2.0, 4.0)	3.0 (3.0, 4.0)	3.5 (2.75, 4.0)	*
5. 犯罪は事業所として受け入れできる	3.0 (2.0, 4.0)	3.0 (2.0, 4.0)	4.0 (2.0, 4.0)	
6. 他の利用者に悪影響を及ぼさない	3.0 (2.0, 3.0)	3.0 (2.0, 4.0)	3.0 (3.0, 4.0)	
7. 再犯を起こす可能性が低い	3.0 (2.0, 3.0)	2.5 (2.0, 3.0)	2.0 (1.75, 3.25)	
8. 利用者は受け入れに反対しない	3.0 (2.0, 3.0)	3.0 (2.25, 4.0)	4.0 (3.0, 4.0)	
9. 地域社会で受け入れられる	3.0 (2.0, 3.0)	3.0 (2.0, 3.0)	3.0 (2.75, 4.0)	
10. 地域には受け入れる事業所がある	3.0 (2.0, 3.0)	3.0 (2.0, 4.0)	3.0 (2.0, 4.0)	

有意確率 (Kruskal Wallis検定)：†p<0.10、*p<0.05、**p<0.01　　4件法：1. そう思わない、2. あまりそう思わない、3. ややそう思う、4. そう思う

巻末5-2-b. 就労を受け入れる際の質問項目に関する受け入れ経験人数別にみた意向　ビニエット2（傷害）

質問項目	受け入れ：0人 (n=58)	受け入れ：1人 (n=20)	受け入れ：2人以上 (n=10)	p
	中央値 四分位範囲 (25%, 75%)			
1. 作業能力は高い	4.0 (3.0, 4.0)	4.0 (3.0, 4.0)	3.5 (2.75, 4.0)	
2. 継続して作業ができる	3.0 (3.0, 4.0)	3.0 (2.25, 4.0)	3.0 (2.75, 4.0)	
3. 適する作業が事業所にある	2.0 (1.0, 3.0)	2.0 (2.0, 3.0)	2.0 (1.75, 3.25)	
4. 障がい特性を相談できる専門機関との連携がある	2.0 (2.0, 3.0)	3.0 (2.0, 3.75)	3.5 (1.75, 4.0)	*
5. 犯罪は事業所として受け入れできる	2.0 (2.0, 3.0)	2.0 (1.0, 3.0)	1.5 (1.0, 4.0)	
6. 他の利用者に悪影響を及ぼさない	2.0 (1.75, 3.0)	2.0 (1.0, 3.0)	2.0 (1.0, 4.0)	
7. 再犯を起こす可能性が低い	2.0 (2.0, 3.0)	2.0 (1.25, 3.0)	2.0 (1.0, 3.0)	
8. 利用者は受け入れに反対しない	2.5 (2.0, 3.0)	2.0 (1.0, 3.0)	2.0 (1.0, 4.0)	
9. 地域社会で受け入れられる	2.0 (2.0, 3.0)	2.0 (2.0, 3.0)	2.5 (1.75, 3.25)	
10. 地域には受け入れる事業所がある	2.0 (2.0, 3.0)	2.5 (2.0, 4.0)	3.0 (2.0, 4.0)	

有意確率 (Kruskal Wallis検定)：†p<0.10、*p<0.05、**p<0.01　　4件法：1. そう思わない、2. あまりそう思わない、3. ややそう思う、4. そう思う

巻末5-2-c. 就労を受け入れる際の質問項目に関する受け入れ経験人数別にみた意向　ビニエット3（売春）

質問項目	受け入れ：0人 (n=58)	受け入れ：1人 (n=20)	受け入れ：2人以上 (n=10)	p
	中央値 四分位範囲 (25%, 75%)			
1. 作業能力は高い	3.0 (3.0, 4.0)	3.0 (2.0, 4.0)	3.5 (2.75, 3.25)	
2. 継続して作業ができる	3.0 (3.0, 4.0)	2.5 (2.0, 4.0)	2.5 (2.0, 3.25)	
3. 適する作業が事業所にある	2.0 (2.0, 3.0)	2.0 (2.0, 3.0)	2.0 (1.75, 3.0)	
4. 障がい特性を相談できる専門機関との連携がある	3.0 (2.0, 3.0)	3.0 (2.0, 4.0)	3.5 (1.75, 4.0)	†
5. 犯罪は事業所として受け入れできる	3.0 (2.0, 3.0)	3.0 (2.25, 4.0)	3.0 (2.0, 4.0)	†
6. 他の利用者に悪影響を及ぼさない	2.0 (2.0, 3.0)	2.0 (2.0, 3.0)	2.5 (1.75, 3.25)	
7. 再犯を起こす可能性が低い	2.0 (2.0, 3.0)	2.0 (2.0, 3.0)	2.5 (1.75, 3.0)	
8. 利用者は受け入れに反対しない	3.0 (2.0, 3.0)	3.0 (2.25, 4.0)	3.0 (2.0, 4.0)	
9. 地域社会で受け入れられる	3.0 (2.0, 3.0)	3.0 (2.0, 3.0)	3.0 (2.75, 4.0)	
10. 地域には受け入れる事業所がある	3.0 (2.0, 3.0)	3.0 (2.0, 4.0)	3.0 (2.0, 4.0)	*

有意確率 (Kruskal Wallis検定)：†p<0.10、*p<0.05、**p<0.01　　4件法：1. そう思わない、2. あまりそう思わない、3. ややそう思う、4. そう思う

巻末5-3．就労継続Ｂ型の管理者について受け入れ経験人数別およびビニエット別に当事者の就労を受け入れる意向

ビニエット	受け入れ：0人 (n=51)	受け入れ：1人 (n=22)	受け入れ：2人以上 (n=25)	p
	中央値 四分位範囲 (25%, 75%)			
（ビニエット1）Aさんの就労を受け入れる意向	3.0 (2.0, 3.0)	3.0 (2.0, 3.25)	4.0 (3.0, 4.0)	**
（ビニエット2）Bさんの就労を受け入れる意向	2.0 (2.0, 3.0)	2.0 (1.75, 3.25)	3.0 (3.0, 4.0)	**
（ビニエット3）Cさんの就労を受け入れる意向	3.0 (2.0, 3.0)	3.0 (2.0, 3.25)	3.0 (3.0, 4.0)	*

有意確率（Kruskal Wallis検定）：†p＜0.10，*p＜0.05，**p＜0.01　　　4件法：1．可能性なし，2．あまり可能性なし，3．やや可能性あり，4．可能性あり

巻末5-4-a．就労を受け入れる際の質問項目に関する受け入れ経験人数別にみた意向　ビニエット1（窃盗）

質問項目	受け入れ：0人 (n=51)	受け入れ：1人 (n=22)	受け入れ：2人以上 (n=25)	p
	中央値 四分位範囲 (25%, 75%)			
1.作業能力は高い	3.0 (2.0, 3.0)	3.0 (2.75, 4.0)	3.0 (2.0, 4.0)	
2.継続して作業ができる	3.0 (2.0, 3.0)	3.0 (2.0, 3.0)	3.0 (2.5, 4.0)	
3.適する作業が事業所にある	3.0 (2.0, 3.0)	2.5 (2.0, 3.0)	3.0 (3.0, 4.0)	†
4.障がい特性を相談できる専門機関との連携がある	3.0 (2.0, 3.0)	3.0 (2.0, 3.25)	3.0 (3.0, 4.0)	
5.犯罪は事業所として受け入れできる	3.0 (3.0, 3.75)	3.0 (2.75, 4.0)	4.0 (3.0, 4.0)	*
6.他の利用者に悪影響を及ぼさない	3.0 (2.0, 3.0)	2.0 (2.0, 3.0)	3.0 (2.0, 3.5)	*
7.再犯を起こす可能性が低い	3.0 (2.0, 3.0)	2.5 (2.0, 3.0)	3.0 (2.0, 4.0)	†
8.利用者は受け入れに反対しない	3.0 (2.0, 3.0)	3.0 (2.0, 3.25)	3.0 (2.0, 4.0)	
9.地域社会で受け入れられる	3.0 (3.0, 3.0)	3.0 (2.0, 3.0)	3.0 (3.0, 4.0)	
10.地域には受け入れる事業所がある	3.0 (2.0, 3.0)	3.0 (2.0, 3.0)	3.0 (3.0, 4.0)	

有意確率（Kruskal Wallis検定）：†p＜0.10，*p＜0.05，**p＜0.01　　　4件法：1．そう思わない，2．あまりそう思わない，3．ややそう思う，4．そう思う

巻末5-4-b．就労を受け入れる際の質問項目に関する受け入れ経験人数別にみた意向　ビニエット2（傷害）

質問項目	受け入れ：0人 (n=51)	受け入れ：1人 (n=22)	受け入れ：2人以上 (n=25)	p
	中央値 四分位範囲 (25%, 75%)			
1.作業能力は高い	4.0 (3.0, 4.0)	4.0 (3.0, 4.0)	4.0 (3.0, 4.0)	
2.継続して作業ができる	3.0 (3.0, 3.0)	3.0 (2.5, 4.0)	3.0 (3.0, 4.0)	
3.適する作業が事業所にある	2.0 (2.0, 3.0)	2.0 (2.0, 3.0)	3.0 (2.0, 4.0)	
4.障がい特性を相談できる専門機関との連携がある	3.0 (2.0, 3.0)	2.0 (2.0, 3.0)	3.0 (2.0, 4.0)	*
5.犯罪は事業所として受け入れできる	2.0 (1.0, 3.0)	2.0 (2.0, 2.25)	3.0 (2.5, 4.0)	**
6.他の利用者に悪影響を及ぼさない	2.0 (2.0, 2.0)	2.0 (1.0, 2.0)	3.0 (2.0, 3.0)	**
7.再犯を起こす可能性が低い	2.0 (2.0, 3.0)	2.0 (2.0, 3.0)	3.0 (2.0, 3.0)	
8.利用者は受け入れに反対しない	2.0 (1.0, 3.0)	2.0 (2.0, 3.0)	3.0 (2.0, 3.0)	
9.地域社会で受け入れられる	2.0 (2.0, 3.0)	2.0 (2.0, 3.0)	3.0 (2.0, 3.0)	
10.地域には受け入れる事業所がある	2.0 (2.0, 3.0)	2.0 (2.0, 3.0)	3.0 (2.0, 3.0)	

有意確率（Kruskal Wallis検定）：†p＜0.10，*p＜0.05，**p＜0.01　　　4件法：1．そう思わない，2．あまりそう思わない，3．ややそう思う，4．そう思う

巻末5-4-c．就労を受け入れる際の質問項目に関する受け入れ経験人数別にみた意向　ビニエット3（売春）

質問項目	受け入れ：0人 (n=51)	受け入れ：1人 (n=22)	受け入れ：2人以上 (n=25)	p
	中央値 四分位範囲 (25%, 75%)			
1.作業能力は高い	3.0 (2.0, 4.0)	3.0 (2.0, 3.25)	3.0 (3.0, 4.0)	
2.継続して作業ができる	3.0 (3.0, 3.0)	3.0 (2.0, 3.0)	3.0 (3.0, 4.0)	
3.適する作業が事業所にある	2.0 (1.0, 3.0)	2.5 (2.0, 3.0)	3.0 (2.0, 3.0)	*
4.障がい特性を相談できる専門機関との連携がある	3.0 (2.0, 3.0)	2.0 (2.0, 3.0)	3.0 (2.0, 4.0)	
5.犯罪は事業所として受け入れできる	3.0 (2.0, 3.0)	2.0 (2.0, 3.0)	3.0 (2.5, 4.0)	*
6.他の利用者に悪影響を及ぼさない	2.0 (2.0, 3.0)	2.0 (2.0, 3.0)	3.0 (2.0, 3.0)	
7.再犯を起こす可能性が低い	2.0 (2.0, 3.0)	2.5 (2.0, 3.0)	2.0 (2.0, 3.0)	
8.利用者は受け入れに反対しない	3.0 (2.0, 3.0)	3.0 (2.0, 3.25)	3.0 (3.0, 3.0)	
9.地域社会で受け入れられる	3.0 (3.0, 3.0)	3.0 (2.0, 3.0)	3.0 (3.0, 3.5)	
10.地域には受け入れる事業所がある	3.0 (2.0, 3.0)	3.0 (2.0, 3.0)	3.0 (2.0, 4.0)	

有意確率（Kruskal Wallis検定）：†p＜0.10，*p＜0.05，**p＜0.01　　　4件法：1．そう思わない，2．あまりそう思わない，3．ややそう思う，4．そう思う

瀧川賢司氏の出版に寄せて

山崎　喜比古（日本福祉大学 大学院特任教授）

　本書の元は、瀧川賢司氏の博士論文です。論文題目は「犯罪を起こした軽度知的障がい者の就労を軸とした生活自立に向けた過程における促進および阻害要因に関する研究」です。私は日本福祉大学大学院において氏の修士課程・博士課程での学位論文の指導教員でした。

　瀧川氏は、障がい者の父親として、社会的弱者と言われる人々が自らの能力が発揮でき、生きいきとした幸せな日々を送れる世の中にしたいという願いをもっています。また「就労生活の充実・成長」が大事との信念をもっていて、それが研究テーマになっています。

　東京工業大学卒業・大学院修了後、自動車部品メーカーの研究所に長年勤務し、「誰も挑戦してこなかった新規的画期的なアイディアのプレゼンを競い合うこと」を夢中でやってきた理系畑の人です。その一方で、部下の中に発達障がいの人がいれば、彼らの能力と個性に合わせたキャリアプランを作成し支援してきました。ここに、他者に対して分けへだてなく親切で、前向きな発想で助言し、行動する瀧川氏の明るい人となりが見てとれます。

　50歳を目前にして上記の仕事にも区切りがつき、「親なき後の知的等障がい者の生活自立への不安」に打開の道を探りたいとの思いが高まって、その会社を退職して、日本福祉大学大学院に入学してきました。

　瀧川氏の修士論文は、就労を継続している知的障がい者を対象に、「就労生活のいきいき度」を尺度化して測定し、さらにライフラインを用いて、その推移と変化を「見える化」しました。「いきいき」就労生活の変化とそれに関わる要因について、その親御さんや支援員さんとともに探ることによって新しい興味深い知見を数々明らかにしてくれた論文でした。それは、学内でも高く評価され優秀論文賞を受賞しました。

博士課程では、犯罪を起こした軽度知的障がい者の就労に関して、働いている軽度知的障がい者を直接または間接に研究対象にした8名の調査研究と、彼／彼女らを受け入れる事業所の管理者や職員を対象にした大規模の質問紙調査研究を行いました。質問紙を1500人に配布し、450人以上から回答を得ることができました。さらに自由回答欄には220人以上からさまざまな声が寄せられ、いかに同業者が交流したがっているか、また、真のニーズもうかがえました。

　事業所の人たちは、経験則から① 軽度知的障がい者を雇ってあげることを通して彼らは変わることを知っています。だから雇ってあげたい、と思っています。しかし、② 仕事ができるかどうかが肝心であり、仕事ができるよう職業訓練や新人研修などのサポート事業を強めてほしい、と願っています。

　氏の研究は、実証研究や支援方策の探究は皆無に等しかった領域に、大きな一石を投じることになりました。それを世に問いたいと、このたび出版することになりました。データが豊富にあるこの書籍を通して反復検証が行われ、批判的結果も歓迎し、この分野の発展に寄与できることを願っています。

　なおこの研究には多額な経費がかかっていますが、公益財団法人ユニベール財団と公益財団法人日工組社会安全研究財団から助成金をいただき実現した結果であることにお礼を込めてご報告いたします。

　どうぞ、一人でも多くの方に読んでいただけますようよろしくお願いいたします。

あとがき

　本書の「はじめに」にて、研究の取り組みスタンスとして3つの項目を挙げた。今、本書を読み直してみても他の研究との「差別化」ができているであろうか、また、研究結果の「見える化」は適切であっただろうか等、これらが読み手に伝わったかどうか不安を感じないわけではない。しかし、固定観念からの脱却という思いは揺らいではいない。福祉で対象とする制度は、介護保険制度や社会保障制度などの国民全体にかかわる制度もあるが、本書の研究では、犯罪を起こした知的障がい者のように少数の方への支援の必要性を示したかったのである。

　少数の対象者を福祉制度に基づいて支援しようとしても、後回しとなり支援制度が充実しないことが考えられる。そもそも障がい者就労を取り上げる以上、支援主体は企業となるはずであるが、筆者の経験上、福祉と企業、福祉と産業界との親和性は低いと言わざるを得ない。そこがまだもどかしさを感じているのである。

　しかし今回の研究を通して、犯罪を起こした知的障がい者を着実に受け入れる事業所、あるいは雇用しようとする企業が徐々に増えつつあることを実感してきた。よって、本書を発刊する頃には、筆者が調査してきた結果と異なる世の中になっている可能性がある。例えばハローワークでは、刑務所出所者等を雇用する企業である協力雇用主のリストは閲覧できないが、ひょっとして近い将来にはリストが公開され、罪を償った刑務所出所者等が普通に就職活動のできる時が来るかもしれない。そして、人が仕事の能力や適性で判断され、受け入れた事業所や就職した企業で、生き生きと働き続けることができる世の中になってほしいと願っているのは筆者だけではないであろう。

　ここでお世話になった方々への本書発行の感謝の念を述べておきたい。

　本書の元となる博士学位請求論文は、日本福祉大学大学院 福祉社会開発研究科 社会福祉学専攻において山崎喜比古教授のご指導のもとで執筆した。山崎教授には修士課程から博士課程まで調査方法の基

礎を叩きこんでいただいた。修士課程では、筆者が福祉の調査に関して素人であったにもかかわらず、インタビュー調査とその質的解析の面白さにはまってしまい、博士課程に進んでからは、質問紙調査の質問の書き方や適切な統計処理の方法を丁寧に教えていただいた。質的調査と量的調査を合わせたいわゆる混合研究法の醍醐味を経験でき、企業における研究では味わうことがなかった対人間について、非常に刺激的な研究手法を身につけることができた。

　また、第1副査の木全和巳教授には、障がい者への深い愛を感じさせるご指導をいただき、しかも、論文指導の時に障がいのある身内への対応についても相談にのっていただいた。そして第2副査の平野隆之教授には、調査フィールドとして、犯罪を起こした障がい者に寛容な事業所等をご紹介いただき、その結果、興味深い調査結果を得ることができた。このように、日本福祉大学大学院の教員の中で、最強である3人の先生方からご指導を受けるという非常に贅沢な教育環境の中、周りの院生の誰よりも充実した研究生活を送ることができたと思っている。そして、学外審査委員の藤原正範教授（現：日本福祉大学ソーシャルインクルージョン研究センター研究フェロー）からは、犯罪から離脱する方法としての福祉サービスは、一歩間違えば福祉サービスを福祉でなくしてしまう危険性を指摘していただき、身が引き締まる思いである。

　加えて、障がい者研究のゼミでは、大泉溥名誉教授から「個別の事例の中に普遍性が宿る」というお言葉をいただき、インタビューを通した事例研究の中から、障がい者へのあるべき姿と研究する方向性を読み取る重要性を学ぶことができた。また柏倉秀克教授からは、わかりやすい研究の表現方法を教えていただき、自分の至らない面に気づくことができた。

　そして、フィールド調査において、インタビュー調査に協力していただいた多数の当事者の方や福祉事業所、企業の職員のみなさま方には本当に貴重なお話をうかがうことができた。特に当事者の方々には、思い出したくないような過去の出来事についても嫌な顔をせずにお話

しいただき、当時のご本人の喜怒哀楽を理解でき、今回の貴重な知見につながった。ご協力いただいたみなさまのためにも、本書の執筆だけに終わらず、得られた知見を世の中で活用されるための行動が必要であると感じている。

　加えて本研究は、公益財団法人ユニベール財団と公益財団法人日工組社会安全研究財団から助成金をいただいた。厚く御礼申し上げたい。

　また筆者が前職を退職後、4年半在籍していた博士課程は、家族の協力がなければやり遂げられなかったことは言うまでもない。学会やゼミへ参加するため家を空けることも多く迷惑をかけたが、快く協力してくれた家族（みさき、理紗子、英暉）に感謝したいと思う。特に妻みさきには、私が家事や家計に苦労をかけ、また私のわがままに対して、寛容な心をもって応援してもらい、夫婦の絆の大切さやありがたさを身に染みて感じている。

　そして、本書が世に出るためにご尽力いただいたクリエイツかもがわの田島社長には筆者の拙い文章へ的確なご指摘をいただき感謝申し上げたい。出版に向けたお話をさせていただいてから1年以上が経過してしまったが、発刊の日を迎えることができ感無量である。

　以上、本書の執筆には、これらの方々のあたたかい支援があったからこそ、無事に発刊に至ることができたと確信しており、ご指導やご協力いただいた方々に心より感謝申し上げたい。

2021年4月

瀧川 賢司

著者プロフィール

瀧川賢司（たきがわけんじ）
認定NPO法人パンドラの会 事務局長
日本福祉大学大学院　福祉政策評価センター 客員研究員
社会福祉学博士、社会福祉士

1963年 愛知県西尾市生まれ。

1989年 東京工業大学 大学院 理工学研究科 無機材料工学専攻 修了。

同年、日本電装株式会社（現：株式会社デンソー）入社。同社基礎研究所にてカーエアコンや液晶
パネルなどの自動車部品用の機能性材料研究に従事。

2013年 社会福祉法人くるみ会入職。主に知的障がい者の就労支援、障がい者を雇用する企業への支援に従
事。加えて企業で働いた経験をもとに障がい者の就労レベルの評価を「見える化」する手法の開発
に力を入れてきた。

2018年 日本福祉大学 大学院 福祉社会開発研究科 博士課程にて博士号（社会福祉学）取得。主な研究テーマ
は犯罪を起こした障がい者の一般企業への就労問題。東海地方と関西地方を中心に障がいのある当事
者や福祉事業所・企業の管理者へのインタビューを通して就労問題を調査し、得られた研究成果につ
いては日本社会福祉学会、日本司法福祉学会その他の学会で論文・口頭発表を行ってきた。また最近
は、韓国社会福祉学会にて研究発表するなど、海外における情報発信にも積極的に取り組んでいる。
今後は障がい者のキャリアプラン作成や権利擁護の推進、生活困窮者支援を可能にする地域システム
について研究および実践したいと考えている。

2021年4月より現職。

著書：『権利擁護ハンドブック Vol.2　知的障がいのある人が地域で安心して暮らすために——逮捕の連絡
を受けたら（少年編）』（共著／大津高齢者・障がい者の権利擁護研究会事務局）

犯罪を起こした知的障がい者の就労と自立支援

2021年4月30日　初版発行

編　著 ● ⓒ瀧川賢司
発行者 ● 田島英二
発行所 ● 株式会社 クリエイツかもがわ
　　　　〒601-8382　京都市南区吉祥院石原上川原町21
　　　　電話 075(661)5741　FAX 075(693)6605
　　　　http://www.creates-k.co.jp　info@creates-k.co.jp
　　　　郵便振替　00990-7-150584
装丁・デザイン ● 佐藤　匠
印刷所 ● モリモト印刷株式会社
ISBN978-4-86342-303-9 C0036　　　　　　　　　　printed in japan

あたし研究　自閉症スペクトラム〜小道モコの場合　　1980円
あたし研究2　自閉症スペクトラム〜小道モコの場合　　2200円
小道モコ／文・絵

自閉症スペクトラムの当事者が「ありのままにその人らしく生きられる」社会を願って語りだす―知れば知るほど私の世界はおもしろいし、理解と工夫ヒトツでのびのびと自分らしく歩いていける！

行動障害が穏やかになる「心のケア」
障害の重い人、関わりの難しい人への実践　　藤本真二／著

2刷

●「心のケア」のノウハウと実践例
感覚過敏や強度のこだわり、感情のコントロール困難など、さまざまな生きづらさをかかえる方たちでも心を支えれば乗り越えて普通の生活ができる――。　　2200円

発達障害者の就労支援ハンドブック
ゲイル・ホーキンズ／著　森由美子／訳

付録：DVD

長年の就労支援を通じて92％の成功を収めている経験と実績の支援マニュアル！　就労支援関係者の必読、必携ハンドブック！「指導のための４つの柱」にもとづき、「就労の道具箱10」で学び、大きなイメージ評価と具体的な方法で就労に結びつける！

3520円

生活困窮者自立支援も「静岡方式」で行こう!! 2
相互扶助の社会をつくる
津富宏・NPO法人青少年就労支援ネットワーク静岡／編著

すべての人が脆弱性を抱える社会を生き抜くために、地域を編み直し、創り直すことで、地域が解決者になるための運動を提起する。　　2200円

何度でもやりなおせる
ひきこもり支援の実践と研究の今
漆葉成彦・青木道忠・藤本文朗／編著

ひきこもりの人の数は100〜300万人と言われ、まさに日本の社会問題。
ひきこもり経験のある青年、家族、そして「ともに歩む」気持ちで精神科医療、教育、福祉等の視点から支援施策と問題点、改善と充実をめざす課題を提起。　　2200円

発達障害のバリアを超えて
新たなとらえ方への挑戦
漆葉成彦・近藤真理子・藤本文朗／著

マスコミや街の中であふれる「発達障害」「かくあるべき」正解を求められるあまり、生きづらくなっている人たちの「ほんとのところ」に迫る！「できる・できない」で評価するバリアに立ち向かう。　　2200円

パワーとエンパワメント　ソーシャルワーク・ポケットブック
シヴォーン・マクリーン　ロブ・ハンソン／著　木全和巳／訳

なに？　なぜ？　どうしたら？　3つの方法で学ぶ！　多忙を極めるソーシャルワーカー（社会福祉で働く人）たちが、利用者訪問の電車の中や会議が始まる前などの合間に気軽に、手軽に読め、自分の実践の振り返りと利用者への対応に役立つ。　　1760円

認知機能障害がある人の支援ハンドブック
当事者の自我を支える対応法

ジェーン・キャッシュ＆ ベアタ・テルシス／編著　訓覇法子／訳

認知症のみならず高次脳機能障害、自閉症スペクトラム、知的障害などは、自立した日常生活を困難にする認知機能障害を招き、注目、注意力、記憶、場所の見当識や言語障害の低下を起こす。生活行為や行動の意識、認知機能に焦点を当てたケアと技能を提供する。　　　　　　2420円

認知症のパーソンセンタードケア
新しいケアの文化へ

トム・キットウッド／著　高橋誠一／訳

認知症の見方を徹底的に再検討し、「その人らしさ」を尊重するケア実践を理論的に明らかにし、世界の認知症ケアを変革！　認知症の人を全人的に見ることに基づき、質が高く可能な援助方法を示し、ケアの新しいビジョンを提示。　　　　　　　　　　　　　　　　　2860円

認知症の人に寄り添う在宅医療
精神科医による新たな取り組み

平原佐斗司／監修　内田直樹／編著

認知症診療に、在宅医療という新たな選択肢を！　精神科医や認知症専門医が病院を飛び出すことで、認知症診療に与える新たな可能性とは。認知症在宅医療の最先端を紹介。　　　　2420円

認知症ケアのための家族支援
臨床心理士の役割と多職種連携

小海宏之・若松直樹／編著

経済・環境・心理的な苦悩を多職種がそれぞれの専門性で支援の力点を語る。「認知症という暮らし」は、夫婦、親子、兄弟姉妹、義理……さまざまな人間関係との同居。「家族を支える」ことは、多くの価値観、関係性を重視するまなざしである。　　　　　　　　　　　　　　1980円

認知症になってもひとりで暮らせる　みんなでつくる「地域包括ケア社会」
社会福祉法人協同福祉会／編

医療から介護へ、施設から在宅への流れが加速する中、これからは在宅（地域）で暮らしていく人が増えていくが、現実には、家族や事業者、ケアマネジャーは要介護者を在宅で最後まで支える確信がないだろう。人、お金、場所、地域、サービス、医療などさまざまな角度から、環境や条件整備への取り組みをひろげる協同福祉会「あすなら苑」（奈良）の実践。　　　　　　　1320円

高齢者介護福祉従事者のストレスマネジメント
支援者支援の観点にもとづく対人援助職の離職防止とキャリア形成

松田美智子・南 彩子・北垣智基／著

「感情労働であるがゆえに疲弊している支援者が、いま自分自身のおかれている状況を自ら振り返って、そのことに気づき、改善の方法を考え、跳ね返していく力を身につけ、余裕をもって再度支援にあたることができれば、それは利用者へのサービスの質の向上につながる」。2200円

当事者主動サービスで学ぶピアサポート
飯野雄治・ピアスタッフネットワーク／訳・編

●ピアサポートを体系的に学べるプログラム
科学的根拠に基づく実践プログラム（EBP）アメリカ合衆国の厚生労働省・精神障害部局（SAMHSA）が作成したプログラムを日本の制度や現状に沿うよう加筆、編集。　　　3300円